浙江大学文科高水平学术著作出版基金
中央高校基本科研业务费专项资金　资助

浙江学者丝路敦煌学术书系

敦煌吐鲁番丝绸研究

赵丰 著

ZHEJIANG UNIVERSITY PRESS
浙江大学出版社
·杭州·

图书在版编目(CIP)数据

敦煌吐鲁番丝绸研究 / 赵丰著. —杭州:浙江大学出版社,2024.1
（浙江学者丝路敦煌学术书系 / 柴剑虹,张涌泉,刘进宝主编）
ISBN 978-7-308-24116-8

Ⅰ.①敦… Ⅱ.①赵… Ⅲ.①古丝绸－研究－敦煌 ②古丝绸－研究－吐鲁番地区 Ⅳ.①K876.94

中国国家版本馆 CIP 数据核字(2023)第 164334 号

敦煌吐鲁番丝绸研究
DUNHUANG TULUFAN SICHOU YANJIU
赵　丰　著

责任编辑	胡　畔
责任校对	赵　静
封面设计	项梦怡
出版发行	浙江大学出版社
	（杭州市天目山路 148 号　邮政编码 310007）
	（网址:http://www.zjupress.com）
排　　版	浙江大千时代文化传媒有限公司
印　　刷	杭州高腾印务有限公司
开　　本	880mm×1230mm　1/32
印　　张	14.5
字　　数	400 千
版 印 次	2024 年 1 月第 1 版　2024 年 1 月第 1 次印刷
书　　号	ISBN 978-7-308-24116-8
定　　价	88.00 元

总　　序

　　浙江，我国"自古繁华"的"东南形胜"之区，名闻遐迩的中国丝绸故乡；敦煌，从汉武帝时张骞凿空西域之后，便成为丝绸之路的"咽喉之地"，世界四大文明交融的"大都会"。自唐代始，浙江又因丝绸经海上运输日本，成为海上丝路的起点之一。浙江与敦煌、浙江与丝绸之路因丝绸结缘，更由于近代一大批浙江学人对敦煌文化与丝绸之路的研究、传播、弘扬而令学界瞩目。

　　近代浙江，文化繁荣昌盛，学术底蕴深厚，在时代进步的大潮流中，涌现出众多追求旧学新知、西学中用的"弄潮儿"。20世纪初因敦煌莫高窟藏经洞文献流散而兴起的"敦煌学"，成为"世界学术之新潮流"；中国学者首先"预流"者，即是浙江的罗振玉与王国维。两位国学大师"导夫先路"，几代浙江学人（包括浙江籍及在浙工作生活者）奋随其后，薪火相传，从赵万里、姜亮夫、夏鼐、张其昀、常书鸿等前辈大家，到王仲荦、潘絜兹、蒋礼鸿、王伯敏、常沙娜、樊锦诗、郭在贻、项楚、黄时鉴、施萍婷、齐陈骏、黄永武、朱雷等著名专家，再到徐文堪、柴剑虹、卢向前、吴丽娱、张涌泉、王勇、黄征、刘进宝、赵丰、王惠民、许建平以及冯培红、余欣、窦怀永等一批更年轻的研究者，既有共同的学术追求，也有各自的学术传承与治学品格，在不同的分支学科园地辛勤耕耘，为国际"显学"敦煌学的发展与丝路文化的发扬光大作出了巨大贡献。浙江的丝绸之路、敦煌学研究者，成为国际敦煌学与丝路文化研究领域举世瞩目的富有生命力的学术群体。这在近代中国的学术史上，也是一个值得关注的现象。

始创于1897年的浙江大学，不仅是浙江百年人文之渊薮，也是近代中国社会科学与自然科学英才辈出的名校。其百年一贯的求是精神，培育了一代又一代脚踏实地而又敢于创新的学者专家。即以上述研治敦煌学与丝路文化的浙江学人而言，不仅相当一部分人的学习、工作与浙江大学关系紧密，而且每每成为浙江大学和全国乃至国外其他高校、研究机构连结之纽带、桥梁。如姜亮夫教授创办的浙江大学古籍研究所（原杭州大学古籍研究所），1984年受教育部委托，即在全国率先举办敦煌学讲习班，培养了一批敦煌学研究骨干；本校三代学者对敦煌写本语言文字的研究及敦煌文献的分类整理，在全世界居于领先地位。浙江大学与敦煌研究院精诚合作，在运用当代信息技术为敦煌石窟艺术的鉴赏、保护、修复、研究及再创造上，不断攻坚克难，取得了举世瞩目的成就，拓展了敦煌学的研究领域。在中国敦煌吐鲁番学会原语言文学分会基础上成立的浙江省敦煌学研究会，也已经成为与甘肃敦煌学学会、新疆吐鲁番学会鼎足而立的重要学术平台。由浙大学者参与主编，同浙江图书馆、浙江教育出版社合作编撰的《浙藏敦煌文献》于21世纪伊始出版，则在国内散藏敦煌写本的整理出版中起到了领跑与促进的作用。浙江学者倡导的中日韩"书籍之路"研究，大大丰富了海上丝路的文化内涵，也拓展了丝路文化研究的视野。位于西子湖畔的中国丝绸博物馆,则因其独特的丝绸文物考析及工艺史、交流史等方面的研究优势,并以它与国内外众多高校及收藏、研究机构进行实质性合作取得的丰硕成果而享誉学界。

现在,我国正处于实施"一带一路"倡议的起步阶段,加大研究、传播丝绸之路、敦煌文化的力度是其中的应有之义。这对于今天的浙江学人和浙江大学而言,是在原有深厚的学术积累基础上如何进一步传承、发扬学术优势的问题,也是以更开阔的胸怀与长远的眼光承担的系统工程,而决非"应景""赶时髦"之举。近期,浙江大学创建"一带一路"合作与发展协同创新中心,举办"丝路文明传承与发展国际学术研讨会",都是在新的历史条件下迈出的坚实步伐。现在,浙江大学组织出版这一套学术书系,正是为了珍惜与把握历史机遇,更好地回顾浙江学人的丝绸之路、敦煌学研究历程,奉献资料,追本溯源,检阅成果,总结经验,推进交流,加强互鉴,认清历史使命,展现灿烂前景。

浙江学者丝路敦煌学术书系编委会
2015 年 9 月 3 日

出版说明

　　本书系所选辑的论著写作时间跨度较长，涉及学科范围较广，引述历史典籍版本较复杂，作者行文风格各异，部分著作人亦已去世，依照尊重历史、尊敬作者、遵循学术规范、倡导文化多元化的原则，经与浙江大学出版社协商，书系编委会对本书系的文字编辑加工处理特做以下说明：

　　一、因内容需要，书系中若干卷采用繁体字排印；简体字各卷中某些引文为避免产生歧义或诠释之必需，保留个别繁体字、异体字。

　　二、编辑在审读加工中，只对原著中明确的讹误错漏做改动补正，对具有时代风貌、作者遣词造句习惯等特征的文句，一律不改，包括原有一些历史地名、族名等称呼，只要不存在原则性错误，一般不予改动。

　　三、对著作中引述的历史典籍或他人著作原文，只要所注版本出处明确，核对无误，原则上不比照其他版本做文字改动。原著没有注明版本出处的，根据学术规范要求请作者或选编者尽量予以补注。

　　四、对著作中涉及的敦煌、吐鲁番所出古写本，一般均改用通行的规范简体字或繁体字，如因论述需要，也适当保留了一些原写本中的通假字、俗写字、异体字、借字等。

五、对著作中涉及的书名、地名、敦煌吐鲁番写本编号、石窟名称与序次、研究机构名称及人名，原则上要求全卷统一，因撰著年代不同或需要体现时代特色或学术变迁的，可括注说明；无法做到全卷统一的则要求做到全篇一致。

书系编委会

目　录

我的敦煌吐鲁番

刘进宝兄来约"浙江学者丝路敦煌学术书系"的稿子已有多年,但自己一直觉得以前做的相关工作太少,无法成集。直到我和进宝交接浙江省敦煌学与丝绸之路研究会会长职务时,才商定集子的内容和名称是《敦煌吐鲁番丝绸研究》。但按照体例,集前还得有一篇学术回顾。在我的学术生涯中,唐代丝绸与丝绸之路是我的起点[①],敦煌吐鲁番两地的丝绸研究也是我着墨最多的部分。所以我选择了与敦煌吐鲁番相交集的三个重要节点,兼作自己在这一领域的回顾和本集的序言。

一、初探敦煌吐鲁番(1985 年)

1. 行前读书

古人云:"读万卷书,行万里路。"行前必须先读。

我读唐代丝绸是从南京大学考古系秦浩老师的讲课中开始的。秦老师能把唐代考古讲得眉飞色舞,让我听得趣味盎然。在那个年代,研究唐代丝绸不可能没有吐鲁番,所以在我的心目中,吐鲁番的地位或许比敦煌更高,而研究吐鲁番丝绸又离不开武敏与夏鼐。他们两人的文章虽然观点不完全相同,但我当时读的只有他们两位的文章。武敏的文章有较多的第一手材料和自己的

---

① 赵丰:《唐代丝绸与丝绸之路》,三秦出版社 1992 年版。

观点①，而夏鼐的文章视野开阔，资料全面，考证严谨，推论严格。他主要的三篇文章都发在《考古学与科技史》上②，文中所引外文资料对我们也很有用。

敦煌发现的丝绸可能没有吐鲁番那样多。藏经洞的丝绸早早地去了英国和法国，在英国研究的是安德鲁斯，但并没有特别大的文章，主要还是被斯坦因用于第二次考察报告《塞林底亚》一书中。法国伯希和所获敦煌丝绸主要收藏在吉美博物馆，后来里布夫人和维约尔先生一起出版了《敦煌织物》一书，但因为是法文的，我只能以读其中的文物图、组织图和上机图等为主，但也可以看个大概。当然，从北魏到盛唐的丝绸文物在敦煌莫高窟本地也有发现，于1972年发表在《文物》杂志上，我行前也有专门读到③。

此外对敦煌丝绸研究的重要板块是在敦煌壁画和彩塑中的丝绸图案。1959年，常沙娜和她在中央工艺美术学院的两位同事黄能馥和李绵璐一起去敦煌莫高窟，在洞窟里进行了临摹。这些成果已收入中央工艺美术学院的一册黑白教材，但更为人们熟知、更为重要和更为普及的则是常沙娜主编《中国敦煌历代服饰图案》④，这也是我研究敦煌丝绸的启蒙书。

百闻不如一见，所以我特别期待能去吐鲁番和敦煌一趟，去

---

① 武敏：《新疆出土汉唐丝织品初探》，《文物》1962年第7—8期；武敏：《吐鲁番出土蜀锦的研究》，《文物》1984年第6期；武敏：《吐鲁番出土丝织品中的唐代印染》，《文物》1973年第10期；武敏：《唐代的夹板印花——夹缬》，《文物》1979年第8期；武敏：《吐鲁番古墓出土丝织品新探》，《敦煌吐鲁番研究》，第四卷，1999年。

② 夏鼐：《考古学和科技史》，科学出版社1979年版。

③ 敦煌文物研究所：《新发现的北魏刺绣》，《文物》1972年第2期；敦煌文物研究所：《莫高窟发现的唐代丝织品及其他》，《文物》1972年第12期。

④ 常沙娜：《中国敦煌历代服饰图案》，中国轻工业出版社2001年版。

探访和见识真正的丝绸之路上的唐代丝绸。

2. 初到吐鲁番

第一次去敦煌和吐鲁番是在 1985 年的 8 月。那时我已研究生毕业,跟着导师朱新予先生做《中国丝绸史》的课题,负责其中的唐代部分,这就有了去敦煌和吐鲁番的理由。

我到乌鲁木齐之时,正值 1985 年中国敦煌吐鲁番学术讨论会在昆仑宾馆(当地称作八楼)召开,会议的组织者是中国敦煌吐鲁番学会。我已忘了当时是从哪里听来的消息,就赶去那里旁听。当时全国著名的敦煌吐鲁番学者都来了,我保留了一份当年参加会议的分组名单,其中就有许多大牌学者。历史组有饶宗颐、张广达、周一良、王永兴、宁可等,考古组有宿白,艺术组有金维诺,语言组有季羡林、周绍良和耿昇等,真是群英荟萃、众星云集。也有不少学校的研究生跟来蹭会,而我在这里无师无亲,但刚好和武汉大学的一位研究生同住在地矿局的招待所,所以就跟着他们旁听。

这次会议给我印象最深的就是会后的吐鲁番考察。大会只安排了代表们的考察,但研究生们必须自己想办法跟着。于是,我们一些旁听者就自己组织起来,买了汽车票去吐鲁番,住在离大部队不太远的一个宾馆里,跟着他们参观吐峪沟和伯孜克里克千佛洞,此外还有吐鲁番博物馆、火焰山、阿斯塔那、高昌、交河等地。虽说那次会议给我留下的学术印象并不深,在吐鲁番也没有看到什么唐代丝绸,但它对我后来的研究取向还是产生了较大的影响。

3. 敦煌三日

从乌鲁木齐开始,我一站站地往回走。火车到柳园,再坐汽车到敦煌。我还清楚地记得那天在炎炎烈日之下走过的戈壁沙滩,居然还有一个称为西湖的地方,也还清楚地记得在路上望着远方一次次出现森林前的大湖景象,却又一次次地消失在眼前。

在经过半天之后，我终于来到了魂牵梦萦的敦煌。

我来敦煌的主要目的是来看莫高窟，我在当地的线人是敦煌研究院的王进玉兄。我与他先前已有通信联系，但真正见面还是第一次。他在敦煌研究院从事科技保护工作，同时喜欢研究敦煌科技史，已有成就。当时莫高窟南区共有 400 多个洞窟，据说分为 3 个等级。最低等级是一直开放的洞窟，如 K16 和 K17，任何人只要进了莫高窟就可以参观。最高等级是特级洞窟，好像共有 7 个，只有院长批了之后才可以参观。而中间等级是一般洞窟，保护人员手上拿着所有这些洞窟的钥匙，可以打开任何一扇门。所以我就跟着进玉看了许多洞窟，至于 7 个特级洞窟则找到了樊锦诗副所长专门批过，也跟着另一组拿着批条的贵宾——看了。

当然，我没有时间参观所有的洞窟，好像只是看了 50 个左右，一共看了三天，并用简易的方法临摹了大量的装饰图案，特别是服饰图案。用临摹方法来研究敦煌艺术已为各敦煌前辈所用，但把着眼点放在服饰图案上，则始于常沙娜老师，她一直带着中央工艺美院的老师和学生们一起在敦煌进行临摹。在我去敦煌之前，我也读到了苏州丝绸工学院诸葛铠先生临摹敦煌服饰图案的文章。我的绘画功力和他们相比当然差之千里，而且我当时只是用圆珠笔进行速写。但我现在回头来看，当时的速写依然非常亲切，而且我还是深感这些临摹对我日后的研究工作极有好处，起码好于只用别人的已发表的资料。

二、国丝的敦煌吐鲁番

1. 新疆征集文物，1989 年

我第二次入疆是在 1989 年春天之后，我被专门从学校里抽调出来去协助新筹建的中国丝绸博物馆跑去新疆征集文物。那

时我还在浙江丝绸工学院丝绸史研究室工作,但由于国丝是我导师朱新予先生倡建的项目,所以我从头开始就参与相关工作,特别是陈列文本和文物征集。地处大西北的新疆位于丝路要冲,气候干旱,当年遗留的文物多,保存状况也好,学术价值很大,所以成为我们征集的一个重点地区。

那次入疆的队伍很庞大。由新疆地矿局的老领导周铁农带队,浙江省文物局、旅游局、国丝筹建处共 6 人浩浩荡荡开赴新疆,并于 9 月 12 日到达吐鲁番。

我对吐鲁番较深的印象其实是从这一次才正式开始形成的。这一次因为周老在,更有新疆旅游局的安排,我的吐鲁番之行成为较为实在的旅游,住的是绿洲宾馆,但景点基本还是那几个景点。第一站是柏孜克里克千佛洞,然后出来就是胜金口小千佛洞,再是阿斯塔那、高昌故城、火焰山、葡萄沟、交河故城、苏公塔、坎儿井,一天之内跑了这许多景点,靠的是旅游局给派的车。吐鲁番文管所当时是侯世新接待了我们,还派了人专门带路。我不再是四年前的游击队员了,我看到了许多当年坐在三卡里面看不到的沿途景色,也和柳洪亮所长专门讨论了一起整理吐鲁番出土丝绸的可能性。这次到访,确实加深了我对吐鲁番的印象。从记录的资料看,我对吐鲁番的木纹锦和联珠含绶鸟锦的丝线加捻和织造特点已经开始关注。

同时,国丝的文物征集也得到了新疆各方包括吐鲁番的大力支持。1990 年,新疆文物考古研究所、新疆博物馆和新疆吐鲁番地区文保所的相关领导和专家回访尚未建成的国丝,将 35 件楼兰和阿斯塔那等地出土的汉唐时期丝织物赠送给国丝。这是国丝收藏的第一批数量较多且有明确考古信息的丝绸文物,十分珍贵。

2. 敦煌北区项目,2007—2013 年

与敦煌研究院的真正合作始于 2007 年。其实,那时我正在

编纂和出版《敦煌丝绸艺术全集》中的英藏、法藏和俄藏等卷，但对敦煌莫高窟本地所收藏的丝绸织物却了解不多。所以就在2007年4月25日，与扬之水和来自新加坡的袁健先生相约在敦煌莫高山庄相聚。当时我们见到了樊锦诗院长，后来在罗华庆副院长的协调下，和王乐一起把莫高窟北区出土的所有丝绸和织物看了一遍。

莫高窟北区颇具神秘色彩。20世纪80年代中期以前，很多人都认为那些既没有壁画也没有塑像的石窟是敦煌壁画的画工和塑匠的居住之所，但并没有做过科学细致的考古工作。为揭开这一神秘面纱，敦煌研究院成立了以彭定章先生为主的北区考古组，在1988年至1995年，先后进行了两次试掘和一次全面发掘。其中出土纺织品共计231件，来自73个洞窟。质地可分为丝、棉、麻、毛等，织染绣的技术可分为棉布、毛布、麻布、毡、绢、绮、纱、锦、夹缬、绞缬、绫、罗、绸、刺绣、捻金绣等。

2013年5月开始，国丝和敦煌研究院合作开始对敦煌出土的纺织品实施保护修复。事前我又和周旸一起在库房中再次查看了所有的纺织品，在这次查看时，我们发现敦煌研究院已经对其有了新的藏品编号。此后，国丝团队由王淑娟负责分成两批对敦煌丝绸开展保护和修复，不仅了解其纤维和质地，同时分析其色彩和染料；不仅进行大量的图案复原，同时对服饰及其形制进行修复和复原；不仅将其中60余件藏品整理展出，同时也对这些文物进行预防性保护。

到2013年底，"千缕百衲：敦煌莫高窟出土纺织品的保护与研究"展在杭州开幕，樊锦诗、常沙娜、柴剑虹、韦陀等敦煌学界大腕一起出席。展出的62件纺织品文物，涵盖北朝、盛唐和元，着重展示了我们对敦煌考古出土纺织品所开展的保护、修复与研究工作。当樊院长看到彭先生发掘的一些破碎的丝绸能修复成件或是成衣,也是称赞了一番。配合展览,我们还与中国敦煌吐鲁番学会染织服饰专业委员会、浙江省敦煌研究会、甘肃省敦煌研究会联合主办了"敦煌与丝绸之路"学术研讨会暨学术讲座。研讨会邀请了国内外众多敦煌学研究领域的专家学者,就"敦煌学研究的新收获与新动向""敦煌与丝绸"两项主题分享了各自最新的研究成果①。

3. 沙鸣花开,2012 年

在国丝的岁月里,我还有一次机会与敦煌艺术特别是与常沙娜老师的敦煌丝绸图案临摹相遇,十分有缘。

我与常先生结缘于 2007 年《敦煌丝绸艺术全集》(英藏卷)在英国出版的首发式之后。当时我在大英博物馆的工作室里接到了来自常老师的儿子崔先生的越洋电话,他说明常先生看到了我们的首发式,希望我回国后就去和她聊聊。我当时非常忐忑,主要是因为她看到我在大英博物馆举办首发式心中不快,但当见面后,她还是非常肯定和鼓励我在海外收集和整理敦煌丝绸实物信息的工作。

此后,我和常先生有了更为紧密的联络。从她那里知道,常书鸿是如何教育她在染织丝绸方面发掘和继承敦煌传统。当年常书鸿去法国的初衷就是学习丝绸设计,里昂的丝织厂和敦煌的洞窟处处都有无法回避的丝绸氛围。所以在 1959 年,24 岁的她就带上了中央工艺美术学院黄能馥和李绵璐两位青年同事一起回到敦煌,进行敦煌壁画服饰图案的临摹。

大约是在 2012 年,特别令人感动的是,有一天早晨,从家里出来,车子正行驶在西湖边的杨公堤上,我突然接到了常老师的

---

① 许建平主编:《敦煌与丝绸之路——浙江、甘肃两省敦煌学研究会联合研讨会论文集》,浙江大学出版社 2015 年版。

电话,常老师在电话那头对我说,她和黄能馥先生(李绵璐先生已过世)决定将她当年所绘、后来又经整理的所有敦煌丝绸服饰图案作品全部捐赠给中国丝绸博物馆,令我喜出望外和万分感动。

要知道,1959年之前,敦煌的模样是何等荒凉:大漠深处,满目苍茫,从兰州到敦煌,要走一个多月的时间;要知道,1959年的时候,敦煌的条件是何等艰苦,点着蜡烛,顶天面壁地进行临摹;要知道,1959年之后,中国又遇到了什么,常老先生被打倒,病倒,常沙娜和她的同事们都无法再进行壁画的整理和染织的创作。所幸的是,常沙娜先生后来终于恢复了工作,她和她的学生们一起开始整理当年临摹的图案,出版了《中国敦煌历代服饰图案》。更有幸的是,常家是杭州人,常老先生出身染织,常先生又是丝绸染织的艺术家和教育家。所以我们决定专门为这批作品举办一次展览,展名就叫"沙鸣花开"。沙漠无声,有风则鸣,鸣沙山下,月牙泉边,沙漠之花,优雅绽放,那是北朝服饰上的柿蒂花,那是盛唐衣衫上的宝相花,那是宋夏之间的折枝花,更是常沙娜等老一辈艺术家和她的学生们的艺术之花。

9月14日,展览开幕暨作品捐赠仪式在国丝隆重举行,252张临摹作品和近20件实物作品一起展出。也正是因为这些展览,后来又产生了常沙娜先生的一系列的大展,称为"花开敦煌",展览在中国美术馆等地展出,也去了她的出生地法国里昂。我非常高兴,与常老师的一段缘分,成就了敦煌丝绸艺术传播与弘扬的一段佳话。

三、世界的敦煌吐鲁番

1.国际展览中的敦煌吐鲁番丝绸

其实,敦煌吐鲁番丝绸在国际上的知名度早在20世纪初就开始了。新中国成立之后，由新疆维吾尔自治区博物馆主办的"丝绸之路：汉唐织物"展览，基本用吐鲁番出土丝绸文物作展品，开启了吐鲁番丝绸新一轮的国际化进程[①]。

不过，国际上真正的中国纺织品热，可以说是从1995年香港艺术馆举办的"锦绣罗衣巧天工"展览开始的[②]。虽然这一展览的主要内容是宋、元、明、清的丝绸收藏，但因为展览同时配套的学术会议我作了一个题为《隋唐丝绸上的团窠图案》的报告，其中主要的内容来自新疆吐鲁番的发现，特别是青海都兰的发现，所以受到了极大的关注。

1998年夏，我到瑞士阿贝格基金会的时候，和美国著名纺织史专家安妮·沃德韦尔（Anne Wardwell）每天一起看文物，那里只有我们两个人，陪着我们的就是牧场里的奶牛。长长的夏天，灿烂的阳光，自由自在地看着最最令人喜欢的丝绸，大量的从丝绸之路西边来的织物，心情特别愉快。后来我又和阿贝格基金会主席多米尼克·凯勒（Dominique Keller）谈起了对丝绸之路出土丝绸进行研究的想法。我们当时决定，要在阿贝格召开一个专门针对丝绸之路上纺织品的会议。

在策划设计会议的时候，阿贝格让我推荐来自中国的代表。我们想到的就是中国境内丝绸之路沿线的丝绸，所以请了新疆的武敏代表老一辈和吐鲁番；请了新疆的李文瑛，我觉得她是新疆新一代的纺织品学者，她对营盘纺织的研究和了解已经非常深入；再是青海都兰的许新国，吐蕃是那时的热点；另外还有陕西法门寺的韩金科。

---

① 新疆维吾尔自治区博物馆出土文物展览工作组编：《丝绸之路：汉唐织物》，文物出版社1973年版。

② 香港艺术馆等编：《锦绣罗衣巧天工》，香港艺术馆1995年版。

　　1999 年 10 月 5—10 日，这次名为"早期中世纪丝绸之路沿途的纺织艺术"的学术讨论会在瑞士阿贝格基金会举办。除了我带来的中国代表团成员之外，会上还有更大的国际团队，其中包括美国的屈志仁、俄罗斯的马尔夏克、韩国的沈连玉等，真是一次丝绸之路的盛会，也是敦煌吐鲁番的盛会。加拿大盛余韵写的是《阿斯塔那的织物：艺术、技术和社会变化》①，武敏发表的是《基于 3—8 世纪新疆新发现纺织品所见中国和中亚西亚间的织造技术的交流》②，但事实上用的还是早年吐鲁番出土的一些织物，并且她的经纬方向还是一如既往地和大家不同。我在会上专门讨论了丝绸之路上西方风格纬锦的织造技术，其基础是伊朗现存的 Zilu 织机，用到的案例包括吐鲁番阿斯塔那墓地出土的绵线平纹纬锦（波纹兽纹锦，TAM313：12）和联珠大鹿纹锦（66TAM55：18）③。

　　其实，关于丝绸之路的大展还有很多，不少大展都涉及丝路上出土的丝绸，很多大展也都离不开敦煌吐鲁番，如在日本举办的"丝绸之路：绢与黄金之道"（2002 年）和"新丝绸之路展：从梦幻之都楼兰到永恒之都西安"（2005 年）。同时，我还参加有些展览的策划或写作，记得 2003 年美国 Dayton 艺术学院也举办了

---

　　① Angela Sheng, Textiles from Astana：Art，Technology and Social Change，pp. 117-127.

　　② Wu Min, The Exchange of Weaving Technologies between China and Central and Western Asia from the Third to the Eighth Century Based on New Textile Finds in Xinjiang, Central Asian Textile and Their Contexts in the Early Middle Ages, Abegg-Stiftung, Riggisberger Berichte，2006，pp. 211-242.

　　③ Zhao Feng, Weaving Methods for Western-style Samit from the Silk Road in Northwestern China, Central Asian Textile and Their Contexts in the Early Middle Ages, Abegg-Stiftung, Riggisberger Berichte，2006，pp. 189-210.

"丝路荣耀：中国古代艺术"的展览，我也写了专门的文章，研究了吐鲁番出土的三件织物①。

真正属于自己参与策展的国际大展是 2004 年 10 月 4 日在大都会艺术博物馆开幕的展览"走向盛唐"（Dawn of a Golden Age：China 220—750），本人曾为该展览负责纺织品部分的展品选择、说明撰写以及论文写作。最为重要的是展览的第七部分，丝绸文物基本来自新疆吐鲁番和青海都兰两地，体现了隋到初唐的纺织艺术，其中有一件是张雄墓中所出漂亮的着衣俑，戴着缂丝半臂，绿色绞缬披帛，着红和浅绿的间色裙，被用作展览图录的封面。其他还有 9 件织物残片，其中包括胡王牵驼锦、羊树纹锦、"王"字平纹纬锦、红地蓝花猪头纹锦、黄地联珠对鸟纹锦、小窠联珠镜花锦等②。

后来与敦煌相关的展览还有美国盖蒂基金会的"敦煌佛窟：中国丝绸之路上的佛教艺术"展览③，我也参与了展品的选择，特别是其中藏于大英博物馆的凉州瑞像（原名灵鹫山说法图），我专门为其写作了图像说明，算是我最近一次参与的与敦煌相关的国际展览。

2.《敦煌丝绸艺术全集》与国际敦煌项目（IDP）

2000 年，我在美国大都会博物馆一次会议上重逢大英博物馆的麦嘉乐（Carol Michaelson），谈起了国际敦煌项目 IDP，她当时就邀请我去大英博物馆开展他们馆藏的丝绸织物工作。2006

---

① Zhao Feng, Three Textiles from Turfan, *Orientations*, Hong Kong：Feb 2003, pp. 25-31.

② Feng Zhao, *Jin*, *Taquete* and *Samite* Silks：Three Steps of Textiles from Han to Tang Dynasty During the Cultural Exchange on the Silk Road, Dawn of the Golden Age, pp. 335-343.

③ Cave Temples of Dunhuang, Buddhist Art on China's Silk Road, Getty Conservation Institute, 2016.

年4月18日，我终于来到大英博物馆，从事斯坦因收集纺织品的整理、分析与研究，并负责完成梅林（Merlin）数据库中的相关部分。正是从此开始，敦煌丝绸激起了我极大的兴趣。

5月12日，到伦敦还没到一个月，麦嘉乐帮我召集了敦煌丝绸项目组的第一次会议，研究《敦煌丝绸艺术全集》（英藏卷）项目的可行性，主持了会议，参加的有大英博物馆的汪海岚（Helen Wang），麦嘉乐认为她是合适的代表大英博物馆的人，白海伦（Helen Persson），代表的是V&A。我们基本同意共同进行这一项目，对敦煌纺织品或丝绸（是指具有装饰意义的织品，除少量刺绣佛像外，织品上的绘画不包括在内）进行整理和研究。书的基本框架分成文章、图录和附录三个部分，共有300件文物收入这一图录。同时，我又和东华大学商量，得到了支持，邀请王乐和徐铮同来伦敦。

2006年7月28日，敦煌丝绸项目组的第二次会议在大英博物馆召开，与会者有汪海岚、白海伦、吴芳思（Frances Wood）、麦嘉乐，还有我和王乐、徐铮。

会上决定了书前的5篇论文选题，更为重要的是大英博物馆出版社最后决定不收取任何版权费用。这样，我的敦煌丝绸团队在大英博物馆研究了约250件较为完整的纺织品，以及约400件残片、约200件在V&A的斯坦因纺织品，还有在大英图书馆的藏品。最后于2007年出版了《敦煌丝绸艺术全集》（英藏卷）的中英文版，并于5月召开"敦煌百年，1907—2007"会议之际，在大英博物馆国王图书馆举办了首发式。麦嘉乐给予了极高的评价：赵丰和他的助手详细地分析了大英图书馆全部的织物残片，虽然他们关注的是织物本身，我们希望他们的工作能为中国书版式演变的研究起到抛砖引玉的作用。

这样，《敦煌丝绸艺术全集》成为一个中、英、法、俄等多国合作的项目,在国际上形成了传播敦煌丝绸与丝绸之路的一个重要载体,也被列入"十一五"国家重点规划出版计划。2006—2022年,我所带领的团队已整理了英、法、俄、日、印五国所藏的敦煌丝绸资料,2022年10月,历时16年的《敦煌丝绸艺术全集》英藏卷、法藏卷、俄藏卷、中国旅顺卷和敦煌卷等全套5卷本终于由东华大学出版社出版了,这也是我在敦煌吐鲁番学上特别是敦煌吐鲁番丝绸研究中的一个标志性的工作。

3. 织为货币,2007—2012年

2006年5月,就在《敦煌丝绸艺术全集》(英藏卷)即将完成之时,大英博物馆的汪海岚告诉了我这一想法,以纺织品作为丝绸之路上的货币的主题研究,Textiles as Money,我把它译为"织为货币"。早在写作《唐代丝绸与丝绸之路》时,我其实已关注这一问题并提出这一想法,特别是用敦煌和吐鲁番的两份物价表研究了这一政策为唐朝政府带来的利益。

2007年5月,这一项目正式启动,项目组随即在伦敦的英国学术院召开了第一次工作会议。项目组由汪海岚和韩森(Valerie Hansen,耶鲁大学)牵头,前后参加项目的成员有来自不同国家不同学科的学者:童丕(Eric Trombert,法兰西学院汉学研究所),盛余韵(Angela Sheng,加拿大McMaster大学),荒川正晴(Masaharu Arakawa,大阪大学),白海伦(伦敦维多利亚和阿尔伯特博物馆),荣新江、段晴(北京大学),王乐(东华大学)和我。

项目组此后又召开过两次重要的学术讨论会。第二次研讨会于2009年10月在耶鲁大学举行。项目组主要成员以及曼宁(耶鲁大学)、乔纳森·斯卡夫(希本斯堡大学)和维克多·梅尔(宾夕法尼亚大学)参加了会议。会议的前两天是真正的满满的会。会场是在耶鲁大学图书馆的一个小房间,大家围坐在一个长桌边讨论,另外有一间可以放些吃的和喝的,所以午餐也在里面解决了，从早开到晚，中间连放风的时间也没有。参加会议的人不多，发言的人很多都没有 PPT，只是把自己的内容概括说一下，唱主角的反而是当场的主持人，他得先通读当场发言者的各篇论文，给出评论，提出问题，谈出看法，然后就是一大堆问题和讨论，讨论的议题经常会被拉开到很远的地方，准备好的题目有很多人都没有多说，很多没有准备的话题倒是说了不少。海阔天空，自由散漫。一直到最后要集中起来讨论下一步如何做的时候也还是集中不起来，以至于牵头的汪海岚愁眉不展。

2010 年 12 月，我和王乐一起在上海东华大学和杭州中国丝绸博物馆组织了第三次研讨会。这次会议更像是一个现场考察和催稿会，会议先在东华大学召开，后转到国丝。我为项目组成员准备了一些汉唐时期的丝绸实物，大家一边看，一边讨论当时丝绸名物，因为我和王乐负责的正是基于敦煌吐鲁番出土文献和实物的名物对照研究，考察和讨论正可以检查我们在项目中的工作。

到 2011 年 2 月，所有的论文都已经完成并提交给了韩森和汪海岚进行编辑，韩森和汪海岚又翻译了荒川正晴、王炳华、段晴和徐畅的论文。最后这一项目由皇家亚洲协会于 2013 年作为杂志的专刊出版①。我和王乐在其中做的主要就是以敦煌和吐鲁番文献为基础，再结合敦煌吐鲁番发现的纺织品实物，制作了一份图文对照、名物对照的词汇表。

四、结语：敦煌吐鲁番丝绸的意义

自 1982 年重点关注唐代丝绸以来，我学习和研究敦煌吐鲁

---

① Valerie Hanson and Helen Wang. Textiles as Money on the Silk Road，*Journal of the Royal Asiatic Society*. Volume 23，Issue 02，2013.

番丝绸已有 40 多年，其中也有不少感受和体会。简而言之，敦煌吐鲁番丝绸的学术意义在于以下四个方面。

1. 于唐代丝绸的意义：吐鲁番和敦煌出土丝绸文物是唐代丝绸中最为重要和典型的发现，基本覆盖了初、盛、中、晚唐的各个分期，也包括了唐代丝绸所有的品种类型和所有的图案类型，对于研究唐代丝绸的技术和艺术特点以及历史发展，有着极大的重要性和不可替代性。

2. 于丝绸之路的意义：敦煌和吐鲁番都位于沙漠绿洲丝绸之路的重要节点上，所出唐代丝绸反映了唐代丝绸之路在经济、商贸、科学、技术、文化、艺术等方面的交流，以及这些交流为社会进步与发展、为人民福祉所带来的巨大贡献。

3. 于中国科技史的意义：从中国科技史特别是中国纺织科技史来看，敦煌吐鲁番丝绸的地位也很高，它证实了唐代织机完成了从多综提花机向束综提花机的转型，织物显花原理完成了从经显花向纬显花的转变，染缬技术上形成了唐代三缬防染显花体系，导致夹缬和灰缬等技术占据主导地位。唐代丝绸生产技术也在此时对世界纺织科技产生了重大影响。

4. 于今天传承发展的意义：与广大的中国文化遗产一样，唐代丝绸文化和艺术也在今天得到更为广泛和便利的传承与发展。中国丝绸博物馆近年一直举办国丝汉服节，其中包括以唐代丝绸为主的"唐之雍容"国丝汉服节。我们欣喜地发现，唐代的丝绸图案和服饰已为广大青年一代所接纳和喜好，深入研究以敦煌和吐鲁番为代表的唐代丝绸，必将对中华优秀传统文化在今天的传播和弘扬产生深远的影响。

丝路之绸研究的框架性思考

"丝路之绸"是我们于 2009 年前后在丝绸之路研究过程中逐渐提出的一个概念。顾名思义，"丝路之绸"就是丝绸之路上的丝绸。但在我们提出的概念中，"丝路"就是丝绸之路，包括沙漠绿洲丝绸之路、草原丝绸之路、海上丝绸之路等多条连接欧亚非三大洲的通道；"绸"的定义可以有狭义和广义两种，狭义的是丝绸，而广义的就是各种纺织品和服饰及其相关工艺和文化；"之"表明来历，包括考古出土的、民间使用的、文献记载的和图像表现的纺织品。

"丝绸之路"与"丝路之绸"是两个伴生概念，各有侧重且相互关联——前者的关键词是"路"，后者则是"绸"。中国原创的华美丝绸开启了人类历史上大规模的东西方贸易交流，是丝绸之路的原动力，中国因此成为世人心中的"丝国"。但是目前人们对丝绸之路的研究大多在"路"上，而对"绸"甚少关注。丝绸之路，不能让丝绸缺位，不能让纺织品缺位。所以，我们在丝绸之路世界遗产申报成功一周年之际的纪念日里，正式提出丝路之绸的概念，并谈谈对丝路之绸研究的框架性思考。

一、丝路之绸的研究意义

中国政府在推动共建"一带一路"愿景与行动中指出，丝绸之路精神是"和平合作、开放包容、互学互鉴、互利共赢"。丝路之绸无疑是丝绸之路精神最为实在的体现。

1. 纺织品是丝绸之路上最为大宗的贸易商品,在很多场合,它甚至还担任货币的功能。草原丝绸之路上发现的主要是毛织物,沙漠绿洲丝绸之路则以丝绸为主导,海上丝绸之路上更多的是棉布。唐代史料记载,开元天宝时岁入庸调绢布2700万匹端屯,其中约1300万匹端屯用去边疆各道用兵,守护对外交通要道的通畅,主要用于做衣、和籴或别支,在丝绸之路上直接消费或进入流通,这约占当时财政总收入的1/3。如再加上民间纺织贸易,其量就更为巨大。所以,丝绸之路的本质是一条经济商贸之路,丝路之绸是区域经济合作繁荣的最佳案例。

2. 纺织品能最大限度承载丝绸之路的文化信息。纺织品不仅是一种材料,其中含有极为丰富的科技成分,如纤维的种类、染料的工艺、织造的结构、刺绣的针法等;同时,它又是一件艺术品,它是设计艺术的直接作品,有着色彩、图案、款式、题材等。所以,丝路之绸总是会带有来自丝路沿途的文化信息,体现了丝路上纺织品上出现的文化交流过程和"互学互鉴"精神,所以丝路才成为一条文明互鉴之路。

3. 纺织品占据衣食住行之首,在丝绸之路沿途人们生活中最为大宗的生活产品,与社会、政治、经济、文化、科技、艺术等各方面都有着极深的关系。丝绸之路把人类四大文明圈里的四大天然纺织纤维毛、棉、麻、丝都带去了不同的区域,为这些区域带来了新的纺织服装材料,带来了新的工艺,也带来了新的生活方式。就以海上丝绸之路为例,这里虽然没有考古发掘的发现,但历年保留下来的丝绸生产习俗、传统生产的工艺以及丰富多彩的丝绸制品和文化制品,已成为世界各地人们的丝绸生产遗产。丝路之绸在这里体现的是丝路沿途人们的生活和感情,丝绸之路在这里是一条精神与物质相辉映的和平发展、合作共赢之路。

二、丝路之绸的研究对象

1. 考古出土的纺织品

丝绸之路上的贸易物品主要是纺织品，这一点随着近年来欧亚大陆出土纺织品的大量增加而变得更为清晰。这些珍贵的历史物证，实证着棉、麻、毛、丝等天然纤维纺织品在数千年的历史进程中，在经历了起源、传播、交流的阶段之后，沿着丝路逐步成为衣被天下的全球化商品。

2. 民族特色的纺织品

历史上丝绸之路沿途具有丰富的民族学多样性，不同的纺织文化和纺织技术在此汇集、融合，形成风格迥异独具民族特色的民间传统纺织品，如至今依然保持生命力的印度绸、泰丝、印尼蜡染、中亚艾德莱斯绸等。这些具有鲜明民族性、相对独立性和工艺多样性的活态纺织品及其传统工艺，是丝绸之路延续至今的实证。

3. 文献记载的纺织品

文献中亦记载有大量与纺织品相关的信息，丝绸之路沿途出土的大量汉文、藏文、于阗文、粟特文、佉卢文等以及希腊文、波斯文、阿拉伯文献中均有大量关于纺织品使用和交易的记载，如敦煌文书中的什物历、破用历、入破历、贷绢契、唱衣历、施入疏等。诸如此类的历史文献为当时社会经济文化、丝路贸易、纺织科技史的研究提供了重要基础。

4. 图像表现的纺织品

丝路沿途遗存的大量遗址中保留了不同历史时期的绘画、壁画和彩塑等遗存，如中国的墓室壁画、敦煌和阿旃陀等佛教壁画，中亚等地的建筑壁画以及波斯等地的石浮雕，从中均能觅见服装饰品和纺织图案的详细描绘。对其进行基于图像的纺织品研究,可以在一定程度上复原不同时期不同地区的染织工艺、图案风格和服饰特点。

三、丝路之绸的研究框架

1. 资源调查和信息整理

丝绸之路的广袤时空为沿途留下了丰富的文物资源,但涉及纺织品文物的资源调查相对缺乏,急需与丝路沿线国家共同开展全方位、多角度、深层次的丝路之绸资源调查,重点包括丝路沿途国家遗存的纺织品及相关文物、遗址、壁画、传统纺织技艺等;同时,丝路之绸及其相关资料散藏于世界各地,有很大部分资料尚未整理完成,已经整理的资料缺少对于纺织品角度的详细研究和描述,即使整理较好的资料也因为语言等各种原因没有得到较好的出版和展示,所以必须进行巨大的信息收集与整理工作。基于此形成调研报告、标本库、数据库、网站等成果。

2. 价值认知与研究方法

以丝路之绸为主要研究对象,从中外技术交流与互动的特定视角,探索应用各种现代科技手段,建立适用于纺织品文物的研究方法体系;借此系统揭示纺织品材质和制作工艺特征,全面探讨其原料来源、产地、制作技术的演变和传播历程;结合考古学、历史学、民族学资料,全面深刻阐明其中蕴含的价值内涵。

3. 保护项目和技术培训

针对丝绸之路沿线保存纺织品的不同状况开展针对性研究,基于此形成一系列适用于丝绸之路沿线的纺织品文物保护专利、材料、技术、装备和规范;与丝绸之路沿线相关机构加强科技合作,共建联合实验室,促进人员交流,合作开展研究,共同提升丝绸之路纺织品文物领域的研究水平和创新能力；通过举办纺织品文物研修班和案例实施的方式，将已有的纺织品文物认知保护专有技术、材料和标准进行推广应用。

4. 展示展览和出版宣传

兼顾草原、陆上、海上等丝绸之路，整合丝路沿途各国的纺织品文物资源，开展国际展览合作，从纺织品的角度对丝绸之路进行勾勒和诠释；利用智慧博物馆建设理念，构建跨地域、跨博物馆的分布式知识库及综合展示平台，形成永不落幕的网上展览；同时采用博物馆陈列、网站、出版物、学术研讨会等多种渠道和方式，全面展示丝路之绸的研究成果。

5. 传承创新和设计制作

针对活态民间纺织品在当地传承应用的现状，开展传统纺织工艺传承与创新的合作；加强高新技术与织造、印染等丝绸之路沿途传统纺织工艺的有机结合，在传承民族传统工艺特色的基础上，形成独具特色的文化产品，推动高端饰品、服装、设计等行业的应用，推动相关产业发展。

四、丝路之绸的研究现状与前景

丝绸之路一直是国际上的一门显学，每年都有大量的以丝绸之路为名的图书出版或展览开幕，甚至音乐创作，然而，其中真正研究丝路上的丝绸或是纺织品的并不多。在西方有西尔凡、安德鲁斯、里布夫人、陆柏等人对巴泽雷克、诺因乌拉、吐鲁番、敦煌、黑水城等地出土的纺织品进行了较为深入的研究；在中国则有以夏鼐、王㐨、武敏等为首的考古学家对西北地区出土纺织品的研究。

近年来，国际上有更多的机构和学者推出丝绸之路的展览或研究成果，其中如美国大都会博物馆在推出展览"丝如金时"（When Silk Was Gold）、"走向盛唐"（Dawn of the Golden Age）之后，又推出"全球交织"（Interwoven Globe），引起国际关注；丹麦国家基金会纺织品研究中心每年都推出类似主题活动，2014年举办"东西纺织术语：1000 BC—AD 1000"（Textile Terminology：from Orient to Mediterranean and Europe）和出版《全球纺织品的邂逅》（Global Textile Encounters）；大英图书馆在纪念国际敦煌项目 10 周年之际推出"丝路之绸"（Silks on the Silk Road）系列讲座；此外，法国的国际古代纺织品研究中心 CIETA 和美国的全美纺织品协 TSA 均有双年会，每次均有关于纺织文化东西交流的内容。2005 年开始，东盟又推出以传统纺织品为题的研讨会，2009 年起成为双年会，2015 年第五届东盟传统纺织品年会将在泰国举行。

　　但是，与丝绸之路的研究人员相比，研究丝路之绸的数量还非常少，而面对"一带一路"沿途国家时，其发展空间却非常大。这就使得我们开始设想在研究机构和研究者之间建立一个丝路之绸的研究联盟。其实，在我们的合作过程中，我们已经有了大量的同盟者，如在编纂《敦煌丝绸艺术全集》时我们与大英图书馆、大英博物馆、V&A 博物馆、吉美博物馆、艾尔米塔什博物馆等的合作，与丹麦合作研究欧亚早期羊毛织物、与美国合作研究丝绸之路丝绸产地、与俄罗斯合作研究金帐汗国地区出土蒙元时期纺织服饰、与乌兹别克斯坦合作研究费尔干纳出土丝绸、与塔吉克斯坦合作研究粟特时期织物、与韩国合作研究明代丝绸及中韩丝绸交流、与瑞典合作研究彼得大帝时期中国丝绸、与意大利合作研究 19 世纪与 20 世纪之交时意大利与中国养蚕技术交流等，使得条件渐趋成熟。我们也在哈萨克斯坦、土耳其、巴林、俄罗斯、泰国等地举办各种类型的丝绸展览。同时，纺织品文物保护重点科研基地在新疆、甘肃、西藏、河南等地开展了大量的纺织品文物保护项目，特别是国家文物局在今年 10 月将组织全国八省市的 20 余家文博机构共同举办"丝路之绸：起源、传播与交流"大展，并在展览期间推出相应的研究活动，为在丝绸之路沿线开展丝路之绸研究的合作带来更大的契机。

（原载《中国文物报》2015 年 6 月 26 日第 6 版）

定义与实证:丝绸的起源、传播与交流

李希霍芬在其《中国》第一卷中提出"丝绸之路"的概念时,其根据主要是希腊地理学家马利努斯(Marinus of Tyre,70—130)对中国到中亚一段的知识。[①] 马利努斯是最早在地图上标出中国的学者,并把 Serer 和 Serica 与中国相对应。西方人将东方的国家称为丝国,显然是因为东方的丝绸影响了西方,以致西方把这个东方古国称为丝绸,丝绸是这条通道的原动力。李希霍芬把马利努斯描写的丝绸之路称为单数,同时认为更愿意用复数的丝绸之路,因为丝绸之路的复数形式更能够表示东西方交通的真实情况。

虽然有不少人在质疑将这条通道命名为丝绸之路的合理性,甚至还有人试图用玉石之路、青金石之路、陶瓷之路等来替代丝绸之路,但事实上丝绸还是这条通道上无可替代的物品。其理由有:一是丝绸成为东西方贸易的主要物品,大量丝绸通过各种途径流入丝路;二是丝绸在路上还作为货币进行流通,其作用更非其他商品可比;三是丝绸的影响巨大,中国因此而被称为 Seres。

但是,今天的丝绸之路概念更为广泛,无论从时间还是空间上,已拓展到草原丝绸之路、沙漠绿洲丝绸之路和海上丝绸之路,

---

① Ferdiand Freiherr von Richthofen, *China*: *Ergebnisse Eigener Reisen und Daraufgegruendeter Studien*, Vol. I, Berlin, Dietrich Reimer, 1877.

甚至更多。同时，显然承载着更大的使命，成为东西方文化交流的大通道、东西文明互鉴的主要途径。不过，丝路上的丝绸还是这条路上最典型的文化符号，它起源于中国，沿着丝路向西传播，并在传播中实现交流。它的传播过程，成为丝绸之路文明互鉴的一个重要案例。

本文拟就丝绸在丝绸之路起源和传播中的一些定义及交流的具体过程作一探讨，而"丝路之绸：起源、传播、交流"这一展览本身就是为了给这一过程提供实证。

一、丝绸起源

讨论丝绸起源问题应该明确以下几个定义。

1. 什么是丝绸？

一般来说，丝绸（silk）是大蚕蛾科类的昆虫吐丝结茧，被人类利用而进行纺织服装生产得到的产品，这种昆虫中最为重要的就是桑蚕或称家蚕（*Bombyx mori*）。但在自然界，能生产丝绸产品的昆虫还有不少，在历史上被人类利用的也为数不少，如柞蚕、天蚕、樗蚕、樟蚕、蓖麻蚕、琥珀蚕、椒蚕、柳蚕、榆蚕、枸杞蚕、乌桕蚕等，它们也曾被用于丝织或丝绵生产。但是，其中只有桑蚕被人类驯化成为家养的昆虫，其他所有的蚕类都属于野外放养。所以，蚕业或养蚕业，在英文中被称为 Sericulture，ser 是指桑蚕，而culture 一定是人工栽培或养殖的，ser 指的也是家蚕，Seres 指的就是养家蚕的国度。所以，我们在这里讨论的丝绸，实指家蚕所吐家蚕丝所生产的丝绸。

2. 什么是丝绸起源？

谈到丝绸的起源也有很多不同的节点：一是利用桑蚕茧的茧丝织成丝绸；二是驯化野桑蚕成为家蚕；三是为了养蚕而进行桑

的人工栽培。这三个节点应该是有先后的,其理论上的层次是先有人类对野蚕茧的利用,再有驯化野蚕,最后有人工栽培桑树。但其中也有主次,最为关键的是从野桑蚕到家蚕的驯化过程。现在家蚕基因研究表明,在野桑蚕驯化为家蚕的过程中,基因变异导致蚕的生物学性状发生显著变化。通过对 29 个家蚕和 11 个野蚕品系进行全基因组测序,可知驯化过程引发野桑蚕的 354 个基因位点发生变异,使得家蚕呈现出对高密度饲养的耐受性、蚕茧产量大幅提升、生长变快、蚕蛾基本丧失飞行能力等变化①。这应该是一个极其漫长和特别的驯化过程。印度历史上虽然早有利用野蚕丝生产织物的记载,但几千年后,它们还是野蚕,没有被驯化。

3. 丝绸起源的定位

明确了丝绸起源的内涵,我们就可以将丝绸起源进行更为细化的定位:时间、地点、人物、过程、原因等。

关于丝绸起源的实证,国内外学者都做过大量的研究。国外的学者中最为著名的就是艾琳·古德(Irene Good),她研究了全球范围内东西方丝绸出土情况,特别是在印度和中亚一带出土的早期丝绸实物,得出了在印度和部分地区也有野蚕丝出土的结论②。但由于野蚕丝不是我们所讨论的丝绸范围,野蚕丝的利用更不是丝绸起源的概念,所以我们在此需要特别说明。

所有家蚕丝绸的发现都在中国。其中最为明确的有三个实

---

① Xia Q, Guo Y, Zhang Z, Xiang Z, Wang J. Complete Resequencing of 40 Genomes Reveals Domestication Events and Genes in Silkworm (Bombyx), *Science*. 2009 Oct 16; 326 (5951): 433-436. doi: 10.1126/science. 1176620. Epub 2009 Aug 27.

② Irene Good, On the Question of Silk in pre-Han Eurasia, *Antiquity*, 69 (1995): pp. 959-968.

例，一是 1926 年山西夏县西阴村仰韶文化遗址中发现的半个蚕茧，起码是人类利用蚕茧的实证①；二是 1958 年浙江吴兴钱山漾遗址（约前 2400—前 2200）发现的家蚕丝线、丝带和绢片，是长江流域出现丝绸的实证②；三是 1983 年河南荥阳青台遗址（距今约 5300 年）出土瓮棺葬中的丝绸残痕，是黄河流域出现丝绸的实证③。从这些地区同时期出现的桑树遗存及所作蚕丝形貌分析来看，后两者已是家蚕丝。所有这些实证说明，丝绸早在五千多年前在中国已经发明，中国是世界丝绸之源。但是，发明丝绸的人，中国的传说中一般都归功于黄帝的元妃嫘祖。

关于丝绸起源的过程及原因，我也曾作过专门的探讨。蚕一生卵、幼虫、蛹、蛾四种状态的神奇变化，特别是静与动之间的转化（包括眠与起）使人们联想到人类自身的生死去向。卵是生命的源头，孵化成幼虫就如生命的诞生，蛹可看成是一种死，而蛹的化蛾飞翔就是死后灵魂的飞升。蚕赖以生存的桑也就显得十分神圣，人们从桑树中想象出一种神树称为扶桑，是太阳栖息的地方，桑林也就是与上天沟通的场合，以致求子、求雨等重大活动均在桑林进行。而穿着由此得到的丝绸必然会利于人与上天的沟通，作茧自缚成为灵魂升天的必由之路。河南荥阳青台遗址出土的瓮棺正是一个实例，其丝绸也是作包裹儿童尸体之用。而蚕是一种非常娇弱的生物，极易受到自然界恶劣环境的伤害，在自然界难以保证蚕的顺利繁殖，于是先民们开始建立蚕室来对其进行

---

① 李济：《西阴村史前的遗存》，载李济著、张光直主编《李济文集》卷二，上海人民出版社 2007 年版，第 178—179 页。

② 徐辉、区秋明、李茂松、张怀珠：《对钱山漾出土丝织品的验证》，《丝绸》1981 年第 2 期。

③ 张松林、高汉玉：《荥阳青台遗址出土丝麻织品观察与研究》，《中原文物》1999 年第 3 期。

精心饲养，年复一年，才把野桑蚕驯化成为家蚕①，丝绸才真正
起源。

二、丝绸的传播

丝绸的传播也有几个不同的层次，其传播的时间和方式也各
不相同。

1. 产品的传播

丝绸起源于中国，以黄河流域和长江流域为主的中国内地。
丝绸作为产品传播开始很早。东面早在商代就有文献记载向韩
国和日本的传播，但在西面，则首先是通过河西走廊到达西北地
区，然后在各处与草原丝绸之路联通，再继续往西。这个过程最
重要的时段就是斯基泰人的时期（前 900—前 300），在古希腊的
著作中已有关于斯基泰和赛里斯的论述。在中国的西北地区，最
新发现的实物出自甘肃张家川马家塬战国墓地、新疆哈巴河喀拉
苏墓地、新疆塔什库尔干曲曼墓地等，据我们的考察，都有丝绸织
锦、绢、丝线的发现。加上以前乌鲁木齐鱼儿沟战国刺绣，以及俄
罗斯巴泽雷克出土战国织锦和刺绣②，已有十分充分的证据证明
张骞通西域之前中国丝绸已开始向西传播。到汉晋时期，中国典
型的织锦已经出现在丝绸之路沿途更为遥远的地区，像中国新疆
境内的楼兰、尼雅、营盘、扎滚鲁克、山普拉，俄罗斯境内的 Ilmovaya

---

① 赵丰：《丝绸起源的文化契机》，《东南文化》1996 年第 1 期。

② E. Lubo-Lesnichenko, *Ancient Chinese Silk Textiles and Embroideries*,
5th *to* 3rd *Century AD in the State Hermitage Museum* (*in Russia*),
Leningrad，1961.

Padi 墓地，就出土了公元前后的汉式卷云纹的三色锦（1354/149-151）①，在米努辛斯克盆地的 Golahtisky 墓地，也出土了 3、4 世纪以汉式锦实物镶边的箭囊②。汉锦的最远发现地是在叙利亚帕尔米拉遗址，其发现的经锦约有 3—4 种，最有趣的是葡萄纹锦，其中可以看到有采葡萄人物的场面，据研究这一图案是典型的帕尔米拉风格，说明很有可能当时已有专为西亚地区定制的平纹经锦③。由此来看，中国丝绸的产品在汉代已传播到地中海沿岸是没有问题的。

2. 织造技术的传播

随着织造产品的传播，织造技术也会随之传播。织造技术首先是在织物结构上。中国最为典型的平纹经二重织锦组织，很明显被西方织物所效仿，在以色列马萨达（Masada）遗址（77）中，发现了距今最早的平纹纬二重毛织锦，这种织锦组织显然是对于中国平纹经锦的经纬方向交替的效仿，属于织造技术的传播④。

同类结构的织物在叙利亚的 Dura-Europos 也有平纹纬二重

---

① E. Lubo-Lesnichenko, *Ancient Chinese Silk Textiles and Embroideries*, *5th to 3rd Century AD in the State Hermitage Museum* (*in Russia*), Leningrad，1961.

② K. Riboud，E. Loubo-Lesnitchenko (1973). Nouvelles découvertse soviétiques a Oglakty et leur analogie avec les soies façonnées polychromes de Lou-Lan-dynastie Han. In：Arts Asiatiques XXVIII.

③ Andreas Schmidt-Colinet，and Annemarie Stauffer etc, *Die Textilien aus Palmyra*，Verlag Philipp von Zabern，Mainz am Rhein，2000，kat 521，223，240.

④ Israel Exploration Society. *Masada：the Yigael Yadin excavations* 1963-1965，*final reports*. Jerusalem：Hebrew University of Jerusalem，1989.

的织物出土，不过，其织物材料已是丝的了①。我把这类用加捻丝线生产的平纹纬锦归入绵线纬锦，在丝绸之路沿途发现甚多，特别是在中国西北的营盘、扎滚鲁克、山普拉，一直到乌兹别克斯坦的 Monchak-Tepe，我把这类织锦看作中国新疆或相近的中亚地区生产的产品。所有这类纬锦不仅是织物结构变化的结果，同时也是织机上装造的变化带来的结果②。

织锦在欧洲的兴起大约是在 5 世纪前后，大多是平纹纬锦，也有平纹经锦。它们多与早期基督教的题材相关，其中大量的为平纹纬锦，如瑞士阿贝格基金会收藏的一件耶稣诞生和报喜题材的平纹纬锦和大都会艺术博物馆收藏的一件同样是耶稣诞生题材的平纹经锦。平纹经二重和平纹纬二重同时使用的情况也很有趣，说明了这种平纹重组织在传入欧洲之后的变化③。

3. 蚕种的传播

关于蚕种的西传，《大唐西域记》记录了一则发生在和田地区的故事："昔者此国未知桑蚕，闻东国有也，命使以求。时东国君密而不赐，严敕关防，无令桑蚕种出也。瞿萨旦那王乃卑辞下礼，求婚东国。国君有怀远之志，遂允其请。瞿萨旦那王命使迎妇，而诚曰：尔致辞东国君女，我国素无丝绵桑蚕之种，可以持来，自为裳服。女闻其言，密求其种，以桑蚕之子，置帽絮中。既至关防，主者遍索，唯王女帽不敢以验。遂入瞿萨旦那国，止麻射伽蓝

---

① L. Brody and G. Hoffman. *Dura-Europos：Crossroads of Antiquity*. Boston：McMullen Museum of Art，2011.

② 赵丰：《新疆地产绵线织锦研究》，《西域研究》2005 年第 1 期。

③ A. Stauffer. *Textiles of Late Anituity*. Washington DC：The Metropolitan Museum of Art，1996，p. 12，38.

故地，方备礼仪，奉迎入宫，以桑蚕种留于此地。"①关于这一传说，我们专门研究了中国新疆营盘及乌兹别克斯坦等地出土的绵线纬锦之后发现，当地采用大量的绵线织物，应该是蚕种西传过程的证据。这个故事虽然没有明确的年代，但从新疆尼雅遗址出土的蚕茧来看②，甚至在巴楚的脱库孜沙来唐宋遗址中，还有同样的蛾口茧出土，说明养蚕技术确实在3世纪前后已传入新疆地区。

蚕种的进一步西传是通过波斯僧侣传入君士坦丁堡。拜占庭的泰奥法纳（750—817）说：在查士丁尼（483—565）统治时期，一位波斯人来自赛里斯，他曾用一小盒子搜集了一些蚕卵，并且将其一直携至拜占庭③。此后，大约在9—10世纪，在地中海沿岸的西班牙南部、意大利、希腊等地开始了养蚕业。

然而，对于蚕种，欧洲人一直没有足够的自信。直到19世纪，欧洲养蚕业爆发微粒子病，但这种病在中国并没有发生，于是引发欧洲人又来中国购买蚕种的风潮。1850年前后，意大利人卡斯特拉尼（G. B. Castellani）来到湖州自己养蚕，试图养得蚕种带回欧洲，结果蚕是养得成，但蚕种并没有能带回去④。事实证明，中国的蚕种在防微粒子病方面并没有什么优异特性。

---

① 玄奘、辩机原著，季羡林等注释：《大唐西域记校注》，中华书局1985年版，第1021—1022页。

② 中日共同尼雅遗迹学术考察队：《中日共同尼雅遗迹学术调查报告书》（第一卷），法藏馆1996年版，第220页。

③ 戈岱司编，耿昇译：《希腊拉丁作家远东古文献辑录》，中华书局1987年版，第116页。

④ G. B. Castellani. *Dell'allevamento dei bachi da seta in China fatto ed osservato sui luoghi* (*On the Raising of Silkworms Performed and Controlled in China*), Firenze, Barbera, 1860, pp. VIII, 216 with VIII Figg.

4. 桑品种的传播

蚕种传入欧洲，欧洲终于有了真正的家蚕种，养蚕业正式传入欧洲，但饲蚕用的却是当地的桑树。从植物分布上来看，欧洲本身自古以来就有桑树，但其主要的种类是黑桑（Morus Nigra），在地中海一带分布甚广，而东方的桑树品种主要是白桑（Morus Alba）。欧洲在相当长的一段时间内用黑桑进行养蚕，直到 15 世纪初，欧洲人才明白，他们的生丝质量不佳是因为桑树品种，于是他们从东方引进白桑，更换他们的桑树品种，以提高产丝质量。这一记载最早见于 1410 年至 1420 年意大利的 Piedmont 和 Tuscany，但白桑取代黑桑养蚕的过程直到 18 世纪才真正完成①。

欧亚大陆上黑桑和白桑的分界线可能在西亚一带，但欧洲的白桑究竟是来自西亚还是中国并不明确。在新疆地区一直也有桑树，特别是尼雅一带，斯坦因和中日合作的考古队员都在尼雅遗址发现了大量的枯死桑树。但据近年植物考古学者的研究，尼雅遗址疑似为桑树的竟无一棵是桑树。所以，桑品种的传播时间和线路到目前为止尚不为人知。

5. 缫丝技术的传播

随着栽桑养蚕技术的传播，从茧到丝的缫丝技术也随后开始传播。当蚕种在 3 世纪前后传播到中亚一带时，因为蚕种的来之不易和蚕种本身的稀少，再加上中亚一带当时盛行佛教不肯杀生的传统，因此，新疆当时没有像内地一样煮茧缫丝以抽取长长的丝线，而是任凭蚕蛹在化蛾之后破茧而出，只是采集蛾口茧进行

① Comba，R. Produzioni tessili nel Piemonte tardo-medievale（Textile Production in Late-Medieval Piedmont），*Bollettino Storico-bibliografico Subalpino*，1984，72，p. 344.

纺丝织绸。"王妃乃刻石为制，不令伤杀，蚕蛾飞尽，乃得制茧。敢有违犯，神明不佑。"①从新疆一带出土大量纺砖的情况看，当地所用茧丝生产方式主要也是捻丝成线的方法。

真正的缫丝方法在5—6世纪应该已经传到中亚西亚一带，因为当地生产的织锦丝线已经十分平直，明显为缫丝所得，但当地一直没有缫丝机的直接图像或文物证据。而在欧洲，缫丝车和缫丝技术应该在10世纪之后传入欧洲，但其图像却要迟到17—18世纪才能看到，它与中国绘画中所看到的缫丝车基本一样②（图1、图2）。与此接近的还有捻丝机，就是后来的大纺车。

图1　元代农书中的南缫车

---

① 玄奘、辩机原著，季羡林等注释：《大唐西域记校注》，中华书局1985年版，第1021—1022页。

② D. Digilie. L'Arte della Seta a Lucca, Sulla via del Catai：Rivista semestrale sulle relazioni culturali tra Europa e Cina, *Centro Studi Martino Martini*，2010，Luglio，pp. 195-202.

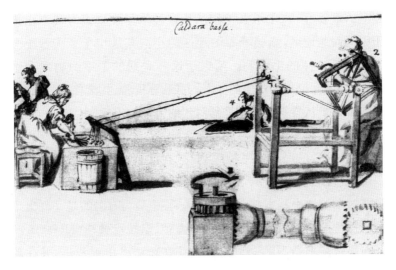

图 2　1745 年前后意大利的缫丝车

三、技术与文化的交流

蚕桑丝绸的材料，主要是中国向西方或世界的传播，然而，涉及丝绸生产的技术，门类就非常多，更多的是交流。在汉唐之际，特别明显的是丝绸之路上的技术与文化交流，内容涉及纤维材料、织造工具、织造工艺、染料及图案设计等，十分丰富，恰好反映了丝绸之路上文明互鉴的真实情况。

1. 纺织纤维的交流

丝绸之路上纺织材料的交流主要在于毛、丝、棉三种纤维。养羊与羊毛利用和加工的技术传播很早，早在亚述时期，羊毛已成为小亚细亚贸易中的最重要的物品之一，当时有一次用数吨甚至数十吨的羊毛交易银和黄铜，这说明了羊毛在早期草原丝绸之路上的重要性①。羊毛及毛织品生产技术早在青铜时代已出现于中国西北地区，新疆罗布泊地区的小河墓地出土了大量距今4000—3500年的毛织物。稍迟于这一时期的羊毛织物发现更多，如环塔克拉玛干沙漠的洋海、五堡、苏贝希、扎滚鲁克、山普拉等地有大量从青铜到早期铁器时代的毛织物出土。

棉的起源地无疑是在南亚次大陆，在印度河流域的摩亨佐·达罗遗址中，已经发现了棉织物②。在汉晋时期，棉布从北印度一带通过沙漠绿洲丝绸之路向中国西北地区传播。新疆一带的汉晋时期墓地中基本都有棉布出土，其中最为有名的是一件出于尼雅遗址的蜡染棉布，其上有提喀女神、赫拉克勒斯（Heraklace）等希腊化艺术造型③。到唐代，棉花在新疆已得到栽培，并在敦煌一带得到纺织。

2. 织造技术的交流

约自公元1世纪开始，毛织物上已采用丝绸的平纹经锦原理创造了平纹纬锦，并逐渐用于丝织物上。约从4世纪晚期至6世纪早期，平纹纬锦在中亚地区大量出现，形成一个新的技术体系。从阿斯塔那170号墓出土的文书来看，这类织锦都被看作波斯

---

① C. Michel and K. R. Veenhof. The Textiles Traded by the Assyrians in Anatolia (19th-18th centuries BC), *Textile Terminologies*, Barnsley: Oxbow Books, 2010.

② K. Wilson. *A History of Textiles*, Colorado: Westview Press, 1979, p. 164.

③ 赵丰:《尼雅出土蜡染棉布研究》，载饶宗颐主编:《华学（第九、十辑）》（二），上海古籍出版社2008年版，第790—802页。

锦，即从西方来的织锦①。另据吐鲁番文书，这些波斯锦、丘慈锦等中亚或新疆当地生产的织锦均以"张"作单位。到 7 世纪初，吐鲁番墓地出土了大量斜纹纬锦，这类组织的织锦在青海 8 世纪前后的吐蕃墓中发现更多，被认为是生产于中亚布哈拉、撒马尔罕粟特地区或是由粟特人生产的织物，在 10 世纪前后的《布哈拉史》中也有记载，称为赞丹尼奇②。非常显然，中亚或波斯的斜纹纬锦对中国唐代织锦的出现产生了巨大的影响，中国当时最为重要的官营作坊管理者和设计师如何稠，他本身就有中亚的血统，他主持仿制了所谓的波斯锦，但在工艺上得到了更大的改进③。

3. 织机的交流与演变

在丝绸织造技术中，其实最为复杂的是提花技术。在丝绸之路沿途，曾经出现过的织花方法或是提花方法有多种类型，但其中最为重要的是三种，即多综式提花、束综式挑花和束综式提花。所谓的挑花，是指每次图案的织造规律都得重新挑起；而所谓的提花，是指在整个织造过程中，只需要一次制作花纹程序，反复利用，循环织出同一图案。

第一种类型是多综式提花机，可以有踏板，也可以没有踏板。2013 年在四川成都老官山汉墓出土了四台汉代提花织机模型

---

① F. Zhao and L. Wang. Reconciling Excavated Textiles with Contemporary Documentary Evidence：a Closer Look at the Finds from a Sixth-Century Tomb at Astana，*Journal of the Royal Asiatic Society*，2013，23(2).

② Al-Narshakhi. The History of Bukhara，translated and edited by R. N. Frye (trans. and ed.). Princeton：Markus Wiener Publisher，2007，Chapter V，p. 23.

③ 赵丰：《唐系翼马纬锦与何稠仿制波斯锦》，《文物》2010 年第 3 期。

（约以 1∶6 的尺寸微缩的立体织机），明确属于多综式提花机①。不过，史料中提到的另外一类多综式提花机可以称为多综多蹑提花机，它与老官山织机的区别仅在于提综的动力不同，这类织机也一直流传到近代②。

中国织锦传到中亚西亚之后，当时虽然仿制了平纹重组织，但由于当时不可能看到中国的织机，他们显然就在自己的纬显花织造体系中重新创造了一种织机。关于这种织机的最好参考资料就是兹鲁（Zilu）织机③，它是一种使用挑花方法的织花机，目前在伊朗乡村仍然被用来织造图案在纬向上进行循环的大型织物。这种织机的关键机构是一套挑花装置及在经线和挑花线之间相连的多把吊的提综装置（我称其为 1-N 提综系统），通过这个装置，一个图案单元可以在纬向得到循环。由于这一织花方法只能控制图案的纬向循环而无法控制其经向循环，与所有出土的平纹纬锦和中亚风格的斜纹纬锦的图案结构相符。可以说，1-N 提综系统是丝绸之路沿线的西域织工的一项非常重要的织花技术发明。

最后一种提花技术类型是能够使纹样在经向和纬向上都得到循环而将以上两种提花方法相结合的束综提花机，又称花楼机。这种提花织机不仅使用由花工操作的名副其实的提花花本，

---

① 成都文物考古研究所、荆州文物保护中心：《成都市天回镇老官山汉墓》，《考古》2014 年第 7 期。

② 胡玉端：《从丁桥看蜀锦织机的发展——关于多综多蹑机的调查报告》，载《中国纺织科学技术史》编委会《中国纺织科学技术史资料》第 1 集，1979 年版，第 50—62 页。

③ F. Zhao. Weaving Methods for Western-style Samit from the Silk Road in Northwestern China, *Central Asian Textiles and Their Contexts in the Early Middle Ages*, Riggisberger Berichte, 9, Abegg-Stiftung, 2006, pp. 189-210.

也采用了 1-N 的提综系统，形成了真正的束综提花机。束综提花机的发明也证明了提花机在丝绸之路上进行传播、创新、交融及再次创新发明的过程，是文明互鉴的极佳实例①。

4. 染料的交流

在很长一段时间内，中国传统的植物染料染色带有极强的季节性，所以历代月令类著作中都有关于在固定季节进行染色的记载。因此，所有染料缺少长期贮存和长途运输的可能，染料的地域性也就特别显著。无论是从文献还是实物分析检测来看，汉代织锦的染料配色主要是茜草染红、靛青染蓝、黄檗和木樨草素等染黄，其中木樨草素主要存在于荩草等中②。而在西北早期的羊毛染色中，我们发现了常用的靛青由菘蓝制成，茜草是西茜草，红色染料中还使用了紫胶虫和胭脂虫等动物染料，而黄色染料就更为丰富，其中还有新疆当地的胡杨木。这里，来自丝绸之路的红花、靛蓝制作技术，以及紫胶虫和胭脂虫等对唐代丝绸染色产生了巨大的作用③。

---

① F. Zhao. Jin, Taquete and Samite Silks: The Evolution of Textiles Along the Silk Road, *China: Dawn of A Golden Age* (200-750AD). New York and New Haven: The Metropolitan Museum of Art and Yale University Press, 2004, pp. 67-77.

② J. Liu and F. Zhao. Dye Analysis of Two Polychrome Woven Textiles from the Han and Tang Dynasties. *Color in Ancient and Medieval East Asia*. Mary M. Dusenbury(ed.). Lawrence, KS: The Spenser Museum of Art, the University of Kansas, 2015, pp. 113-119.

③ R. Laursen. Yellow and Red Dyes in Ancient Asian Textiles. *Color in Ancient and Medieval East Asia*. Mary M. Dusenbury(ed.). Lawrence, KS: The Spenser Museum of Art, the University of Kansas, 2015, pp. 81-91.

5.艺术设计的交流

丝绸艺术的交流无疑更为直观。从中国传统云气动物纹样在中亚平纹纬锦上的使用，从希腊化艺术的毛织物、棉织物进入我国西北地区，从萨珊波斯的联珠纹大量出现在中国西北的出土实物中，到北朝隋唐时期中国生产的丝绸织锦上大量出现丝绸之路题材的图案，均可以看出艺术设计交流和互鉴的频繁和常见，这种交流还一直影响到大唐风格的宝花图案、陵阳公样等程式的形成。在本展览中的青海都兰出土的红地簇四云珠日神纹锦是一个最佳的实例。这件织锦的设计主题是源自希腊神话的太阳神赫利俄斯(Helios)，这一太阳神应该是随亚历山大东征而来到东方，在印度称为苏利耶，到阿富汗则出现在巴米扬大佛窟顶天象图中。这件织锦图案融合了丝绸之路沿途的各种因素，驾车出行的太阳神题材是欧洲的产物，驾车所用的有翼神马(Pegasus)乃是出自希腊神话，联珠纹则是波斯的特征，太阳神的手印和坐姿则是弥勒菩萨的形象，华盖和莲花座等也是佛教艺术中的道具，而织入的汉字"吉"和织造技术则明显来自中原。因此，这件织锦算得上是一件融合了地中海、南亚、东亚三大纺织文化圈艺术风格的代表作。

四、结 语

丝绸之路是人类历史上的一个重要通道，为东西方文明的交融、人类文明的进步作出了巨大的贡献。进入21世纪后，丝绸之路对人类文化和社会经济的重要性再次被重视，不仅学术界的成果迭出，丝绸之路也得以成功申遗。就在此时，我们回顾丝绸之路中作为核心的丝绸的起源、传播和交流，特别是回顾丝绸为丝绸之路的开拓与发展所作的贡献、在东西方文化交流中所起到的作用，具有特别的意义。

（原载赵丰主编《丝路之绸：起源、传播与交流》，浙江大学出版社 2016 年版，第 9—17 页）

万里锦程：
丝绸之路出土织锦及其织造技术交流

丝绸之路以丝绸为名，但丝绸之中又以锦为著。锦字从金从帛，意为其价如金，是丝绸中最为名贵者。所谓似锦前程，就是一条东西方之间输送织锦的丝绸之路。

但是，汉唐绿洲丝路上所发现的织锦，主要是属于暗夹型的重组织，其中最为重要的是平纹经锦、平纹纬锦和斜纹纬锦三个种类(图1、图2、图3)。平纹经锦是将经线分成两组或更多组，使用夹纬及明纬将其中一组现于织物正面显花而其余沉于背面的组织，出现于西周，流行于战国秦汉一直到北朝迄初唐；平纹纬锦称为 taquete，是将纬线分成两组或更多组，使用夹经及明经将其中一组现于织物正面显花而其余沉于背面的组织，这类组织是对平纹经锦的模仿，先于公元前后出现在地中海沿岸，魏晋南北朝时期流行于丝绸之路上的中亚及中国西北地区；斜纹纬锦，又称samite 或 samit，其显花原理与平纹纬锦相同，只是地组织采用三枚斜纹而已。这一类型先出现于中亚或西亚地区，到隋唐之际，中国开始采用这一组织结构，后来又演化为半明型斜纹纬锦(又称辽式织锦)以及缎纹纬锦、妆花纬锦、浮纹纬锦等不同种类。

中国学者对汉唐这一时期织锦的研究首推夏鼐先生，他于1972年发表的《新疆新发现的古代丝织品——绮、锦、刺绣》一

图 1　平纹经锦组织

图 2　平纹纬锦组织

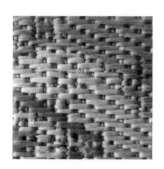

图 3　斜纹纬锦组织

文，对当时织锦的种类、交流及发展进行了深入的探讨①。我也曾在美国大都会艺术博物馆举办的"走向盛唐"展览图录中写过专文介绍平纹经锦、平纹纬锦和斜纹纬锦这三类织锦在丝绸之路交流过程中的变化与发展②。在此，我将更具体地说明这三类织锦的重要遗存情况及其技术交流特别是织造技术交流的过程。

---

① 夏鼐：《新疆新发现的古代丝织品——绮、锦和刺绣》，《考古学报》1963 年第 1 期。

② Zhao Feng, *The Evolution of Textiles Along the Silk Road*, *China：Dawn of a Golden Age*, 200-750 AD, 2004, pp. 67-77.

一、汉式织锦在早期丝路上的遗存

织彩为文曰锦，锦就是把染色之后的丝线通过组织结构的变化织出丰富图案的织物。中国的织锦最早出现在周代，但早期的织锦都是平纹经锦，以经线显花而称为经锦。辽宁朝阳魏营子西周早期墓中出现了平纹经重组织的实例，可惜色彩已失，纹样不全[①]。春秋战国时期墓葬中已能见到大量平纹经重织物，而且色彩鲜艳，最为突出的实例是湖北荆州马山一号墓[②]、湖南长沙左家塘楚墓[③]、江西靖安李洲坳东周墓[④]等，这说明经锦的兴盛期在战国之时已经来到。但经锦更为丰富的发现则是在西北地区的丝绸之路沿途，可知其流行到唐初。

丝绸之路沿途所发现的最早的经锦出自阿尔泰北侧、俄罗斯境内的巴泽雷克石棺墓。墓中发现的平纹经锦是二色经锦（1685/23），色彩都已褪成烟灰色，图案为打散构成的几何纹，可以看到有磬纹、杯纹、三角纹等[⑤]（图 4）。从织造风格来看，这件织锦与两湖地区出土的几何纹锦完全一致，所以这些织物无疑是

---

① 辽宁省博物馆文物工作队：《辽宁朝阳魏营子西周墓和古遗址》，《考古》1977 年第 5 期。

② 湖北省荆州地区博物馆：《江陵马山一号楚墓》，文物出版社 1985 年版。

③ 湖南省博物馆、湖南省文物考古研究所等：《长沙楚墓》，文物出版社 2000 年版。

④ 江西省文物考古研究所、靖安县博物馆：《江西靖安李洲坳东周墓发掘简报》，《文物》2009 年第 2 期；赵丰、樊昌生、钱小萍、吴顺清：《成是贝锦——东周纺织织造技术研究》，上海古籍出版社 2012 年版。

⑤ S. I. Rudenko, Der Zweite Kurgan von Pasyryk, Verlag Kultur und Fortschritt，Berlin，1951.

图 4　巴泽雷克出土的几何纹锦

来自中国的产品，但无法确切知道是产自中原还是两湖地区。除了织锦之外，巴泽雷克还出土了蔓草花鸟纹刺绣以及其他丝织物，这与新疆乌鲁木齐附近鱼儿沟战国墓中发现的刺绣凤鸟纹残片类似[①]。这些织物在这一地区的发现为研究早期丝绸之路特别是草原丝绸之路提供了极好的材料。

西汉初年，汉与匈奴对峙于北方，武帝派张骞出使西域，丝绸之路正式凿空。因此，甘肃和新疆等丝绸之路沿途，有不少遗址和墓葬均出有西汉丝绸。斯坦因早年就曾在甘肃敦煌境内的汉代烽燧遗址中发现了少量织锦，初定为西汉织物[②]。1979 年，甘肃省博物馆文物队又在附近的马圈湾烽燧遗址发现了不少属于西汉时期的织物，其中包括菱纹与云纹相结合的云气菱纹锦残片

---

① 新疆维吾尔自治区文物事业管理局等：《新疆文物古迹大观》，新疆美术摄影出版社 1999 年版。

② M. A. Stein, Innermost Asia: Detailed Report of Exploration in Central Asia, Kansu and Eastern Iran, Clarendon Press, Oxford, 1928.

和大量绢织物①。而较大规模的发现是在甘肃武威磨嘴子，出土有自西汉晚期到东汉中期的纺织品，其中属于西汉晚期的 48 号墓和属于王莽时期的 62 号墓等均出土了丝织品，与长沙马王堆汉墓比较可知，后者出土的绒圈锦是极为典型的西汉织物②。

这一时期最为重要的发现是蒙古诺因乌拉匈奴墓出土的织物。诺因乌拉位于蒙古人民共和国中央省色楞格河畔，山上有一个属于公元前 1 世纪到公元后 1 世纪的墓葬群，1924—1925 年首先由俄国考古学家科兹洛夫发掘。其中发现了一座大型的匈奴贵族墓，出土有大量来自中原地区的织锦。而最为著名的是山石鸟树纹锦（MP-1330），这件织锦曾被多名学者反复研究，最新的研究表明这很有可能是一件蜀锦③（图 5）。此外，大量的云气动物纹锦也出现在墓中，其中包括"新神灵广"锦、"颂昌万岁宜子孙"锦、"威山"锦、"游成君时于意"锦、菱形鸟纹锦、草样花纹锦、双鱼纹锦等。从种类来看，大多数为中原常见的二色及三色锦，但是也有几何纹的绒圈锦等种类。从墓中出土有汉建平五年（前 2）的漆器及大多数织物风格来看，墓中所出织物当属西汉末年④。

东汉织锦，在丝绸之路沿途出土得更多。首先是在西北地区的新疆境内，有着大量时属汉晋时期的墓葬发现，其中都有汉式

① 赵丰：《敦煌马圈湾汉代烽燧遗址出土纺织品》，载甘肃省文物考古研究所编《敦煌汉简》，中华书局 1991 年版，第 98—107 页。

② 甘肃省博物馆：《武威磨嘴子三座汉墓发掘简报》，《文物》1972 年第 12 期。

③ Maria Menshikova, *Figured Silk with Rocks*, *Tree*, *Birds and Mushrooms from Noin-Ula*, *a Possible Interpretation of the Subject*, Reports of the State Hermitage Museum, LXIX, 2011, pp. 30-35.

④ 鲁金科著，孙危译，马健校注：《匈奴文化与诺彦乌拉巨冢》，中华书局 2012 年版。

图 5　蒙古诺因乌拉匈奴墓出土的山石鸟树纹锦

经锦出土。最为著名的墓地有民丰尼雅、若羌楼兰、洛浦山普拉、
且末扎滚鲁克、吐鲁番胜金店、尉犁营盘等地。如尼雅遗址 1 号
墓出土的"王侯合昏千秋万岁宜子孙"锦被和 8 号墓出土的"五星
出东方利中国"锦护膊(图 6)，据俞伟超研究，这两件均应为汉代
皇家作坊产品，当为中原统治者给尼雅当地统治者的赐物，因此，
这两件织物应为东汉织锦①。再如楼兰遗址出土织锦中的双鱼
纹锦在诺因乌拉也有出土，而其"广山"锦，则与诺因乌拉所出"威
山"锦如出一辙，因此可以推论，楼兰遗址出土织锦中也有相当一
部分为东汉织锦②。但由于楼兰和尼雅遗址的废弃年代是在西
晋时期，因此确实非常难以区分东汉织锦与魏晋织锦。

　　东汉织锦在境外从俄罗斯到地中海沿岸也均有发现。在
Ilmovaya Padi 墓地，就出土了公元前后的汉式卷云纹的三色锦
(1354/149-151)③。在 Minusinsk 盆地的 Golahtisky 墓地，也出
土了 3、4 世纪以汉式锦实物镶边的箭囊，上面可以清楚地看到

---

　　① 俞伟超：《两代精绝王——尼雅一号墓地主人身份考》，载赵丰、于志
勇主编：《沙漠王子遗宝：丝绸之路尼雅遗址出土文物》，艺纱堂/服饰工作队
2000 年版，第 18—21 页。

　　② 新疆楼兰考古队：《楼兰古城址调查与试掘简报》，《文物》1988 年第
7 期。

　　③ E. Lubo-Lesnichenko, Ancient Chinese Silk Textiles and Embroideries,
5th to 3rd Century AD in the State Hermitage Museum (in Russia),
Leningrad，1961.

图 6　尼雅遗址出土"五星出东方利中国"锦

"为"等织入的汉字①。东汉织锦最远的发现地是在叙利亚的帕尔米拉遗址。其中发现的经锦种类约有 3—4 种，一种是方格连璧龙纹锦，一种是"明"字云气动物纹锦，很有可能是长乐大明光锦的局部，还有一种是葡萄纹锦，其中可以看到有采葡萄人物的场面，据研究这一图案是典型的帕尔米拉风格，说明很有可能当时已有专为西亚地区定制的平纹经锦②（图 7）。此外，还有若干种不可识别的汉锦残片。

　　平纹经锦更为大量的发现可以持续到魏晋至北朝时期，其中最为大量的出土是在吐鲁番、都兰、敦煌等地。此外，新疆营盘和以色列的马萨达（Masada）也有加有强捻的平纹经锦发现，很有

---

　　① 　K. Riboud，E. Loubo-Lesnitchenko（1973）. *Nouvelles découvertse soviétiques a Oglakty et leur analogie avec les soies façonnées polychromes de Lou-Lan-dynastie Han*. In：Arts Asiatiques XXVIII。俄罗斯艾尔米塔什博物馆考古学家 Svetlana Pankova 也曾对我展示过这批文物。

　　② 　Andreas Schmidt-Colinet，and Annemarie Stauffer etc，*Die Textilien aus Palmyra*，Verlag Philipp von Zabern，Mainz am Rhein，2000，kat 521，223，240.

图 7　帕尔米拉出土的葡萄人物纹锦

可能说明这是其他地区对平纹经锦的模仿①。

　　以上这些平纹经锦的总体特点是：其经纬丝线一般均为无捻，组织结构为平纹经重组织，但其经线常有多种色彩，多时可以达到一个区域中五种色彩，少时也有两种。五色织锦是当时最为华丽和贵重的织锦，其经密可以达到 220 根/厘米，极为紧密。但是，其他采用三色或是四色经重组织的织锦也会在不同区域进行色彩变换，形成色带，以达到整件织锦总体五色的效果。织物的图案大量采用云气动物加汉字吉语，但在汉晋之后有较大变化。不过，其图案规律则永远是在经向有尺寸较小的循环，通常在 10 厘米之内，而在纬向没有循环，即其纬向图案通幅可达 50 厘米。

二、从西亚到中亚的平纹纬锦

　　平纹纬锦的组织结构原理其实与平纹经锦完全相同，只是经纬线互换而已。所以，平纹纬锦是转了 90 度的平纹经锦。不过，

———————

① 　赵丰：《新疆地产绵线织锦研究》，《西域研究》2005 年第 1 期。

在丝路上发现的平纹纬锦其纤维既有丝也有毛。

迄今所知，目前世界上所存最早的平纹纬锦出土于以色列的马萨达（Masada）遗址。马萨达是犹太人的一处圣地，公元前30年代，希律王在此进行了大规模的建设。公元70年，Eleazar率领犹太人起义反抗罗马统治失败后逃到这里并把马萨达作为最后据点。公元73年，马萨达被罗马军队攻陷，城内共960余名犹太人均在城破前自杀。这一遗址自20世纪开始被发掘，其中出土了大量的纺织品，包括部分毛质的平纹经锦和平纹纬锦。这一发现说明，丝绸中的平纹经锦应该于公元前后到达地中海沿岸，并为当地织工所仿制。而且，当地织工还据此创新了毛质的平纹纬锦①。

另一件极为著名的平纹纬锦出自地中海沿岸叙利亚的杜拉欧罗波（Dura-Europos）遗址。杜拉欧罗波建于公元前3世纪，是希腊、罗马、帕提亚之间的边境城市。杜拉欧罗波最后于公元256—257年被萨珊波斯毁灭。杜拉欧罗波出土的纺织品主要藏于美国耶鲁大学博物馆，已有相关报告面世②，但其遗址出土的呈带勾纹的平纹纬锦经日本纤维考古学家布目顺郎鉴定是蚕丝织物③（图8），因此，这应该是迄今为止最早的丝质平纹纬锦。

平纹纬锦在公元3、4世纪起显著增多，特别是在中国境内的西北地区。目前所知最早有明确纪年的平纹纬锦是甘肃花海毕

---

① *Masada：the Yigael Yadin Excavations* 1963-1965, *Final Reports.* Israel Exploration Society；Hebrew University of Jerusalem，Jerusalem，1989.

② Lisa R. Brody and Gail Hoffman，eds.，*Dura-Europos：Crossroads of Antiquity*，exh. cat. McMullen Museum of Art，2011.

③ 布目順郎：《目で見る繊維の考古学：繊維遺物資料集成》，染織と生活社1992年版。

图 8　杜拉欧罗波出土的带勾纹锦正面(左)和反面(右)

家滩墓地 M26 中出土的"大女孙狗女"丝绸服饰。据出土衣物疏记载，墓主人死于升平十四年(370)。其中的"碧裤"裆部由碧绢与红色云气鸟兽纹纬锦拼接而成。织锦图案为较规矩的云气纹带，可以看到每一空间中各有一种动物，一兽右行如虎，一兽左行，一雁飞翔，每一空间中均有田、目之类的方格装饰①(图 9、图 10)。

图 9　毕家滩墓地 M26 花海出土的红地云气兽雁纹锦

此外，在新疆境内也有较多同类织物的发现。斯文·赫定和

———————————

①　赵丰、王辉、万芳：《甘肃花海毕家滩 26 号墓出土的丝绸服饰》，载赵丰：《西北风格 汉晋织物》，艺纱堂/服饰工作队 2008 年版，第 94—113 页。

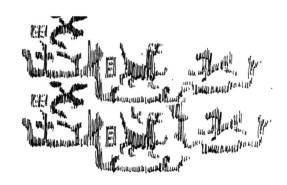

图 10　毕家滩墓地 M26 花海出土的红地云气兽雁纹锦图案

斯坦因也可能发现过同类织物。斯文·赫定在楼兰地区曾发现过一些织物残片，从图案和组织结构来看与平纹纬锦都十分相似①。稍后，斯坦因在吐鲁番也发现了类似的织物。他在楼兰 L. M. 发现有两件类似的织物，其中 L. M. 1. 026 则有局部的放大照片，可以基本确定为绵经绵纬的平纹纬锦②。

营盘墓地发现的平纹纬锦数量较多。其中 8 号墓出土的棉袍上的龙纹锦缘，是以绵线为经纬线的平纹纬锦，以红色为地，浅褐和白作花，1：2 的平纹纬二重，其中可以看到有翼应龙的形象以及田字形和云纹骨架③。另有一件为人物兽面鸟树纹锦，纹样构成更为复杂，由上而下为一伞盖状物，盖下悬有灯或钟状物，两

①　Vivi Sylwan：*Investigation of Silk from Edson-Gol and Lop-Nor*，Stockholm，1949，pp. 147-154.

②　Krishna Riboud，*Further Indication of Changing Techniques in Figured Silk of the Past-Han Period*（AD4*th to* 6*th century*），Bulletin de Liaison du CIETA，no. 41-42，1975-II，pp. 13-40.

③　赵丰：《纺织品考古新发现》，艺纱堂/服饰工作队 2002 年版，第 58—61 页。

伞柄之间为一人物，两脚之侧各有一只小鸟，鸟下为一大树，两树之间为一兽面。由于采用对称连续布局，整体纹样仍显得比较规整（图11、图12）。营盘墓地另外值得一提的是毛质的平纹纬锦也有不少出土。其中最为有名的是与那件红地对人对兽纹罽拼接的一块对波小花纹妆花罽。此外还有一件鹰蛇纹罽，也是毛质的平纹纬锦①（图13）。这类纬锦在吐鲁番有葡萄纹罽出土，在尼雅有龟背小花纹罽出土，说明当时毛质平纹纬锦的流行。

新疆另一处汉晋时期的重要墓地扎滚鲁克也有大量平纹纬锦出土。可惜的是图案大多不完整，暂时能分出六种：白地红花草纹锦、白地红几何纹锦、白地红条纹锦、胭脂红地植物纹锦、胭脂红地狩猎纹锦和胭脂红地龙纹锦等②。

吐鲁番阿斯塔那墓地有较多的6世纪前后的丝质平纹纬锦出土。如TAM313号墓出土的红地瑞兽纹锦，由于同墓出土有《高昌章和十八年缺名衣物疏》，说明这件锦可能生产于公元548年前后③。阿斯塔那TAM170墓（6世纪中叶）中出土的合蠡纹锦裤也属于此类④。

---

① 李文瑛、周金玲：《营盘墓葬考古收获及相关问题》，《新疆维吾尔自治区丝绸考古珍品》，上海译文出版社1998年版，第61—75页。又见李文瑛：《营盘95BYYM15号墓出土织物与服饰》，载赵丰《西北风格 汉晋织物》，艺纱堂/服饰工作队2008年版，第18—39页。

② 王明芳：《三至六世纪扎滚鲁克织锦和刺绣》，载赵丰《西北风格 汉晋织物》，艺纱堂/服饰工作队2008年版，第56—75页。

③ 贾应逸：《新疆丝织技艺的起源及其特点》，《考古》1985年第2期。

④ 王乐：《合蠡纹锦裤复原研究》，载包铭新《西域异服：丝绸之路出土古代服饰艺术复原研究》，东华大学出版社2007年版，第109—115页。

图 11　营盘出土的灯树兽面人物锦

图 12　营盘出土的
灯树兽面人物锦图案

图 13　营盘出土的对波小花纹妆花罽

平纹纬锦的另一处重要发现是乌兹别克斯坦境内的蒙恰特佩（Munchak tepa）墓地。蒙恰特佩位于费尔干纳盆地锡尔河边上的帕卜城郊，那里有巴兰特佩、蒙恰特佩、克瑞克胡兹拉以及朗伽勃勃特佩等遗址，其中巴兰特佩是古城，城中发现了中国五铢钱和开元通宝，可知帕卜遗址年代上限为公元 1—8 世纪，蒙恰特佩是其墓地，其中发掘的 1 号、3 号、9 号墓以及 5 号墓中，发现了大量的丝织品。其中用作衣服领缘的，就是与营盘墓地发现十分接近的绵线平纹纬锦，此外还有一件长丝织造的联珠纹平纹纬锦[①]（图 14、图 15）。

上述平纹纬锦基本出自公元 4 世纪晚期至 6 世纪早期，主要集中在 4、5 世纪。而从技术和图案来看，则有以下几个特点：这类织物的组织结构都是平纹纬锦，但其经纬线不少是由手工纺成的丝绵线承担，但到 5、6 世纪前后，则大量出现长丝的平纹纬锦。从 TAM170 的文书来看，这类织锦都被看作波斯锦，即从西方来的织锦。另外，从图案来看，平纹纬锦一般也有两类：一类是仿汉式织锦的图案，一般有简化了的云气纹或是波纹作基本骨架，上面布置飞禽瑞兽纹样和仿汉字的装饰纹样；第二类图案较为复杂，题材有人物、动物、各种树和树叶，甚至还有器物等造型，纹样

---

①　（乌兹）马特巴巴伊夫、赵丰：《大宛遗锦：乌兹别克斯坦费尔干纳蒙恰特佩出土的纺织品研究》，上海古籍出版社 2010 年版。

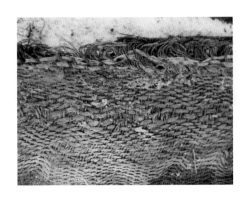

图 14 蒙恰特佩出土的联珠纹平纹纬锦

图 15 蒙恰特佩出土的联珠纹平纹纬锦图案

的方向一般与经线方向相同，但经常出现左右对称的情况。少量可以复原其织物规格，可知这些平纹纬锦的规格应为张。据吐鲁番出土文书，其中地毯、波斯锦、丘慈锦等新疆当地织锦均以"张"作单位。《义熙五年（409）道人弘度举锦券》[1]和《北凉承平五年（447?）道人法安弟阿奴举锦券》[2]中，均记载了这一规格。由文

① 唐长孺：《吐鲁番出土文书》（一），文物出版社 1981 年版，第 189 页。
② 唐长孺：《吐鲁番出土文书》（一），文物出版社 1981 年版，第 181 页。

书可见，当时一张的规格为长 180.4—216.1 厘米、宽 95.2—107.1 厘米，其长约为宽的一倍。

三、中亚和大唐两个系统的斜纹纬锦

现在无法明确最早的斜纹纬锦出自何处，但乌兹别克斯坦的蒙恰特佩墓地中出土了一小块斜纹纬锦①。虽然只是一块失去色彩和图案的锦带，但经碳 14 测年为 3—4 世纪，加上蒙恰特佩墓地出土的不少纳骨瓮来看，这有可能是来自粟特地区的粟特锦。

斜纹纬锦的最西出土地是地中海沿岸，到目前为止，其明确的出土地主要是安底诺（Antinoe）墓地。安底诺位于埃及尼罗河边，原是罗马人建立的城市，并有其相应的墓地，其兴盛期在公元 3、4 世纪，6 世纪衰落，到 10 世纪废弃。其墓地出土的实物中有大量早期基督时期到科普特时期的织物，在 5—7 世纪，其中有大量斜纹纬锦。安底诺出土的织物被分散收藏于世界各地的博物馆中，美国大都会艺术博物馆，英国维多利亚阿尔伯特博物馆，法国卢浮宫、里昂织物博物馆等均有收藏，其中最为著名的是大角羊锦、联珠翼马纹锦等②（图 16）。

可惜的是，最为人们看好的可能是斜纹纬锦产地的西亚和中亚却缺少实物的出土。不过，从萨珊波斯的伊朗到昭武九姓的粟特地区，都有大量的浮雕或壁画遗存下来，其中华丽的人物服饰图案，都明确显示这些应该是斜纹纬锦的风格。如 Taq-I

---

① （乌兹）马特巴巴伊夫、赵丰：《大宛遗锦：乌兹别克斯坦费尔干纳蒙恰特佩出土的纺织品研究》，上海古籍出版社 2010 年版。

② The Textile Museum Lyons，ELAH，2001，pp. 44-49.

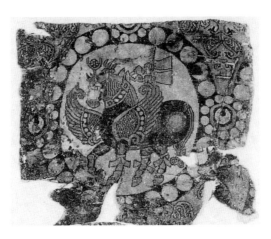

图 16　安底诺出土的联珠翼马纹锦

Bostan，如 *Varakhsha*、*Afrasiab*、*Penjikent* 等[①]，甚至太原北齐徐显秀墓壁画中的联珠人物锦纹和敦煌隋代壁画上的联珠狩猎锦纹，无疑也是斜纹纬锦。这些图案的存在，都说明斜纹纬锦在公元 3、4 世纪之后一直非常流行。

　　但是，比较完整的斜纹纬锦最早出现在新疆地区的初唐墓葬中，主要是吐鲁番阿斯塔那墓地的出土。其中可以分成两个类型：一是纯中亚的产品，二是仿制中亚的产品。前者出现在 7 世纪中叶，相当于贞观后期。其特点是：其显花丝线较粗、平整，色彩数量一般较多，一般可达五种，纬锦的门幅一般都有特大的幅宽，约 100 厘米；从织物的图案来看，这类纬锦大量都带有联珠团窠图案，如联珠大鹿、联珠猪头、联珠骑士等。后者则具有明显的东方特色。除了与西方纬锦有一些共性外，从细节来看，其最为重要的特点是经线加捻的捻向为 S 向，与西方纬锦恰恰相反；其

---

　　① 　Guitty Azarpay，*Sogdian Painting*：*The Pictorial Epic in Oriental Art*. University of California Press，Berkeley CA 1981.

图案则以宝相花或花鸟等题材为主，如吐鲁番出土的宝相花纹锦和花鸟纹锦等(图17)。这一类纬锦主要产自中原。

图17　吐鲁番出土的花鸟纹锦

　　除新疆吐鲁番之外，青海都兰是另一个出土斜纹纬锦的重地，其最具特色的是大量的瓣窠含绶鸟锦，亦即敦煌文书中所说的"五色鸟锦"①(图18)。这类织锦的经线通常用紫色并加有Z捻，表面特别平整，背面还出现抛梭现象，亦即有部分纬线在局部

---

　　① 赵丰、王乐：《敦煌的胡锦与番锦》，《敦煌研究》2009年第4期。

图 18　都兰出土的瓣窠五色鸟锦

不织入织物而沉浮在织物背面[1]。这种锦无论从图案还是织造技术来看都是西域地区的产物，但从名称上来看却与宋代所谓的"绒（茸）背锦"较吻合。但相较于吐鲁番，都兰墓地缺少明确的纪年，其中一件织有中古波斯文的斜纹纬锦，被认作公元 7 世纪的产物[2]。

　　都兰之外，还有敦煌。敦煌纬锦也有几类，其中一类属于中亚系统，文书中称其为番锦，其实例共约 9 种。团窠尖瓣对狮纹锦（MAS858，EO. 1199）、红地联珠对羊对鸟纹锦（MAS. 862，

　　① 许新国、赵丰：《都兰出土丝织品初探》，《中国历史博物馆馆刊》1991年第 15—16 期合刊。

　　② 许新国：《都兰吐蕃墓出土含绶鸟织锦研究》，《中国藏学》1996 年第1 期。

EO. 1203/E)、淡红地团窠对鸭纹锦（MAS. 863）、黄地小花中窠对鹰纹锦（EO. 1193）、黄地联珠对兽纹锦（EO. 1207）、红地宝花纹锦（MAS865，L：S. 642）等都是①。但敦煌也有中原系统的纬锦。

斜纹纬锦在丝绸之路东端的日本正仓院和法隆寺也有保存，其中最为重要的是四天王狩狮锦和犀圆纹锦②。由于正仓院藏品的年代十分明确，这些织锦都是 8 世纪之前到达日本的。但所有这些织锦，都属于唐朝生产的中原纬锦，与当时的中亚系统纬锦已有不同。

此外，公元 7、8 世纪的斜纹纬锦在欧洲也有广泛收藏。特别是在中世纪早期的教堂里，无论在梵蒂冈，还是在德国、意大利、法国等，都有类似的收藏。梵蒂冈博物馆所收藏的翼马纹锦、对狮子锦、立鸟纹锦等，都被认为是萨珊波斯或是中亚粟特织造体系的产物。

到唐代晚期公元 9 世纪前后，中国本土生产的斜纹纬锦已发生了较大的变化，出现并流行的是辽式纬锦，与早期的斜纹纬锦有着极大的区别。但在中亚地区，这类纬锦却依然大量存在，没有改变基本织法。在俄罗斯的北高索地区的 Mochevaya 和 Arhis 河谷，这类存在最为明显，大量被认为是粟特地区生产的或是来自拜占庭、中国的斜纹纬锦在那里被发现③，说明中亚地区的织锦技术特别是织锦组织在很长时间内一直没有改变。青海阿拉尔出土的 10—11 世纪的灵鹫纹锦袍以及孔雀对羊纹锦袍

① 赵丰、王乐：《敦煌的胡锦与番锦》，《敦煌研究》2009 年第 4 期。

② 松本包夫：《正倉院裂と飛鳥天平の染織》，紫红社 1984 年版。

③ Anna A. Ierusalimskaja, *Die Graber der Moscevaja Balka*：*Frühmittelalterliche Funde an der Nordkaukasischen Seidenstrasse*, Editio Maris, Munich, 1996.

上的织锦，采用的还是典型的唐式斜纹纬锦①。直到公元12、13世纪，蒙元时期的织锦中，还可以找到这类斜纹纬锦。

四、伴随织锦提花技术的传播与交流

在丝绸织造技术中，其实最为复杂的是提花技术。在丝绸之路沿途，曾经出现过的织花方法或是提花方法有多种类型，但其中最为重要的是三种，即多综式提花、束综式挑花和束综式提花。所谓的挑花，是指每次图案的织造规律都得重新挑起，而所谓的提花，是指在整个织造过程中，只需要一次制作花纹程序，反复利用，循环织出同一图案。

第一种类型是多综式提花机，可以有踏板，也可以没有踏板。根据《西京杂记》的记载，汉昭帝时期（前94—前74），霍光的妻子召陈宝光妻子用有120镊的织机织造了25匹散花绫。这里的镊可能是一种金属杆，其织机有可能是多综式提花机，只是不清楚其提综的动力来源是什么。幸运的是，2013年在四川成都北郊的老官山墓中出土了四台汉代提花织机模型（以1∶6的尺寸微缩的立体织机），明确属于多综式提花机，其动力来源十分特别②。不过，史料中提到的另外一类多综式提花机可以称为多综多蹑提花机，这在《三国志·杜夔传》裴松之注中有所记载，说有用五十蹑控制五十综、六十蹑控制六十综的绫织机。这类织机也一直流传到近代，民间的腰带织机是其遗绪。这类多综多蹑提花

---

① 赵丰、王乐、王明芳：《论青海阿拉尔出土的两件锦袍》，《文物》2008年第8期。

② 《四川成都老官山西汉木椁墓》，中国考古网，2014年04月12日。

织机仍然在中国西南四川成都和云南德宏、琳琅附近的乡村里使用[①]。

兹鲁(Zilu)织机是一种使用挑花方法的织花机，目前在伊朗乡村仍然被用来织造图案在纬向上进行循环的大型织物。我们认为，这种兹鲁织机也可以作为织造中亚织锦或粟特锦的织机原型[②]。这种织机有两个关键的结构：其一是直立或斜立的框架，所有经线都被固定在两根卷轴上，一根是经轴，另一根是织轴。织工站在经线前面，投梭织造。其二是一套挑花装置，显花时所需要提升的经线必须在这里被选择相应的综线并由一位助手进行提升。在这挑花装置和织机框架之间，必须再有一个多把吊的提综装置(我称其为 1-N 提综系统)来连接综线和经线，这样，一个图案单元才能在纬向得到循环。由于这一织花方法只能控制图案的纬向循环而无法控制其经向循环，所以这适合平纹纬锦和中亚风格的斜纹纬锦上的图案结构。可以说，1-N 提综系统是丝绸之路沿线的西域织工的一项非常重要的织花技术发明。

最后一种提花技术类型是能够使纹样在经向和纬向上都得到循环而将以上两种提花方法相结合的束综提花机，又称花楼机。这种提花织机不仅使用由花工操作的名副其实的提花花本(程序)，也采用了 1-N 的提综系统，形成了真正的束综提花机。因此束综提花机的发明也证明了中国人在经历一段漫长的传播

---

① 胡玉端：《从丁桥看蜀锦织机的发展——关于多综多蹑机的调查报告》，载《中国纺织科学技术史》编委会：《中国纺织科学技术史资料》第 1 集，1979 年版，第 50—62 页。

② Zhao Feng, Weaving Methods for Western-style Samit from the Silk Road in Northwestern China, *Central Asian Textiles and Their Contexts in the Early Middle Ages*, Riggisberger Berichte, 9, Abegg-Stiftung, 2006, pp. 189-210.

和思考过程之后，终于在公元 6 世纪左右完善了提花机。这种提花机的存在可以由北朝晚期的绯地大王锦、吉字羊树锦（平纹经锦），以及隋代何稠完成的大窠联珠纹锦（斜纹纬锦）等得到证实，唐代晚期敦煌文书中大量出现的楼机绫可以算作是文献上的佐证，而关于束综提花机的最早图像则应该出现在传为南宋时的《耕织图》或《蚕织图》中①。

通过丝路之锦的遗存及其对这些织锦的研究，我们可以得出一个结论，锦的织造技术、图案的挑花与提花技术以及织机机械的发展并不完全是同步发生的，迄今为止我们还不能完全断定它们各自确切的发展过程（图 19）。不过，总体而言，最早出现的是中国平纹经锦及生产经锦的多综式的提花机，随着早期丝绸之路上织锦的传播（战国到西汉之间），这些经锦已经传播到地中海沿

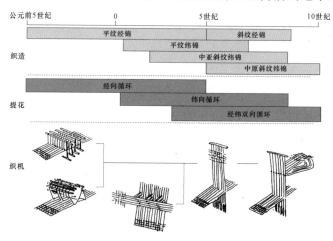

图 19　丝绸之路织锦技术交流与发展谱系

① 赵丰：《蚕织图的版本及所见南宋蚕织技术》，《农业考古》1986 年第 1 期。

岸，其组织结构已为当地织工所效仿，成为平纹纬锦，其后再发展到斜纹纬锦，并出现了兹鲁织机一类的挑花、显花和图案循环等都旋转 90 度之后的装置。这种技术后来又被中国织工所学习，诞生了同时能产生经向和纬向循环的束综提花机，并流行生产效果更好、效率更高的斜纹纬锦。所以，在丝绸之路上，特别是从织锦技术的传播和交流来看，任何技术都不是单向传播的，其发展得益于各国、各地区织工在丝绸之路上产品和技术的内在交流。

（原载国家文物局编《丝绸之路》，文物出版社 2014 年版，第 62—70 页）

经营丝路的经济利益：
唐代西域的练价与货币兑换比率

丝绸之路作为东西方文化交流的象征，在唐代达到巅峰。在丝绸流通网络的几个方向上，唐朝政府似乎是有所侧重的：在与吐蕃的关系中，主要是为了和亲和安抚；在海上的丝绸贸易中，也较为被动，往往是等着人家上门，然后抽税和进奉；而在西域丝路的经营中，唐政府则有点不遗余力，这诚然与这一位置的政治、军事重要性有关，但除此以外，是否还有经济利益呢？

要解答这一问题，光从正史上是找不到答案的，必须从具体情况着手分析。敦煌和吐鲁番文书可以为我们提供丝绸在这一地区流通的大量实例，通过研究，或能找到解答这一问题的钥匙。

一、两份物价表引起的疑虑

第一份物价表是由日本大谷探险队在吐鲁番发现的，现藏于日本龙谷大学，其中有不少关于丝绸产品的物价，包括大练、梓州小练、河南府生𬘓、蒲陕州𬘓、生绢、缦紫、缦绯、细绵绅、次绵绅、粗绵绅、色丝、生丝、绯熟绵绫、紫熟绵绫、隔纱、半臂、晕𢬸等。这些丝绸产品被列在帛练行和彩帛行之中，并与当时其他行如果子行等的物价同列，可知这是一份市场管理中产生的官方牌价表，据研究这份物价表乃属天宝年间[1]。

无独有偶，敦煌文书中也发现了这样一份类似于物价表的账目，其上所载是《天宝四载河西豆卢军和籴会计牒》。唐政府的庸调丝织品中有相当一部分用于军需，这就是河西豆卢军用唐政府拨给的庸调织物在当地进行和籴的实例，其中多为练、绢、䌷，少量为缦绯、缦紫。和籴的账目相当细，用多少什么品种随织物，折籴了多少某种粮食，单价又是多少，这些均有详细记载。据研究其和籴的比价基本上与当地市场上的绢、粮比价是一致的[2]。

巧的是敦煌和籴所用丝绸产品大部分都能在西州物价表中找到，这样，我们不妨来比较一下两地同类丝绸产品的物价（表1）。

表1　天宝年间敦煌、交河两地丝绸物价比较

品名	敦煌地单价（文/匹）	交河地单价（文/匹）			品名
		上	中	下	
河南府绝	620	650	640	630	河南府生绝
大生绢	465	470	460	450	生绢
缦绯	550	500	490	480	缦绯
缦绿	460	560	550	540	缦绿
陕郡熟绝	600	630	620	610	蒲陕州绝
大练	460	470	460	450	大练

郑学檬先生也曾对这两张物价表作过比较并得出结论："天

---

① 大谷文书，3097、3045、3825＝3034？—3415，引自池田温《中国古代籍帐研究》。

② 杨际平：《从敦煌文书看唐代前期的和籴制度》，《中国社会经济史研究》1985年第1期。

宝年间主要绢帛的价格指数,西州高于河西(除缦绯外)。这是什么原因呢? 因为河西或西州的绢帛几乎都是内地运去的。西州远于河西,绢帛运费要加脚值,价格指数就上涨。从这一分析中,我们可以了解到唐代河西绢帛是依赖内地的;也了解到转运贸易的特点是运输路程远近对价格的影响很大。"[①]

然而,疑虑还是出现了。试看练、绢各自在敦煌和西州的价格几乎完全一样,这难道是地区差价规律失灵了吗? 为了弄清这一问题,我们不妨计算一下练绢的正常地区差价。

销售地价格＝进货成本×(1＋商品在途时间×利息率)/(1－损耗率)×(1－经营费率－利润率－税率)

设当时各地利息率相等,运输贸易时的损耗率、经营费率、利润率、税率亦相等,则上式分母设为 A,为一常量;再把长安当作是河西和敦煌练绢的原产地,途中时间从长安到敦煌为敦煌到西州的三倍,而自敦煌到西州的总利息率为一个单位 R;长安练绢价为 200 文/匹,敦煌练绢价为 460 文/匹,西州若按地区差价计应为 X 文/匹,则有方程组:

$$460＝200(1＋3R)/A$$
$$X＝200(1＋4R)/A$$
$$X＝460(1＋R)/A$$

由以上方程组解得:

$$R＝0.765$$
$$A＝1.43$$
$$X＝568 \text{ 文/匹}$$

---

① 郑学檬:《从敦煌文书看唐代河西地区的商品货币经济》,载敦煌文物研究所《1983 年全国敦煌学术讨论会文集·文史遗书编 上》,甘肃人民出版社 1987 年版,第 109—131 页。

这是计入地区差价后的西州练绢价，其差价为 108 文/匹，真正的商人是不会放弃这一差价的。而且此处的 A 值大于 1，违反常规。若按正常情况小于 1 时，则 X 的值将会更大，即地区差价也会更大。从敦煌到西州，绢与练的单价几乎没变，而整个丝织品的比价体系却变了，原因何在？我认为是因为练与绢，特别是练，在丝路上主要作货币用。

二、文书作证

绢练在丝路上用作货币的例子实在太多，敦煌吐鲁番文书在这方面为我们留下了太多的证据，为我们研究丝路经济提供了极好的材料。下面我们首先把文书中一些较重要的例子列表说明（表 2）。

表 2　唐代西北地区文书记载中的练绢购物实例

文书名称	年代	购物品名	丝绸品名	数量	资料来源
死官马皮肉价练抄	649	死马皮肉	练	3 匹	TAM302：35/2
左憧熹买奴契	661	奴一人，中得	水练	6 匹	外加银 5 文，TAM4：44
杜队正买驼契	673	黄敦驼一头	练	14 匹	TAM35：21
和满牒为被问买马事	707	骝敦马一匹	大练	13 匹	TAM188：71
米禄山卖婢契	731	婢一人，失满儿	练	40 匹	《文物》1975(7)
石染典买马契	733	马一匹	大练	18 匹	《文物》1975(7)
西州用练买牛簿	开元间	乌伯犍	练	9 匹	《中国古代籍账研究》
真容寺买牛契	741	乌伯特牛	大练	8 匹	藏于日本书道博物馆
牲口物价表	743	马一匹，次上	大练	9 匹	大谷文书 3087
牲口物价表	743	马一匹，次	大练	8 匹	大谷文书 3087

续表

文书名称	年代	购物品名	丝绸品名	数量	资料来源
牲口物价表	743	马一匹，下	大练	7 匹	大谷文书 3087
牲口物价表	743	波斯敦父驼一头，次上	大练	33 匹	大谷文书 3087
牲口物价表	743	波斯敦父驼一头，次	大练	30 匹	大谷文书 3087
牲口物价表	743	波斯敦父驼一头，下	大练	27 匹	大谷文书 3087
牲口物价表	743	草驼一头，次上	大练	30 匹	大谷文书 3087
奴婢买卖文书	744—758	胡奴一人，多宝	大生绢	21 匹	《文物》1972 (12)
唐清奴买牛契	丁已	耕牛一头	生绢	1 匹	P. 4083

以上的买卖大约可以分成三类。第一类是牲口买卖，此乃敦吐文书中最常见的例子，其中又包括买卖契约和买卖标价两种，从表 2 来看，开天间的马价一般在 15 匹练左右，较次的在 10 匹练左右，而牛和驼的价格根据品种不同则有较大区别。第二类是奴婢买卖，唐代西域，奴婢买卖十分兴隆，当然价格相差亦大，最贵者要数唐益谦买婢失满儿，花了 40 匹大练。第三类乃是杂物，如粮食、草料、纺织品，甚至还有死马肉，这些大多由驻军进行，因为驻军用量较大。吐鲁番 TAM4 左憧熹墓中发现了一份支用钱练账，看来很像是左氏生前服役过的前庭府卫队中的账目，其中用练用钱买东西的账相当清楚。

还有一些情况更可看出练绢作为货币作用的普遍性，就是它可以用于各种衡量价值的地方。

它能用作雇佣值，敦煌洪洞乡百姓宋虫去西州时"缺少驰马畜，遂于同乡百姓厶专甲面上故（雇）八岁驭驼（原文作驰）一头，断作驰价生绢一匹，正月至七月，便须填还"[1]；雇人力运输亦可用绢练酬值，因而吐鲁番文书中有"脚价练壹匹"的记载[2]；

它能作为地租交纳。敦煌发现的唐天复四年(904)令狐法性租与地契中记载了当时租口分地八亩的租值为绢一匹加八综毯一匹[3]；

它还能代替课收。敦煌净土寺账目中有梁户课油可用绢代替的许诺，"油五豆斗五胜(五斗五升)，梁户入绢两段共叁丈柒尺准折用"[4]；

它甚至还能充当聘礼参与定亲，雷陇贵"时用绢五匹将充聘财"[5]。

文书作证，唐代西域的各种用绢练作货币进行贸易的情景又重现在我们眼前。事实上，用绢作货币的范围一直到苏联的中亚地区甚至更远。张广达先生说："史料表明，在昭武九姓胡地区，铸币与不同尺寸的丝织品各有一定比值表明这里可能与汉地一样钱帛兼行，丝帛同样可作一般等价物使用。"据斯米尔诺娃《片吉肯特废墟出土的钱币目录》中整理，当地锦缎(翻译不一定恰当)大匹值 100 德拉克玛，小匹值 60 德拉克玛，而一名奴隶或一

---

① 《敦煌资料》第一辑《契约·文书》。

② TAM210：136/5，《吐鲁番出土文书》(六)。

③ P.3155 背，见池田温《中国古代租佃契》。

④ P.2094 背 a，姜伯勤：《敦煌寺院文书中"梁户"的性质》，《中国史研究》1980 年第 3 期。

⑤ TAM209：87，《吐鲁番出土文书》(七)。

匹马价均为 200 德拉克玛①。这一现象符合西域的实际情况,而且这与唐朝政府的政策相吻合。

开元二十年(732)制曰:"绫罗绢布杂等,交易皆合通用,如闻市肆必须见钱,深非道理。自今以后,与钱货兼用,违者难法罪之。"②未及多久,在开元二十二年(734)又下达了更为明确、详细的诏令:"自今已后,所有庄宅、以马交易,并先用绢布绫罗丝绵等,其余市价至一千以上,亦令钱物兼用,违者科罪。"③这一政策在西域实行得似乎比内地更好一些。

三、练·银·铜兑换比率

凡是在国际贸易发达的地区一定存在着一些货币充当国际货币,亦称普通货币。从当时西域的情况来看,流通着三种通货:一是银币,通常谓之波斯银币;二是铜币,包括中国的五铢和开元通宝,还可能包括粟特铜币;三是丝织品。三种通货都符合马克思所说支付手段、购买手段、社会财富材料三个职能而足以充当国际货币,然而,在具体的情况中,其效果是不同的。

我们先来看看三种通货之间的兑换比率。兑换比率是变化的,我们手头的材料可供我们了解到武周年间(690 年前后)和天宝时期(745 年前后)的两种兑换率。

---

① 张广达:《论隋唐时期中原与西域文化交流的几个特点》,《北京大学学报(社哲版)》1985 年第 4 期。德拉克玛为波斯银币的单位(drachm),若按后述银币与铀钱 1∶32 的比价计,1 名奴隶或一匹马价为 200 德拉克玛合 6400 文铜钱,折练约为 14 匹,与中国境内相仿,由此可知三者的比价到处相仿。

② 《册府元龟》卷 501《钱币》。

③ 《唐会要》卷 89《泉货》。

在唐麟德二年(665)《张君妻魏氏墓志》伴出的一些武周年间的文书中，记载了当时和籴青稞的账目：[1]

……钱壹文籴得青科一斗。

绵一屯(准次估直银钱五文)，两屯当练壹匹。

这里的钱是指银币，可以算得，一匹练值与十文(即德拉克玛，下同)银钱相当，这一个兑换率是相对稳定的，几乎不受其他物价的影响，如就在此文书的前一年，青稞的价格还要便宜些：[2]

练壹匹，籴得青科一石三斗。

右同前勘案内，去年六月中旬……

银钱壹文，籴得青科一斗三升，又称今…

可以算得，尽管"去年"青稞还要便宜，但练与银钱的兑换率确实一致，一匹练相当于十文银钱。

再看武周如意元年(692)《里正李黑收领史玄政长行马价抄》。[3]

史玄政付长行马价银钱贰文，准铜

钱陆拾肆文。如意元年八月十六日里正

李黑抄。其钱是户内众备马价。李黑记。

容易算得，当时银钱1文可兑换银钱32文。由于银钱和练的兑换率一直保持相对稳定(下文还会证实)，因此，可以把上述的银练兑换率当成在692年的兑换率，那么，若以铜钱一文的单位为1，则有：

---

① 《唐和籴青稞账》，《吐鲁番出土文书》(六)，TAM214：148(a)。

② TAM214：149(a)，《吐鲁番出土文书》(六)。

③ TAM35：28，《吐鲁番出土文书》(七)。

练一匹：银一文：铜一文＝320：32：1

练一匹：银一文＝10：1

天宝年间的兑换率要从沙州和敦煌两个地方的文书来计算，由于当时练的价格在两地是完全一致的，而通货之间的兑换率在两地同一时期内相差不会大，因此，下面的计算应该是合理的。

敦煌的大练价为每匹当铜钱460文，《唐开元廿三年（?)沙州会计历残卷》中提到在开元廿年（732）前后一般惯例为"征钱捌文，计当上件小练"[①]，即小练每匹为银钱8文。

再看吐鲁番的物价，大练与敦煌相同，每匹460文铜钱，而梓州小练匹价为每匹380文铜钱（均取中间价），则有比价：

小练：大练≈8：10

即大练每匹仍为10银钱10文。

由此，可折算得兑换率：

大练一匹：银一文：铜一文＝460：46：1

大练一匹：银一文＝10：1

从两个时期的三种通货兑换比率的变化来看，练与银的比值未变，而铜钱则下跌了，这说明天宝年间在西域一带铜钱贬值了。

我们在天宝兑换率的计算中并没有忽视这样一个问题，即西州物价表中有着两行物价，而两行物价并不全部相同。我们不妨再作一次比较（表3）。[②]

---

① 引自池田温《中国古代籍账研究》。

② 《大谷文书》，3097,3045,3825＝3034? —3415，引自佐藤武敏《中国古代绢织物史研究》，风间书房1978年版。

表 3　交河市场的两份物价比较（单位：文）

	A（中估）	B（中估）
大练一匹	460	460
梓州小练一匹	380	400
河南府生绝一匹	640	620
蒲陕州绝一匹	620	600
生绢一匹	460	460
缦紫一匹	500	540
缦绿一匹	490	450

　　小练亦有两个价格、它与大练的比值在 0.82—0.87；因此我们在前取了约为 0.8 的比值。令人惊讶的是其他几种品种的丝织品均有所不同，练与绢却是硬碰硬的没有变。我们认为，两行价格也许是在近期的变化中而形成的，但练与绢的不变反映了练、绢作为货币时的兑换稳定性。

四、三种货币的比较

　　从练、银、铜三种货币兑换比率的计算中我们可以来考察三种货币的不同用途。

　　绢练本身具有较高的价值，广泛使用于高档产品如奴婢、牲口买卖中；铜钱使用于低档产品，而银钱则居中游。有人总以为绢练作为货币无法裁剪使用，因此不能广泛普及。这固然有理，但是，银币也不能把它剪开使用。举个例子，绢练如同现在面值为 100 元的纸币，银币则为面值为 10 元的纸币，而铜钱则相当于面值为 20 角的纸币。所有物价最低只能到 20 角，而且只能是 20 角的整倍数，因为铜钱已是最小单位，在进行 100 元的交易时，支付 500 张 20 角纸币显然不如支付一张 100 元方便，而在支付有零头的款项时则可付一部分 100 元，一部分 10 元，再一部分 20 角的。左憧憙在支付买奴款时就支付了水练六匹再加银钱五文，这种方法，与我们在支付 650 元时使用 6 张 100 元面值纸币和 5 张 10 元面值纸币又有何异？

事实上，在支付大笔款项时用铜钱确不如绢练方便，尤其是在远途跋涉之中。据史载的标准，开元通宝十文重一两，一文重二铢四累，合今 4.175 克，若要达到一匹绢练的价值则需重 3.84 斤，而一匹绢重 11 两，合 459.25 克，仅占同样价值的铜钱重的 23.9%，四分之一尚不到，可见在大款项买卖中，丝织品要比铜钱更方便。当然，练重仅为绢的 75%，所以用练也广。

另一方面是丝织品比铜钱具有更高的信誉。银币虽然方便而且本身价值亦较高，但它的使用却受到限制，"我们被迫得出结论：罗马的贵金属出口既未以纯金银形式，也未以硬币形式大量流到中国"[①]，波斯银币也是同样，内地出土银币清晰可数。限制的原因也许来自唐朝政府的有意抵制。

铜钱的信誉显然不佳，在中国，铜矿丰富，铸币量大，铜币的发行并没有很好地遵循经济规律。此外，在武周到天宝的半个世纪中铜币显然已经贬值，贬值率达 43%，从事贸易的商人们，显然不希望以铜币为主要的贮存形式，左憧憙作为一名高利贷者贮存的只是练、银币和粮食，而绝没有铜币，由此可见，铜币在当时称不上是硬通货，只能用于小买卖。

相对来说，绢练对于中西诸方来说具有公认的价值，具有较高的信誉，它与银币有着稳定的兑换比率，在丝路沿途的旅行中

---

① 赫德森：《欧洲和中国》第三章"丝绸贸易"，载中外关系史学会编《中外关系史译丛》第三辑，上海译文出版社 1986 年版。

到处可以使用。银币到中国内地既不能作为货币用也不具有什么使用价值，而铜钱一旦超越了一定的区域则会成真正的废铜烂铁。只有丝绸，不管到了哪里，起码还能当作商品出售。

因此，我们得出结论：唐代大量丝织品在丝绸之路上的流通，主要是当作货币进行的，它在丝绸之路上扮演的角色与其说是商品，不如说是货币。"货币商品本身没有价格"[①]，因此，它不应存在地区差价，这就是我们对敦煌和西州两份物价表上的疑虑的解释。

我们不妨再举一个反例以作证，如果当作货币的绢练在 A、B 两地之间存在着一个地区差价 $\triangle P$，A 地原价较低为 P，B 地则为 $P+\triangle P$。此时，若要像西州那样举练作本就变成了贩卖，而且贩卖具有单向性。如甲在 A 地举得练若干，并在当地采购了某物品，然后运到 B 地以赚取地区差价，而 B 地的练价也刚巧与 A 地相差一个地区差价，因此，甲到 B 地后卖去某物品后所得的练与在 A 地举练时的总数没变，这样，这趟生意是白做了。但如果在 B 地把物品卖掉换钱，拿了钱到 A 地再买练还债，这样，生意是做成了。但是，此时举练不如举钱更直接，而且要保证"钱"没有"地区差价"，若是钱再有差价，生意就无法做了。因此，作为货币的绢练应该是没有地区差价的。

事实上，丝绸除了部分高档、特殊产品外，大量的绢练是作为流通货币而输向各地的。吐鲁番文书中有不少这类例子，但常被人们作为正常的丝绸贸易，现在，应该还其本来面目了。

西州的高利贷者左憧熹是一个很好的例子。左氏在临死前留下了遗产"粮食五万石，练一万段，银钱三斗"[②]，粮食可在饥荒

---

① 马克思：《资本论》第三章"货币或商品流通"。
② TAM4：29(a)，《吐鲁番出土文书》(六)。

之时贷出，银钱显然是货币，练决不会在寒冬腊月之时贷给人穿，只能是作为货币贷出。左憧憙墓出有一份举练契，是龙惠奴曾向左氏贷练 30 匹的凭证：[①]

> 龙朔元年八月廿三日，安西乡人龙惠奴
>
> 於崇化乡人左憧憙边举取练叁
>
> 拾匹，月别生利练肆匹，其利若出
>
> 月不还，月别罚练壹匹入左。如
>
> 憧憙须练之日，并须依时酬还。若身
>
> 东西无，仰妻儿收后者偿。人有正
>
> 法，人从私契。两和立契，获指为信。

很显然，这是举练作本的，而不是做丝绸生意的。利息也用练价表示，月息 13％多，高于左氏与他们放贷时的常规 10％，而且还时也是还练，若真是为了丝绸贸易，岂有把练又带回来，甚至更多地带回来之理？

另一件轰动一时的案子是曹禄山向西州长史申诉的。案情大约如此，曹禄山在弓月城借了 275 匹绢去龟兹，阿兄也带了一些牲口及物品同行，结果被人骗了，因此上诉。由于文书残缺，许多详情都已难以弄清了，但其中有重要几行我们还是移载如下：[②]

> ……在弓月城举取二百七十五匹绢，向龟
>
> ……相还，从弓月城向龟兹。阿兄更有
>
> ……匹、驼两头、牛四头、驴一头，百匹绢价华
>
> □并椀，别有百匹绢价财物及汉鞍衣裳

---

① TAM4：34，《吐鲁番出土文书》(六)。

② TAM61：17(b)，《唐西州高昌县上安西都护府牒》，《吐鲁番出土文书》(六)。

很明显，这里的 275 匹绢是"举取"借来的，绢主可能是与左憧熹相似的高利贷者，左僮熹贮练达一万匹，弓月城的绢主有275 匹自然不在话下。绢也是肯定要还的，10% 的月息大概也少不了。这样的举绢我想不会是纯粹做丝绸生意，而应是去龟兹购买较便宜的东西到弓月城再卖取高价，即卖得更多的绢。同行的阿兄已有百匹绢价的华□并椀和百匹绢价的财物，或许是从弓月城购得去龟兹出售的，以绢计值的说法也证明了曹禄山的这次行动并非纯丝绸贸易，而是把丝绸当作货币而已。

当然，绢练作为货币有着许多缺点，它体积较大，容易损坏，不易长期贮存。因此，作为货币的绢练最终还是被消费掉。而丝绸的这一缺点大概也正是为唐政府所欢迎的。

五、经营丝路的国家利益

也许有人会问，唐朝丝绸只是作为货币而流通，岂不可惜？其中获利岂不太小？而我认为，对于国家来说，获利并不少，应该说，唐朝经营丝路还是卓有成效的，其绝招也正在于把大量的中国丝绸以货币的形式推销出去。

唐政府也多次试图直接经营丝绸外贸，但并未捞到什么好处。绢马贸易便是一个例子。绢马贸易是在唐朝与突厥回纥之间进行的，早在开元时期已经出现。开元二十四年(736)，突厥马一岁两市，总计一万四千。玄宗因可汗初立，特予多留，十退一二，酬物五十万匹[1]。当时的绢马贸易虽然也有招徕和安抚的性质，但比后来回纥负功而市却要公正一些。我们可以作一核算，看其经济效益究竟如何。

---

① 《张曲江集》卷 6，引自岑仲勉《隋唐史》。

突厥来市，14000 匹马中十退一二，按平均计退 15％，即余
11900 匹，酬绢 500000 匹，计每匹马酬绢为 42 匹左右。唐代牧
马多在兰州以东，则我们按关中绢价计，每匹马值 8400 文。

而若是不市于突厥，则需自己牧养，或在西北地区市购。如
前述开天时期西州马价在 15 匹练左右，在当地相当于 6900 文，
比之突厥市便宜了 19％左右，若再加上赶回内地，费用更贵，相
差更小。因此，唐政府并无便宜可捞，亦不会太亏，因为唐政府当
时国力尚盛，不惧突厥有所非礼，而突厥也觉获利不大，因此"犹
有违言"。

既然绢马贸易中唐政府捞不到便宜，那么就来看看经营丝路
中的获利。

唐朝政府在经营丝路中能够获利的两个重要途径是税收和
和籴，税收包括关税和市场商税，和籴则类似于直接的丝绸推销，
不过是以货币的形式而已。我们先来看看唐政府在和籴过程中
干了些什么。

和籴之法是由国家拨出一定资金（包括绢、练）在军队驻守之
地换取粮食及其他一些军需品。敦煌的那份物价表其实就是一
份和籴账本，上面记载了当地驻军用丝织品换取粮食的史实，无
论如何，这种和籴把大量的丝织品推销给了普通平民。吐鲁番文
书中也有许多和籴账目，我们仅举《唐西州高昌县译语人康某辩
辞为领军资练事》（TAM210：136/10-2）、《唐西州下高昌等县牒
为和籴事》（TAM214：151，150）、《唐和籴青稞账》［TAM214：
148(a)］等几件文书的题目已足以说明用练和籴在西州的普遍；
TAM4：46/1 可能是左憧憙记录的《唐支用钱练账》中的细目说
明了那些军资练还被用于一般物品的买卖；此外，吐鲁番出土的
带有题名韵唐代庸调绢、布也为西州和籴支用绢练提供了实物
证据。

　　和籴的推行势必要以钱帛兼行的货币制度加以辅助，只有人们真正把绢帛当成货币来使用，才能有效地用丝绸进行和籴。为此，唐政府采取了一系列措施。首先是稳定绢、练对于其他通货的兑换率，稳定物价；其次，唐政府可能会设置专门的兑换点进行兑换；最后是利用其政治压力，强制推行和籴。这三个措施三位一体，目的都是让丝绸作为货币推销到丝路沿途各地。在这样的经营中，国家所获的利益是极大的，主要表现在三个方面。

　　第一，政府可以把庸调所得的绢帛直接转化为具有同等价值的其他物资。这批绢帛若真是用于服用，唐政府花不了那么多，而且久贮易损。但通过和籴，既使部队得到了军需，又为当地百姓提供一种较受欢迎的丝织品，庸调丝织品的内在价值全部得到了使用。

　　第二，获利也甚大。丝绸在中原和西北地区存在着一个地区差价，唐政府仅是维持西北地区的练绢无差价，而在内地与西北之间却保证差价的存在，这使得唐政府把丝绸运到西北时已使该批丝绸的身价陡增。我们假设用铜钱作为尺度。当时长安绢价为 200 文/匹，此绢运到西北后增为 460 文/匹，这里的地区差价中除去部分运输费用及损耗率等，还有极大的利润。等于说，官方在把丝绸运到西北时已扮演了一个商人的角色，做了一桩大大的生意，颇似今天的"官倒"。若是把 200 文铜钱作为军资运到西北，200 文钱同样需要运费，而且不会比丝绸便宜多少，但这些钱到了西北后非但没有增值反而贬值了，因为西北的绢、粮价格均高于内地。为了便于说明，我们不妨再作一估算。

　　在用绢作军资的情况下，内地征集到一匹绢的资金为 200 文，运到西北后增值为 460 文，设每匹绢在沿途的开销（运费、损耗等）为 E，则获纯利润：

$$P＝460－200－E＝260－E（文/匹）$$

目前来说，E 尚无法求出。这一利润是比什么也不干多出的利润。

但若唐政府仍需维持西北地区同样规模的一支军队又不用丝织品支付其费用，则只能用铜钱支付。此时，为了达到在西北地区有同样数量丝绸的价值，所支付的铜钱必须有所增加，即若要在西北地区得到相当于一匹绢价的物资时，必须比在中原得到同样物资多付出其差价额 260 文，加上每 460 文铜钱从中原到西北的运输价还是需要的，并设其与一匹绢的运输价相同为 E，则为了用铜钱支付西北地区相当于一匹绢价的军资比什么都不干的亏损为：

L＝260＋E（文/匹）

一进一出，用绢支付军资与用钱支付军资之间的差距为：

P＋L＝520 文/匹

据杜佑记载[①]，天宝年间西北地区军用绢布岁出 890 万匹屯段。若按当时丝麻比例结构中丝占 40％（见第一章）计，其中约有丝绸类产品 356 万匹屯。设麻织品全用于服用，丝绸类全用于和籴及其他军需开支，而丝绸类产品中又按二匹半屯（一丁之庸调数）的比例计则有绢类 284 万 8 千屯和绵 71 万 2 千屯，绵两屯之值与练绢一匹相当，则共计相当于 320 万 4 千匹绢，这样，每岁军资的一进一出相差达：

520×3204000＝1666080 贯≈166.6 万贯

这个数据是用丝绸作军资在西北地区维持边防比用铜钱作军资起到同样作用时省下的钱，这个数据与天宝年间全国税钱 200 余万贯相差已不多，若是在中原地再按市价还能买得 833.04 万匹绢，居然还超过了当时每年庸绸绢的总数 740 万匹。获利之

---

①　杜佑《通典》卷 6《食货》。

大，可想而知。

第三是节省了大量铸币同时又推动了丝绸出口和消费。

唐代铸币，在天宝末年设炉 99 处，每炉岁铸 3300 贯，合计 326700 贯，而所用军资练绢相当于：

$$3204000 \times 460 = 1473840000 \text{ 文} = 1473840 \text{ 贯}$$

乃是当时全国年铸币量的 4.5 倍多，这意味着又为国家节省了大约 440 多处铸币炉。

采用丝绸作货币，不但不用铸币，而且迫使人们消费，这样的货币对国家经济没有危险，不像铜币，铸多了就会引起贬值。

此外还有一点值得注意：丝绸的货币性抵制了银币的大量流入。银币在中国既没有储备又没有生产基础，因此政府自然要抵制这类货币的流入。但是，在当时铜币贬值又不受国外欢迎的情况下，用铜币与银币抗衡显然不行。而丝绸就较好地完成了这一作用。从武周年间直到天宝年间银币与绢练的兑换率一直没变这点来看，丝绸在丝路经济中的地位确实是牢固的。

我们在前面还提到在丝绸贸易中通过收税也能获得利益，但这些利益与直接用于和籴的利益相比乃是小巫见大巫。试想，唐代的市场商税一般只是在 2％到 3.3％之间[①]，若以 3.3％计，每匹绢贸易中官方仅获利 15 文，若是把政府用于和籴的绢全部用于商人贸易后，官府所得商税仅为：

$$3204000 \times 15 = 48060000 \text{ 文} = 48060 \text{ 贯}$$

尽管唐代在西域的商税看得见摸得着，而且获利也不小，但与和籴的获利实在无法相比。看来唐代统治者是深明此理的，因此唐代对丝路的经营不仅是政治和军事上的成功，也是经济上的

---

① 雷学华：《略述唐朝对西域的商业贸易管理》，《敦煌学辑刊》1983 年总第 4 辑。

成功。成功的秘诀乃在于把丝绸作为货币推向丝路，一直到北高加索地区，丝绸还在作为货币而流通。

（原文名为《唐代西域的练价与货币兑换比率》，原载《历史研究》1993 年第 6 期）

敦煌丝绸纺织研究的回顾与展望

敦煌以其独特的魅力吸引着丝绸之路上古往今来、东往西来的行人、僧人以及学者，每一个路过此地的人都曾关注过敦煌，虽然他们的角度可能并不一致。我生长在丝绸之府浙江，我们也从遥远的江南远望和关注敦煌。不过，我们更多关注的是敦煌发现的丝绸。丝绸是丝绸之路上最为悠久的传说，是丝绸之路上永恒不变的主题。曾经有无数的丝绸经过敦煌，不仅令这里的妇女增色、寺院添彩，还曾令某些商人在一夜间变成富豪。"无数铃声遥过碛，应驮白练到安西"，就是当年丝绸经过敦煌时留下的记忆和烙印。但令人遗憾的是，直到今天，关注丝绸之路上丝绸的人并不很多，从事敦煌丝绸的研究者也寥寥无几。自藏经洞发现以来，有大量学者采集和整理散落在世界各地的敦煌文献，出版物已成恢宏巨著；自敦煌文物研究所成立以来，莫高窟的壁画和彩塑艺术也已摄影成像，精美图录有几十种之多。而关于敦煌丝绸和纺织的专门论著却依然十分罕见，相比其他门类而言，不免有些遗憾。

一

其实，敦煌有着十分丰富的丝绸资料。我们现在所谓的实物、文献和图像三重史料，丝绸均具备。

首先是丝绸文物，在莫高窟一地就有多次重要发现。第一次发现就在藏经洞之中，洞中藏有数量巨大的绢画、绣像、佛幡、伞盖、经帙、包袱及各种相关丝绸残片，这些实物目前分散收藏在世界各地，在伦敦的有大英博物馆和大英图书馆，维多利亚阿伯特博物馆也有一批流入印度政府的敦煌丝织品保存在那里，在巴黎的有吉美博物馆和法国国家图书馆，在俄罗斯圣彼得堡的主要是爱米塔什博物馆，在印度新德里则在国立博物馆中。所有这些收藏原先均属于斯坦因、伯希和和鄂登堡的收集品，而日本大谷探险队橘瑞超的收集品中也有不少的敦煌藏经洞出来的丝绸，现在主要收藏在旅顺博物馆。英、法、俄三国所藏的敦煌丝绸的研究主要还是在国外，斯坦因和伯希和都初步发表了当时的调查报告，其中涉及敦煌丝绸的初步研究。相对较为专门进行研究的是当时斯坦因的助手安德鲁斯（Fred Andrews）[1]，今天英国的韦陀教授[2]和法国的劳拉·费日（Laure Feugère）也在继续进行研究[3]，至于藏于俄罗斯的敦煌丝绸只有艾尔米塔什博物馆的陆柏（Lubo-Lesnicheko）进行过一定的研究[4]。敦煌丝绸第二次较大的发现是在莫高窟北区的维修过程中，1965 年前后在第 320 窟

[1] Fred Andrews, Ancient Chinese Figured Silks, Excavated by Sir Aurel Stein at Ruined Sites of Central Asia, Bernard Quaritch, Ltd, London, 1920.

[2] Roderick Whitfield, The Art of Central Asia: the Stein Collection in the British Museum, Vol. 3, Kodansha International Ltd Tokyo, 1984; Roderick Whitfield, Susan Whitfield, Neville Agnew: History on the Silk Road, Getty Trust Publications, Los Angeles, 2000.

[3] Andre Coutin, Jacques Gies, Laure Feugère, Painted Buddhas of Xinjiang: Hidden Treasures from the Silk Road, British Museum Press (Oct 2002); Laure Feugère, Some Remarks On a Silk Wrapper, *Journal of the Institute of Silk Road Studies*, 2000.

[4] 陆柏：《敦煌纺织品的藏品、年代、工艺技术和艺术风格》，《俄藏敦煌艺术（I）》，上海古籍出版社 2002 年版。

附近连续发现了若干批属于北魏到盛唐时期的丝绸残片，其中也有绣像、小幡和一些不知名称的残片，现在收藏在敦煌研究院，基本由敦煌研究院的考古学家刊布在《文物》杂志上，并进行了初步的研究①。第三次重要发现是敦煌研究院彭金章先生主持的对莫高窟北区的发掘，其中出土了几百件各种各样的丝绸和纺织品，材料包括毛、棉、麻和丝，年代从北朝到元代都有，这些资料的基本信息最后刊布在三大卷的《敦煌莫高窟北区考古报告》中，报告中也进行了一部分的基本研究。随着北区发掘的结束，莫高窟地区再出土丝绸文物的可能性已几乎为零。

第二个大类是文献资料，由于丝绸在敦煌的存在，敦煌文书中也有大量关于丝绸使用和交易的记载，除了对当时社会经济中丝绸的研究之外，还可以进行大量的丝绸及其用品的名物考证，在前人整理的敦煌社会文书中，有相当部分都与丝绸纺织有关，特别是什物历、破用历、入破历、贷绢契、唱衣历、施入疏等。敦煌文献的研究者在研究过程中，也多少有所涉及，如对于敦煌经济情况的研究和丝绸之路贸易情况的研究。其中专门关注丝绸纺织的要数敦煌研究院的科技史学家王进玉，他从科技的角度对敦煌纺织的原料、纺织品种以及相关的纺织工具等都有所涉及②。

第三大类是图像资料，无论是藏经洞发现的绢画还是莫高窟

---

① 敦煌文物研究所：《新发现的北魏刺绣》，《文物》1972 年第 2 期；敦煌文物研究所：《莫高窟发现的唐代丝织品及其他》，《文物》1972 年第 12 期。

② 王进玉：《敦煌文物中的纺织技艺》，《敦煌研究》1989 年第 4 期；王进玉：《国宝寻踪——敦煌藏经洞绢画的流失、收藏与研究》，《文物世界》2000 年第 5 期；王进玉主编：《敦煌石窟全集 23 科学技术画卷》，香港商务印书馆 2001 年版。该书第五章第一节为纺织机具及织品，19 幅画面，其中有织车、脚踏式立机、踞织机、二人捻线的场面，各种锦、纱和服饰、帘、地毯以及渔网等。

现存的壁画和彩塑中，都有大量的丝绸服饰和织物图案的详细描绘。在这一方面，当时的中央工艺美院进行过大量的工作，他们的成果集中反映在常沙娜主编的《中国敦煌历代服饰图案》①中，当年参与过临摹工作的除常沙娜之外还有黄能馥等人。其他美术学院的染织设计方面的学者也有所涉及，特别是当时的苏州丝绸工学院的诸葛铠等人②，不过，他们更多地注重染织图案的古为今用。而段文杰对于敦煌服饰的研究也是对这一领域的开拓之作③。近年敦煌研究院出版的大型图集中有服饰和染织图案专册，正说明了这一方面的资料工作依然正在进行④。

二

虽然我们的前辈已经尽了很大的努力来进行敦煌丝绸和服饰方面的研究，但相比于其他领域，敦煌丝绸的研究依然显得声音太弱。因此，我们来自丝绸之府、纺织学院的学子希望在敦煌学中再度开辟一片荒地用于栽桑植棉，把它建成一个丝绸之府、纺织之乡。上海东华大学的包铭新教授最早开始与敦煌研究院合作，开展了敦煌服饰方面的研究，建立了敦煌服饰艺术研究中心，以敦煌壁画为主要对象进行研究。而我接近敦煌则多少有些

---

① 常沙娜：《中国敦煌历代服饰图案》，中国轻工业出版社 2001 年版。

② 诸葛铠：《敦煌彩塑中的隋代丝绸图案》，《丝绸》1981 年第 8 期；诸葛铠、刘庆孝：《敦煌装饰图案》，山东人民出版社 1982 年版；诸葛铠：《敦煌壁画中的唐代伎乐头饰》，《实用美术》1982 年第 8 期。

③ 段文杰：《敦煌壁画中的衣冠服饰》《敦煌莫高窟唐代艺术中的服饰资料》，载段文杰：《段文杰敦煌石窟艺术论文集》，甘肃人民出版社 1994 年版。

④ 敦煌研究院：《敦煌石窟全集 24 服饰画卷》，香港商务印书馆 2001 年版。

偶然,研究的方向也主要集中在丝绸实物方面。2006 年,借大英博物馆邀我为其整理和研究斯坦因收集的中国纺织品之机,以及与敦煌研究院共同申报"敦煌丝绸与丝绸之路"国家社科基金项目之机,我带领一个团队开始了全面收集 20 世纪初流散到海外的敦煌丝绸资料的工作。2006 年初夏,我们在伦敦的维多利亚阿伯特博物馆、大英博物馆和英国国家图书馆工作,开始整理这三个机构收藏的敦煌丝绸资料。2006 年仲夏,我又前往俄罗斯圣彼得堡,在爱米塔什博物馆调查了鄂登堡考察队收集的敦煌丝绸艺术品。2007 年是我们收集敦煌丝绸实物资料最为忙碌的一年,暮春四月,我们在敦煌研究院观摩了 20 世纪下半叶通过科学考古发掘到的百余件自北魏到元代的丝绸文物。夏初六月,我们又前往法国巴黎,在吉美博物馆研究伯希和收集的敦煌丝绸。盛夏八月,我们再往辽宁旅顺,调查大谷探险队劫后余生留存在那里的敦煌丝绸。今年春天,我再去印度新德里国立博物馆调查了收藏在那里的部分丝织品。这样,我们几乎看到了所有的留存于世的敦煌纺织品,哪怕是极小极小的碎片,我们都努力把其信息准确地采集到手,我们希望尽可能地把相关的敦煌纺织品信息汇总在一起,出版一套《敦煌丝绸艺术全集》,供大家作为研究的基础资料。目前,该项目已经列入国家"十一五"重点规划出版项目,其中第一卷英藏卷的中英文版都已经出版[①],受到了国内外敦煌学界的好评。

为了推动敦煌学中丝绸、纺织和服饰方面的研究,东华大学服装与设计学院还组织了一系列的活动。第一次"中国服饰史与敦煌学"论坛于 2005 年 8 月在敦煌研究院举行,这次会议由东华大学和敦煌研究院联合主办,40 多位来自全国的专家学者参加,

---

① 赵丰:《敦煌丝绸艺术全集·英藏卷》,东华大学出版社 2007 年版。

共收到 19 篇论文和 7 篇论文提要，所有论文最后由敦煌研究院编辑部出版《敦煌研究》专刊①。2007 年 3 月，东华大学又主持召开《丝绸之路——艺术与生活》论坛，来自国内外 30 多位专家学者分别从丝绸之路上的美术考古、艺术史、东西方文化交流以及染织服饰史等方面发表了研究成果，其中也有部分成果涉及敦煌染织与服饰主题②。

　　2007 年 10 月 5 日，得到中国敦煌吐鲁番学会的批准与支持，"中国敦煌吐鲁番染织服饰专业委员会"成立，委员会挂靠东华大学服装与艺术设计学院，清华大学美术学院教授常沙娜应邀担任名誉主任，东华大学服装学院包铭新教授为主任委员。2008

---

　　① 见《敦煌研究》"中国服饰史研究与敦煌学"论坛特刊，2005 年 8 月出版。其中对敦煌壁画中少数民族服饰研究的成果有：包铭新《敦煌壁画中的回鹘女供养人服饰研究》；沈雁《敦煌壁画中的回鹘男贵族供养人服饰研究》；徐庄《敦煌壁画与西夏服饰》；李薲《晚唐莫高窟壁画中所绘贵妇供养人的服饰研究》；谢静《敦煌莫高窟第 285 窟供养人服饰初探》等。对敦煌壁画人物中的帽、鞋、耳饰乃至化妆等方面的研究成果有：庄妮、吴静芳《莫高窟 158 窟国王举哀图中少数民族冠、帽初探》；贾玺增《莫高窟第 285 窟和 288 窟男供养人所戴笼冠之研究》；陈琛《唐代前期敦煌莫高窟壁画中俗人的鞋履形制研究》；卢秀文《敦煌壁画中的妇女面靥》；郑巨欣《敦煌服饰中的小白花树花纹考》等。对佛衣及佛像的服饰问题的研究成果有：赵声良、张艳梅《敦煌石窟北朝菩萨的裙饰》、杨孝鸿《试论羽化思想及其在敦煌石窟的演变与服饰的表现》等。

　　② 赵丰主编：《丝绸之路：艺术与生活》论文集，艺纱堂/服饰工作队 2007 年版。其中与敦煌直接相关的论文有：贾一亮《敦煌唐代经变画舞伎服饰浅析》，扬之水《者舌及其相关之考证——敦煌文书什物历器物初考》等。

年 3 月 26 日,借"丝绸之路——设计与文化"论坛在东华大学举行①,同时还举行了专业委员会的揭牌仪式。学者们的交流给敦煌纺织服饰的研究提供了新的思路,从事染织服饰的学者和文献考证、壁画研究、文字研究的学者一起进行的交流,使敦煌丝绸纺织研究别开生面,特别是扬之水开始进行敦煌名物的一系列研究,其中有相当部分与丝绸服饰相关。

三

展望明天,敦煌学研究中的丝绸纺织研究依然有着广阔的前景,敦煌学领域中有一大片肥沃的土地可以用于栽桑植棉,可以产出大量的纺织产品。

在敦煌丝绸纺织实物采集信息的过程中,我们就可以进行初步和直接的研究,其中包括对所有的织物进行织物组织的分析和鉴定,对其织造工艺和染缬刺绣技法进行研究和记录,并对所有文物的构成类型和缝制方法进行探讨。此外,我们还可以进行更为深入和详细的研究,特别是关于染料和纤维。在这个基础上,我们可以开展对敦煌丝绸的技术史研究,总结其织物品种的大类,分析了其绞缬和夹缬的制作工艺,并探讨了从锁针、劈针到平绣及钉针绣的发展过程。

看到丝绸,最为直观的是它的艺术风格。敦煌丝绸距今已有

---

① 包铭新主编:《丝绸之路:设计与文化》论文集,东华大学出版社2008 年版。其中与敦煌直接相关的论文有:黄征《敦煌俗字考辨方法要论》;扬之水《造型与样式的发生、传播和演变:以仙山楼阁图为例》;林梅村《丝绸之路上的吐蕃番锦》;赵丰《敦煌的胡锦和番锦》;赵声良《天国的装饰——敦煌早期石窟装饰艺术研究之一》;包铭新、查琳《关于敦煌壁画中人物肤色变色现象的讨论》等。

一千多年，很少能有保存这样完好的丝绸从如此远的古老时代留存至今，其色彩之鲜艳更是令我们惊叹！可惜的是，这些丝绸通常已被裁剪成小块再缝制成各种用途的实物，它们的图案往往都是局部的、不完整的，正因为有如此的挑战，更增加了我们对当时织物图案进行复原研究的兴趣和激情。我们不仅从那些局部的织物本身出发，同时也大量地比对敦煌壁画上表现的服饰图案，比对与敦煌织物同一时期的吐鲁番出土唐代织物、都兰出土的吐蕃织物，以求复原一个大唐风格的丝绸艺术天地，重温唐代丝绸雍容华贵、典雅富丽的时代风尚。

当然，我们对敦煌丝绸的研究还不仅局限于丝绸本身的技术和艺术，我们还必须进行全方位的研究，包括各种资料的使用，特别是大量的敦煌文书的查阅和考证。为此，我们检阅了以社会经济文书为主的敦煌文献，特别是各种什物历、破用历、入破历、贷绢契、唱衣历、施入疏等，我们要了解丝绸在当时的使用形式和使用场合，当时不同阶层、不同团体的人都在穿着丝绸，当时的礼佛拜神、婚丧嫁娶等各种场合也都在使用丝绸，丝绸还被大量以用作实物货币，在各种各样的贸易过程中被转手转运到丝绸之路沿途的每一个角落。我们通过各种方法来探索敦煌丝绸的来历，无论它是从东方的中原、江南还是西南巴蜀地区，无论它是从远自中亚的粟特地区还是东夷的朝鲜半岛。它们都曾经过敦煌，在敦煌交换，在敦煌留下它们的痕迹和记录。我们就是为了追寻它们的足迹而来。

最后我们是要展示敦煌历年人们生活的场面，特别是与纺织丝绸服饰相关的场面，要研究敦煌丝绸在丝绸之路经济贸易和文化交流上的作用和地位，要研究敦煌丝绸纺织与古代社会经济的密切关系，从而揭示敦煌纺织生活的全貌。

我们期待通过在敦煌学领域的栽桑植棉，最后能开辟出一个丝绸之府、纺织之乡,培养出一批蚕娘织工,把敦煌学研究的领域变得更加充实、更美、更丰硕。

（原文名为《辟一地栽桑植麻 为敦煌锦上添花》,原载刘进宝主编《百年敦煌学:历史·现状·趋势》,甘肃人民出版社 2009 年版,第 514—521 页）

英藏敦煌丝绸的保护研究

　　1907 年 3 月 16 日,在进行第二次中亚考察时,奥雷尔·斯坦因(Aurel Marc Stein,1862—1943)来到敦煌。1907 年 5 月 21 日,斯坦因见王圆箓。1907 年 6 月 13 日,斯坦因离开敦煌,以四块马蹄银的价格从王道士手中获得了七大箱的经卷和五大箱的绘画、织物等。4 个月后,斯坦因又从王道士手中获取 230 捆手稿约 300 件经卷[①]。1909 年 1 月 20 日,斯坦因回到伦敦,8 月 5 日,第二次探险收集品进入了布伦斯堡大英博物馆的斯坦因藏品室。大部分的敦煌丝绸都属于第二次收集品,虽然 1914 年 4 月 3 日,斯坦因在他的第三次中亚探险途中,又得到了 570 个卷子,但都是文书[②]。

　　1923 年 12 月 19 日,维多利亚阿伯特博物馆(Victoria and Albert Museum,以下简称 V&A 博物馆)与印度政府(考古部部长代表签订)签订了一项借用协议[③],斯坦因第二次探险所得敦煌纺织品分给印度的部分辗转到了 V&A 博物馆。但在 1924 年 9 月,V&A 博物馆所藏纺织品曾被短暂地移入大英博物馆

---

　　① 　Aural Stein, *Serindia: Detailed Report of Explorations in Central Asia and Westernmost China*, Oxford at the Clarendon Press, 1921, Vol. 2, p. 825.

　　② 　Aural Stein, *Innermost Asia*, Oxford at the Clarendon Press, 1928, Vol. 1, pp. 343—370.

　　③ 　见维多利亚阿伯特博物馆斯坦因档案,备忘录,MA/1/S3242。

(British Museum)，可能是为了和斯坦因第三次探险的收集品作对比研究①。但后来又因出版需要转到班伯里（靠近牛津）放在印刷制版者（亨利·斯通及其儿子）这里②，起码到 1925 年 5 月之后到 1928 年《亚洲腹地》正式出版之前才最终回到大英博物馆。

本文的回顾就以伦敦大英博物馆和 V&A 博物馆收藏的斯坦因敦煌丝绸为主进行讨论，以纺织品为主，包括佛事所用幡、巾、伞、帙等，不包括丝质绘画，但有时信息并没有分得十分明确，也会一起叙述。

一、安德鲁斯和罗里默在大英博物馆的工作（1909—1935）

斯坦因从敦煌所获丝绸从一开始就委托安德鲁斯（Fred H. Andrews，1866—1957）和罗里默（F. M. G. Lorimer）两位为主执行整理研究。（图 1、图 2）

斯坦因本人探险回来首先是写作一部个人的探险亲历记，这些会以其日记为基础并整理出版，如《沙埋和田废墟记》（Sand-buried Ruins of Khotan，1903）和《契丹沙漠废墟》（Ruins of Desert Cathay，1912），但第三次探险没有这样的报告。在对其收集品做出进一步的研究和编目之后，再出版更为学术的考古报告如《古代和阗》（Ancient Khotan，1907）、《西域考古图记》（Serindia，1921）等，其中也会包括不同学科专家的研究成果。安德鲁斯从一开始就加入了斯坦因的团队，长期在伦敦或印度帮助整理斯坦因探险收集品，这保证了斯坦因的工作持续、稳定地

---

① 维多利亚阿伯特博物馆斯坦因档案，备忘录，1923 年 10 月 3 日。

② 维多利亚阿伯特博物馆斯坦因档案，1925 年 5 月 18 日，斯坦因致 A. J. B. 韦斯（V&A 博物馆 1924—1934 年纺织品部的代理部长）的一封信。

图 1　安德鲁斯（左）和他的夫人（中），斯坦因（右），1916 年

图 2　罗里默小姐，约 1916 年

进展。斯坦因也对此特别说明，在第一次的考古报告《古代和阗》的扉页写上了："由 F. H. Andrews 提供的古物说明清单"，在第

二次的考古报告《西域考古图记》的扉页上写上了："由 F. H. Andrews，F. M. G. Lorimer，C. L. Woolley，and others 提供古物的说明清单"，在第三次的考古报告《亚洲腹地》（*Innermost Asia*，1928）扉页则写上了："由 F. H. Andrews，F. M. G. Lorimer 两人提供古物的说明清单"，说明了他们两人在协助斯坦因整理其中亚搜集品过程中的重要性。

从斯坦因在 1906 年 7 月 24 日写的《古代和阗》致谢来看，安德鲁斯（Fred H. Andrews，1866—1957）是斯坦因在印度的艺术家朋友，在此前曾是印度拉合尔的 Mayo 艺术学校校长（Principle of the Mayo School of Art，Lahore），但斯坦因从中国回来后，他也来到了伦敦，成为伦敦巴特斯理工大学艺术系主任（Director of the Art Department，Battersea Polytechnic），后来又回印度任克什米尔工业美术教育学院主任。在伦敦时，安德鲁斯同时协助斯坦因整理藏品，其中一个重要原因可能是安德鲁斯懂得纺织品。安德鲁斯本人应该就是织物研究的专家，早在印度时就出版过不少关于地毯方面的著作，如 1905 年的 *One Hundred Carpet Designs：From Various Parts of India* 和 *Indian Carpets and Rugs*，而罗里默小姐则是全职的工作人员。他们经常和博物馆正式藏品部分的工作人员以及博物馆以外其他专家接触。

牛津大学图书馆（Bodleian Library）保存了一批斯坦因和安德鲁斯及罗里默小姐之后的通信档案，汪海岚女士查阅了大部分的信件，并列举了其中一部分[①]。其中所见最早的一封是 1909

---

① 汪海岚、白海伦、吴芳思：《伦敦收藏的敦煌丝绸》，载赵丰《敦煌丝绸艺术全集·英藏卷》，东华大学出版社 2007 年版，第 12—21 页。

年 9 月 26 日斯坦因致安德鲁斯的信①，信中提到，由于安德鲁斯的主要职务是在巴特斯理工大学任教，但他发现很难兼顾理工大学的工作和更感兴趣的斯坦因藏品研究，所以斯坦因便安排他从大英博物馆斯坦因藏品中选一批材料带回理工大学去整理。此时距离 1909 年 8 月 5 日斯坦因第二次探险收集品进入布伦斯堡大英博物馆的斯坦因藏品室才一个多月，说明斯坦因行动非常迅速，一旦条件具备就开始邀请专家协助工作。斯坦因丝绸之路所获文物包罗万象，如没有专家的帮助，他是无法完成这些工作的。

我们能够看到的斯坦因致安德鲁斯的这一组信件中的最后时间是在 1913 年 2 月 17 日，信中斯坦因对安德鲁斯的工作大加赞赏："织物纹样研究是你心血的凝结，尤其体现在你为织物绘制的线描图。你勇敢面对了，这已足够。《西域考古图记》并没能穷尽你的研究成果，依然需要专论。"②由此看来，对于斯坦因第二次探险所获纺织文物包括敦煌丝绸的整理研究工作斯坦因是非常满意的。此信看起来也像是斯坦因对于一段时间工作的总结，因为斯坦因之后就在 1913 年 7 月开始了他的第三次中亚探险。在斯坦因第三次探险归来后，安德鲁斯和罗里默依然留在大英博物馆斯坦因藏品区负责相关工作。安德鲁斯和罗里默在仍继续《塞林提亚》(Serindia)的出版工作。

安德鲁斯和罗里默对于敦煌丝绸的工作主要包括：

1. 文物登录：记录织物详细信息为《西域考古图记》一书词条的编写作准备，同时包括整理和研究。关于当时的这些工作，尚无详细资料公布，但从斯坦因和安德鲁斯等人的通信中可以看

---

① 见 1909 年 9 月 26 日斯坦因致安德鲁斯的信（牛津大学图书馆，编号：Stein MSS 37/196）。

② 见 1913 年 2 月 17 日斯坦因致安德鲁斯的信（牛津大学图书馆，编号：Stein MSS 41/24）。

到一些内容,也可以看到这些工作是以安德鲁斯和罗里默牵头并和大英博物馆及馆外相关专家一起合作完成的。

2. 保护修复:敦煌丝绸的最初保护整理工作可能分为两个部分,一般的织物很有可能就是以他们自己为主完成的,但遇到重要的文物也得由博物馆的修复师来实施或向修复师请教。修复师里最为重要的就是温特小姐(Miss Winter,负责织品修复)[1]。在斯坦因于 1912 出版的《契丹沙漠废墟》中,斯坦因说到了那件大型刺绣佛像正处于"一个灾难性的状态",所以必须得到修复,这是一个必需的任务,温特小姐是在英国皇家刺绣学院(Royal School of Needlework)受过训练的修复师,花了两个多月,用了极大的耐心和技巧,实施了这一修复任务。大量的针脚在这件极为脆弱的刺绣上实施,并把刺绣加固在一个新的麻织物上,然后再绷在一个木支架上。这样,这件刺绣就从 1914 年起在大英博物馆一起展出,一直延续到 20 世纪 90 年代。除了温特小姐,固特查特先生(Mr Goodchild,负责丝绸研究)[2]和利特尔约翰先生(Mr Littlejohn,负责书画修复)[3]也是这一工作的参与者或是咨询者,包括寻找合适的丝织物做衬底和寻找合适的染料进行染色等工作等。

3. 分析织物:安德鲁斯本人应该就是织物研究的专家。不过,维也纳研究波斯织物和中亚纸张的朱利叶斯·冯·威斯纳教授(Julius von Wiesner)及其学生 T. F. 哈那塞克博士(T. F.

---

[1] 见 1910 年 3 月 16 日斯坦因致罗里默的信(牛津大学图书馆,编号:Stein MSS 38/18)。

[2] 见 1910 年 4 月 13 日斯坦因致安德鲁斯的信(牛津大学图书馆,编号:Stein MSS 39/26)。

[3] 见 1913 年 2 月 18 日安德鲁斯致斯坦因的信(牛津大学图书馆,编号:Stein MSS41/56)。

Hanausek)，对各遗址出土的典型织物样本做了显微镜分析，其分析结果见《西域考古图记》一书中的描述性列表①。

4. 织物绘图：织物图案的绘制其实是艺术史的工作，但由于织物图案非一般艺术家能看清，所以斯坦因还是鼓励安德鲁斯亲自绘制织物图案，坚信他是此事的最佳人选②。从他和斯坦因的通信中明显看出他非常喜欢这项工作，因为可以发现织物的一些复杂的细节，同时对图案和制造工艺也有更深刻的理解："关于织物绘图，现正在全速进行着，而且是从最难画的织物开始。根据我的经验，我知道绘制暗花织物的纹样会要耗费多少时间。"③他还提到了一个实例，是一件以白色绫为材料的幡头部分，粗糙地画有常见的坐佛纹。由于绘画覆盖了织物的绝大部分，我甚至很难看清织物本身的提花纹样④。这件织物其实就是一件有着狮子纹样的白绫幡头（编号 MAS. 888），由于上面绘着坐佛，以致无法看清下面的纹样，一直到我在大英博物馆工作时，才绘出了这

---

① 见 Aural Stein, *Ancient Khotan*：*Detailed Report of Archaeological Explorations in Chinese Turkestan*，Oxford at the Clarendon Press，1907，pp. xiii，135，307，571，426；Aural Stein, *Serindia*：*Detailed Report of Explorations in Central Asia and Westernmost China*，Oxford at the Clarendon Press，1921，pp. xix，673.

② 见 1910 年 4 月 9 日斯坦因致安德鲁斯的信（牛津大学图书馆，编号：斯坦因 MSS 39）；1911 年 12 月 15 日斯坦因致安德鲁斯的信（牛津大学图书馆，编号：斯坦因 MSS 39/ 64）以及 1912 年 11 月 18 日斯坦因致安德鲁斯的信（牛津大学图书馆，编号：斯坦因 MSS 40/148）。

③ 见 1912 年 10 月 31 日安德鲁斯致斯坦因的信（牛津大学图书馆，编号：斯坦因 MSS 40/132）。

④ 见 1912 年 10 月 31 日安德鲁斯致斯坦因的信（牛津大学图书馆，编号：斯坦因 MSS 40/132）。

一纹样①。

当然,纺织艺术史方面的工作也得到了许多来自馆外专家的帮助,其中包括苏默维尔教授(Summerville)和 J. 史特罗兹高夫斯基教授(J. Strzygowski,1862—1941)对来自伊朗织物的影响提出了建议②,拉斐尔在挑选实物作《西域考古图记》的插图方面给予帮助③。也还有不少资料对于研究很有帮助,这些资料包括:Eugène Chartraire 对维多利亚阿伯特博物馆所藏一件团窠对狮纹锦和法国勃肯地尚思(Sens)大教堂所藏的一片和敦煌丝织物有联系的丝织物残片的比较研究④。以及奥托·凡·发尔克(Otto von Falke)教授关于呼罗珊(Khorasan)或药杀水(Oxus)地区纹样对波斯提花织物产生的影响的研究⑤。

斯坦因对安德鲁斯和罗里默的工作给予了很高的评价。1920 年,安德鲁斯的论文《中国古代提花丝织品》正式发表。1921 年增订为五卷本的正式考古报告《西域考古图记》最重要的部分就是第三卷,即关于斯坦因在敦煌的活动。在此书一开始,斯坦因就对安德鲁斯和罗里默进行了特别致谢:"我亦不能再次

---

① 见赵丰:《敦煌丝绸艺术全集·英藏卷》,东华大学出版社 2007 年版,第 76 页,图录 036。

② Aural Stein, *Serindia: Detailed Report of Explorations in Central Asia and Westernmost China*, Oxford at the Clarendon Press,1921,p. 902,n. 2.

③ 见 1912 年 6 月 21 日安德鲁斯致斯坦因的信(牛津大学图书馆,编号:斯坦因 MSS 40/39)。

④ Aural Stein, *Serindia: Detailed Report of Explorations in Central Asia and Westernmost China*, Oxford at the Clarendon Press,1921,p. 908;also Chartraire 1911.

⑤ Aural Stein, *Serindia: Detailed Report of Explorations in Central Asia and Westernmost China*, Oxford at the Clarendon Press,1921,p. 908;also Falke 1913.

去烦扰我的那位富于经验及极具奉献精神的老友——艺术家、拉合尔艺术学校原校长、当今克什米尔工艺研究所所长安德鲁斯先生。此前我曾多次介绍他为我提供了巨大帮助。他在东方艺术和手工艺方面的卓越知识，他对中亚文物的深入研究，以及他个人的艺术创作，都足以使他能胜任自我初次中亚探险以来的各种工作。我对安德鲁斯先生所付出的不倦努力的感激之情无以言表，对我搜集的古物以及现在这部报告的编写，他工作甚多，作出了重大牺牲。"他也特别指出，从千佛洞、藏经洞中所得的纺织品遗物，大部分都是由安德鲁斯先生负责整理。所以，在第24章，斯坦因特别收录了一篇由安德鲁斯执笔和署名的文章"千佛洞织物的技法说明"，以表示他对此书的特别贡献。这在其他章节尚无先例。

另外，对于罗里默小姐，斯坦因也是不吝美辞："如果没有印度官方提供的便利及几个训练有素的年轻考古学家——德鲁普先生、罗里默小姐、伍利先生，以及起初一段时间还有埃韦林·怀特先生——他连续充当我的助手有两年多时间——的帮助，我要完成这件工作是不可能的。在此我对他们示衷心的谢意，特别是对罗里默小姐和伍利先生。""罗里默小姐继续其繁重的工作，帮助大英博物馆在其北廊新设的一个临时性的展览（1914年），以向大众介绍我的全部搜集品的一部分。对罗里默小姐我尤其感激她对我的帮助，因为此外她还整理了千佛洞中出土的绘画品的详尽描述。"

1913年7月—1916年2月，斯坦因进行了第三次探险，其后其收集品送去了克什米尔的斯林嘎尔。为整理斯坦因第三次探险所得物，安德鲁斯和罗里默小姐约于1917年前后远赴克什米尔。1924年，安德鲁斯回到伦敦，并由琼·约书亚（Joan Joshua）协助进行《亚洲腹地》图版卷的图版准备工作，其他几组实物（包括纺织品)也从克什米尔送到了伦敦。在依然是大英博物馆提供的工作环境里,他领导和指导了上百件古代织物样品的正确处理以及插图绘制①。他说:"如果从中亚最干燥地区沙漠和废墟中回来的许多极其脆弱的实物能在以后完全不同的气候环境中保存下去,主要应归功于在大英博物馆时对它们尽力所做的专门处理。"②1928年《亚洲腹地》面世,但其中的纺织品内容并不很多,有的是吐鲁番阿斯塔那出土的织物。

二、大英博物馆和 V&A 博物馆(1960—2000)

V&A 博物馆也是伦敦最为重要的纺织品收藏与保护、研究的机构。自 1925 年起,艾伯特·弗兰克·坎德里克(Albert Frank Kendrick,1872—1954)担任 V&A 博物馆纺织品部主任,在这期间,他为从印度政府借用斯坦因收集的纺织品不遗余力,同时他也是在出版物上引起对斯坦因收集纺织品的关注的第一人。在他发表的《中世纪早期织物目录》(*Catalogue of Early Medieval Woven Fabrics*)中,他探讨了宝花纹样的几种可能起源,其中就参考了某些斯坦因从敦煌收集回来的织物。后来,1935 年,艾伯特·弗兰克·坎德里克在其著作《中国艺术》(*Chinese Art*)中也提到了斯坦因的织物③。

---

① Aural Stein, *Innermost Asia*, *Detailed Report of Explorations in Central Asia*, *Kan—Su and Eastern Iran*, Axford:Clarendon Press,1928, p. xv-xvi.

② Aural Stein, *Innermost Asia*, *Detailed Report of Explorations in Central Asia*, *Kan—Su and Eastern Iran*, Axford:Clarendon Press,1928, p. xvi.

③ 参见 Fry *et al*. 1935. Kendrick 写作的"纺织品"一章。

二战期间，斯坦因纺织品的研究基本停止了。

大英博物馆其实并没有特别的纺织品研究者。伦敦的斯坦因纺织品研究主要还是在 V&A 博物馆。1963 年，V&A 博物馆印度藏品部副主任约翰·罗瑞(John Lowry, Deputy Keeper of Indian collection)在 *CIBA Review* 上发表了一文，概括了汉唐织物的风格和图案演变脉络，其中就选择了 V&A 博物馆的某些敦煌织物残片来阐明这一转变。

1968 年，研究 V&A 博物馆藏纺织品的杰出代表、纺织品部主任唐纳德·金(Donald King, Keeper of the Department of Textiles，1972—1993 年任职)发表了他仅有的一篇关于斯坦因纺织品收集品的文章，在这篇他文章里集中分析了经二重组织的织造技术①。

V&A 博物馆关于馆藏斯坦因纺织品的研究一直持续到威尔逊(Verity Wilson)，她的《织物史》非常精彩地介绍了 V&A 这批藏品并为进一步的研究提出了几点建议。1990 年，人们对纺织品文物的兴趣再度高涨并提出了新的研究方式，这主要应归功于威尔逊。

与唐纳德·金发表 V&A 所藏斯坦因纺织品研究文章的同一年，1968 年，韦陀(Roderick Whitfield)来到了大英博物馆，担任亚洲部的助理主任，一直到 1984 年离开。在这段时间，是大英博物馆重新开启了斯坦因西域考古文物研究和保护的重要时期，也是大英博物馆收藏斯坦因纺织品研究和保护的重要时期。

当韦陀到达大英博物馆时，斯坦因敦煌藏品大部分都放在办公室外的木橱柜中，其中丝绸绘画被固定在木板上，两块木板相

①　Donald King, Bulletin du CIETA (Le Centre International d'Etude des Textiles Anciens)，1968.

对分隔,竖放在橱柜中。而敦煌的幡等一些物品,则用档案卡夹持,放在较大的盒子中,盒子放在杰西卡·罗森(Jessica Rawson)办公室的四周墙边的橱柜中。这种情况一直到 20 世纪 70 年代才有改善。1972 年,英国国家图书馆成立,斯坦因藏品中的手稿资料从大英博物馆转入英国国家图书馆(包括附有丝织带的中文经卷),大英博物馆主要就是保存敦煌的绘画和纺织品,以及其他 3D 的文物,大英博物馆也可以更为集中地关注其收藏的艺术品。

20 世纪 70 年代初,韦陀去瑞典学习了新的抽拉式的画框存贮方法。1975 年,韦陀和大英博物馆的同事又组织了一次历时一个月的中国文物保护之行。这也为大英博物馆的敦煌藏品保护条件改善带来了契机。1975 年,韦陀开始策划大英博物馆的第一个斯坦因藏品展"唐代佛教绘画"(Tang Buddhist Painting),这是大英博物馆自 1938 年以来,以斯坦因收集品为主的一个展览,也是大英博物馆开始重新关注斯坦因藏品的一个标志性事件。但关于纺织品的整理和研究,则要到 20 世纪 80 年代。

20 世纪 80 年初,日本讲坛社开始筹划出版《西域艺术》(*The Art of Central Asia: The Stein Collection in the British Museum*,1982—1985)。其中第三卷原本是由弗拉迪米尔·茨瓦尔夫(Wladimir Zwalf)负责撰写,但后来他坚持不肯写,于是韦陀请了一位来自布莱顿(Brighton)的织工过来帮忙,特别是关于组织结构这一部分。他们共同比对了被称为是"登录天使"的罗里默小姐的记录。19 世纪的登录方法,是在表中还要画一个小图,大部分斯坦因藏品的登录就是这样的。最后在这一卷中,韦陀处理和写作了一批典型的敦煌丝绸,使得大英博物馆收藏的敦煌丝绸正式面世。

此后,韦陀一直以敦煌研究著称,他与敦煌的缘分不断。1981 年,韦陀第一次到达敦煌,见到段文杰和常嘉煌。1984 年,韦陀虽然离开大英博物馆去了伦敦大学亚非学院，但他依然是英国研究敦煌艺术的顶级权威。1987年，韦陀又到敦煌参加会议，飞机上遇常书鸿。1988年，王矛和王亚蓉到伦敦拍摄手卷，之后由四川人民出版社出版《敦煌宝藏》，韦陀对他们悉心照顾。为了修复敦煌绘画，韦陀也介绍了邱锦仙到大英博物馆装裱中国绘画。1990年，韦陀和龙安妮（Anne Farrer）合作的《千佛洞》（*The Caves of the Thousand Buddhas：Chinese Art from the SilkRoute*）出版，上面也有关于敦煌丝绸的部分描述。

三、国际敦煌项目的开始与纺织品项目（2003年至今）

据韦陀回忆，20世纪80年代初，第一支计算机队伍进入大英博物馆。1994年，大英图书馆开始酝酿成立由美国安德鲁·W. 梅隆基金会支持的国际敦煌项目（International DunHuang Project，简称IDP）。但在大英博物馆，关于斯坦因收集西域艺术品的项目要从2000年正式开始。

项目最初还是龙安妮负责，但她于2000年离职，所以由麦嘉乐（图3）接任负责，丽兰·拉塞尔·史密斯（Lilla Russell Smith）负责2D文物，塞西莉亚·布拉金（Cecilia Braghin）负责3D文物，纺织品属于后一类。整个项目分成三个阶段或三个子项目，分别称为斯坦因1、2、3，外加纺织品项目。斯坦因1项目主要处理2D的文物，共有323件绘画，在2001—2002年完成。斯坦因2项目主要处理3D文物，一开始准备有1000件，但最后只进行了600件，约花了3年时间。斯坦因3项目处理剩余的3D文物，大约有1360件，用的是梅隆基金会资助所剩下的钱，所以开始得比较迟，于2011—2012年底全部完成。

国际敦煌项目的成果不只是数字化，而且也推动了文物保护

图 3　麦嘉乐(左三)邀请赵丰(右二)赴英从事斯坦因纺织品研究,2003 年

和修复工作。因为要数字化,大量文物都得进行整理或修复,所以保护项目随之跟上。在斯坦因 1 项目时,其中涉及的主要是绘画作品。2002 年,上海博物馆的朱萍芳来到大英博物馆,工作了4 个月,重新揭裱了这批敦煌绢画。大英博物馆也因此而重新添置了新的橱柜。

　　到斯坦因 2 项目时,纺织品的保护就更为突出,所以也安排得更多,项目主要是在 2003—2005 年实施。馆方邀请了索迪斯·巴尔杜斯多蒂尔(Thordis Baldursdottir)为斯坦因纺织品(包括楼兰和敦煌等)工作了 15 个月,塞西莉亚·布拉金(Cecilia Braghin)和她一起也过目了所有的纺织品。2003 年时,所有的织物残片都已拍照并编入词条,所以梅隆基金会的后备资金将用于改善纺织品的保存环境以及对纺织品进行保护两方面。2004年,博物馆也为这些纺织品购买了新的贮藏柜,有着更宽的抽屉,保存幡和幡带。所以现在所有的斯坦因纺织品被存放在一个非

常好的条件下。2004—2005 年大英博物馆用梅隆基金会的钱又
请了一位修复师吉姆·蒂辛（Kim Thusing）在莫妮卡·普兰
（Monique Pullan）的领导下修复敦煌纺织品，包括改善装裱。索
迪斯·巴尔杜斯多蒂尔在大英博物馆工作结束后，又被邀请到
V&A 博物馆为他们收藏的斯坦因纺织品工作了 9 个月。

　　作为斯坦因 2 项目的关联项目，大英博物馆还有一个项目纺
织品项目，也是由项目负责人麦嘉乐统一协调，这个项目对于斯
坦因敦煌丝绸研究极为重要。麦嘉乐专门在其大英博物馆敦煌
数字化项目中花了很大的篇幅进行介绍。2000 年，麦嘉乐在美
国大都会博物馆一次会上重逢赵丰，此后就开始申请资助，但这
一批工作不是由梅隆基金会提供的，而是由英国学术院（British
Academy）的经费提供资助①。在 2003 年麦嘉乐访问杭州时，专
门拜访了时任中国丝绸博物馆副馆长的赵丰，发出邀请。2006
年 4 月 28 日，赵丰首先来到大英博物馆，从事斯坦因收集纺织品
的整理、分析与研究，后来，经和 V&A 博物馆、大英图书馆商量，
邀请王乐和徐铮同来伦敦，在大英博物馆、V&A 博物馆和大英
图书馆共同致力于敦煌织物的研究是一个极其好、很适时的机
会。我们在大英博物馆研究了约 250 件较为完整的纺织品，以及
约 400 件残片，约 200 件在 V&A 的斯坦因纺织品，还有在大英
图书馆的藏品。最后于 2007 年出版了《敦煌丝绸艺术全集·英
藏卷》的中英文版。麦嘉乐对此给予了极高的评价："赵丰和他的
助手详细地分析了大英图书馆全部的织物残片，虽然他们关注的
是织物本身，我们希望他们的工作能为中国书版式演变的研究起
到抛砖引玉的作用。"（图 4、图 5）

　　最新的保护和研究工作出现在美国盖蒂基金会要举办敦煌

---

　　①　见 http://www.thebritishmuseum.net/thesilkroad。

图 4　赵丰（右一）与汪海岚（右二）、吴芳思（右三）、白海伦（右四）商定编撰《敦煌丝绸艺术全集·英藏卷》，2006 年

图 5　赵丰和助手王乐（左）、徐铮（右）在大英博物馆工作，2006 年

展览时。大约在 2015 年，美国人就来选文物，其中包括凉州瑞像刺绣。为了这次展览，大英博物馆对这件文物进行了保存状况的评估，并进行了重新修复。应该是展览回来后，准备再在日本奈良展出才进行以下修复工作，莫妮卡·普兰的文章中应该有说明修复经费来源，包括伊丽莎白女王奖学金信托基金（Queen Elizabeth Scholarship Trust）。

当时的状况是：从背衬的木板边框这里已可以看到织物的磨损，刺绣本身也经受了扎破。以前作为修复的材料也存在损坏，无法支撑原来的织物。原来的麻布和丝线都存在着不同程度的弱化和降解。所以，莫妮卡·普兰和汉娜·威克斯（Hannah Vickers）进行了修复。分为以下几步。

首先是清洁，除去所谓的博物馆尘埃，来自空气飘浮和污染，用极轻的吸尘器来吸除。然后是移除原来的修复，并增加新的背衬。事实上，用的针线由于时间长已很容易除去，他们从背后剪去这些线，再把原来修复的背衬一部分一部分地剪去，最后的线头用镊子除去。接着就开始用新的背衬来支撑刺绣，一块支撑用的蜂巢形的无酸板，外包衬垫织物，外包棉布，外包的棉布由合成染料进行染色，以示与原来的织物的区别。支撑板给了刺绣全面的支撑，并且在被移动时避免受到强力的震动。表面再罩一层极细的尼龙网，一直到板的边缘，然后被绷紧和固定。用弯针引线固定，但避免穿过原来的织物，主要是在轮廓边上以及在中间缺失的地方。这层尼龙网可以省去大量的固定针。

在修复过程中也进行了不少观察和研究。在佛的头发以及其头顶的伞盖这里的中间，我们发现了两个小孔，这是原有的小孔，并非后来的破损，因为刺绣平整地围绕着这两个小孔，这很有可能是曾有两个宝石。此外，有一个菩萨的袍子前从上到下有一串线圈，也可能曾经固定了某种装饰物，用钉或用钩。还有，在整件刺绣品的上部，有一个丝织物制成的环，可能是当时悬挂这件刺绣的悬袢，像许多唐卡一样。此外，他们还发现了大量的100年前早期修复的痕迹，这些良好的针脚说明了这件刺绣曾被小心处理过，再应用，在一个较长的时期内。同时，修复师还发现了两个中文字"海贤"，或许是手艺人的姓名，或是销售人的姓名。

当打开背后时，背后的新鲜色彩出现了，如没有脏物，色彩就会很生动，但褪色也没有十分严重，特别是佛袍上的蓝色和橘红色，有些色彩在正面难以看到，但在背面却很鲜艳，如佛头光上的粉红彩道。在黄和绿色的部位用 UV 光来检测，特别是在眼睛处，有不可见的色彩存在。染料分析也确认了有两种黄色染料被使用。（图 6）

图 6　2015 年起，大英博物馆对敦煌大型刺绣"凉州瑞像图"进行修复

敦煌织物的染料分析是近年研究的另一个重要进展。染料分析和合作研究向我们展示了沿着古丝绸之路上不同宗教、文化所进行的染料、材料、技艺的交流。这种保护和研究同时进行的方法，可以使刺绣在将来的展示中更为稳定，也会丰富我们对它

的过去的理解[①]。

大英博物馆收藏大量敦煌藏经洞出土的精美丝织品。2018 至 2019 年，该馆科学家迭戈·坦布里尼（Diego Tamburini）博士对其中 30 余件唐代织物进行染料鉴别。在色彩保存良好的织绣文物，包括一件巨幅刺绣"释迦牟尼灵鹫山说法图（凉州瑞像图）"中，利用多光谱成像系统（MSI）、光纤反射光谱（FORS）和高效液相色谱—飞行时间质谱联用技术（HPLC-ToF-MS）发现了近 20 种天然染料。其中，用来染红色的有红花、苏木、茜草、紫胶虫；染黄色的有槐米、黄檗、日本小檗、木犀草、黄花飞燕草和未知的黄酮类染料；染黑色的是单宁类的染料；蓝色都是由靛青染料着色。此外，通过黄色染料和靛青套染获得各种绿色。紫色纱线不仅单独使用紫草进行染色，有些紫色样品中还发现有苏木和茜草，说明当时的染匠可能考虑到经济性和改善染色性能等方面的问题。对这批唐代纺织品的染料鉴别为公元 7 世纪和 10 世纪之间丝绸之路沿线染材进出口贸易和染色工艺交流的研究提供可靠依据。

（原文《斯坦因所获敦煌丝绸的整理与研究》为赵丰在第三届中国考古学大会·丝绸之路考古专业委员会会议上的学术发言，2021 年 10 月 17 日，河南三门峡）

---

① Monique Pullan and Hannah Vickers, Conserving and Displaying Textiles from the Stein Collection at The British Museum: Sakyamuni Preaching on Vulture Peak, The British Museum Mellon Symposium: 'Textiles from the Silk Road in Museum Collections—Scientific Investigations and Conservation Challenges', 10th December 2018.

敦煌马圈湾汉代烽燧遗址出土纺织品

敦煌汉塞沿疏勒河南岸,由东向西延伸,其间有大、小方盘城和马圈湾等烽燧遗址。1979 年 10 月,由甘肃省博物馆文物队、敦煌县文化馆组成的汉代长城调查组,对马圈湾烽燧遗址进行了试掘。这次发掘出土汉代简牍 1221 枚,记载有关出入玉门关、玉门关侯及其管辖范围和屯兵、屯田活动等。其他遗物 300 余件,有粮食、麻纸、毛笔、石砚、丝织残片、毛织残片、丝绵、麻布、麻鞋、竹编织器、漆器、木器、骨器、铁器、铜器、五铢钱等。其中纺织品共 140 件,根据所用原料的不同可分成丝、毛、麻三类。

一、丝织品

共 13 件。品种有锦、罗、纱、绢等。其中锦、罗较少,绢居多数。

1. 锦 5 件

似为同一织物的不同残片。标本 T12:0110,尺寸 24 厘米×3.4 厘米,为绿地云气菱纹锦(或称云气菱纹锦)。同类织锦共 5 片,疑是同一锦上的不同残片。其组织结构是典型的汉锦组织,称之为平纹经二重。经密每厘米 87 根,纬密每厘米 27 根,经纬丝线均不加捻,经丝三组,以绿、蓝、黄三种颜色各成一组,通过表里换层显花;纬丝二组,色彩相同,均为黄色,其中一组用作交织纬,一组用作夹纬。以绿色作地,黄色为花,蓝色勾边,基本纹样为云气和菱形几何图案,纹样经向循环为 10 厘米,纬向循环亦约 10 厘米。经向约需投 296 梭方能完成一个循环,除去一半的平纹组织点,剩余 148 梭为起花所投。因纹样上下对称,加上每一综片连续使用两次,因此,需花综 37 片,加地综 2 片,共需 39 片综才可织出此锦。可见,织锦的工艺技术要求是相当高的。根据此锦的基本结构判断,当为两汉时期流行的以三色经丝轮流显花的经锦。(图 1)。

图 1　绿地云气菱纹锦

2.罗 1 件

标本 T12：062,尺寸 12 厘米×11 厘米,为湖绿色四经绞罗(图 2)。汉代主要盛行无固定绞组型罗。传统的四经绞罗,是以四根经线为一组,左右绞转而形成较大孔的罗。马圈湾出土的四经绞罗,是一个不多见的品种,其经纬织度极细,经丝密度为每厘米 64 根,纬丝密度为每厘米 40 根,经纬丝均无捻,其组织结构的特点,是在传统的四经绞罗中多织入二梭平绞,使整块织物面料呈现出横向条状效应(图 3),轻薄柔美,是少见的精品。

3.漆纱 10 件

标本 T3：010,尺寸 10 厘米×2.2 厘米,经密每厘米 56 根,纬密每厘米 36 根;T3：014 尺寸 18 厘米×5 厘米,经密每厘米 36 根,纬密每厘米 21 根;T5：02(2),尺寸 32 厘米×8 厘米,经密每厘米 56 根,纬密每厘米 30 根;T7：025,尺寸 5.5 厘米×5.5 厘米,经密每厘米 52 根,纬密每厘米 30 根;T10：002,尺寸 15 厘米×4.3 厘米,经密每厘米 15 根,纬密每厘米 14 根(图 4)。漆纱

 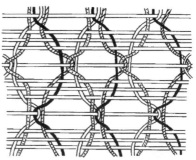

图 2　湖绿色四经绞罗　　　图 3　湖绿色四经绞罗组织结构

图 4　漆纱

均经过黑漆涂层整理,使方孔固定。

　　这类漆纱一般用于冠冕、领衬之类。同样可称为纱的还有漆纱,又称方目纱或纚。其组织结构为平纹或斜绞编,密度极稀,使织物呈方孔,经黑漆涂层整理后使方孔固定,用于官帽、领衬等不同途径。

　　锦、罗、纱具体情况分析见下表(表1)。

表1　锦、罗、纱分析

名称	原始编号	织尺寸（平方厘米）	颜色	密度（根/厘米）		捻向		地组织	花组织	纹样	纹样循环（厘米）		备注
				经	纬	经	纬				经	纬	
云气菱纹锦	T12：0110	24×34	绿、蓝、黄	87	29	无	无	1：2 平纹经二重	1：2 平纹经二重	云气菱纹	10	10	同类织物共出5片，其余4片为 T12：061,068,069,0111
四经绞横罗	T12：062	12×11	湖绿	64	40	无	无	无固定纹组的四经绞间平纹					
漆纱	T3：010	10×2.2	黑	56	36	不清	不清	平纹					
漆纱	T3：014	18×5	黑	36	21	不清	不清	平纹					
漆纱	T5：02(2)	32×8	黑	56	30	不清	不清	平纹					作T5：02(1)朱红色衣领的衬垫
漆纱	T7：025	5.5×5.5	黑	52	30	不清	不清	平纹					
漆纱	T10：022	15×4.3	黑	15	14	不清	不清	平纹					T10：019,020,021,023与其比例相同

4. 绢 92 件

我们分析了其中 61 件标本,其特点是经纬一般均不加捻,织物平挺、紧密、色彩丰富、绚丽。但经纬密度有较大差异,其中经密每厘米 32—58 根者 17 件,60—98 根者 37 件,104—156 根者 7 件。纬密均疏于经密,每厘米 20—38 根者 39 件,40—68 根者 22 件。颜色有红、黄、绿、蓝、青、乌黑、紫、本色、青绿、草绿、墨绿、深绿、朱红、橘红、暗红、褪红、深红、绯红、妃色、褐黄、土黄、红褐、藕褐、蓝青、湖蓝等 25 种(图 5、图 6)。其中较为重要的有:

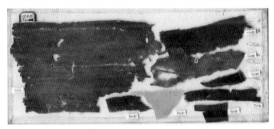

图 5 各色绢

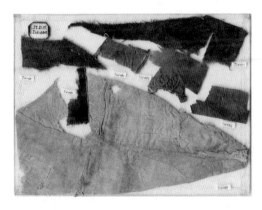

图 6 标本 T12:079—084 各色绢

(1)朱红色衣领 1 件。

标本 T5:02,以朱红色绢手工缝制,夹层内有三层漆纱作衬里,前领单层,后领双层,用白色丝线缀缝。上口宽 28.3 厘米,两侧有接缝,领口以绢带打结。领下角边缘略呈弧形,后领上有手缝边缘,两侧宽,中间窄,下口宽 32.7 厘米,无缝口。按,此衣领或为帔肩残领。《释名·释衣服》:"帔,披也,披之肩背,不及下也。"

(2)小衣 3 件。

其中标本 T3:017,以素绢手工缝制,以深红色绢作领和袖,以深蓝色绢作袖缘。衣长 4 厘米,胸围 3.4 厘米,两袖长 2.6 厘米,领边宽 0.6 厘米,下摆残。依古代衣服制度,似仿襦制作。《说文》:"襦,短衣也。"段注:"《方言》:'襦,西南蜀汉之间,谓之曲领,或谓之襦。'《释名》有反闭襦,有单襦,有要襦。颜注《急就篇》曰:'短衣曰襦,自膝以上。'按,襦若今袄之短者,袍若今袄之长者。"

这批绢的共同特点是经纬一般均不加捻,织制平挺、紧密,色彩丰富、鲜艳。详细分析可见下表(表 2)。

表 2　绢织品分析

名称	原始编号	织物尺寸 (平方厘米)	颜色	密度 (根/平方厘米)		备注
				经	纬	
绢	T2:021	14.7×9.8	本色	58	51	
	T2:022(1)	4×3	紫	66	37	T2:022(1)与(2)相缝合
	T2:022(2)	10×6	青绿	72	26	
	T2:026	20×11.5	褐黄	32	30	
	T3:016	20×9	黄	48	28	
	T3:015	19×2.3	红	56	23	
	T4:022	很残	乌黑	64	20	乌光极佳
	T5:02	32.7×8	朱红	120	60	朱砂涂染,用作衣领
条纹绢	T5:03	15×12.5	藕褐	82	42	靠经丝粗细显条状

续表

名称	原始编号	织物尺寸（平方厘米）	颜色	密度（根/平方厘米）		备注
				经	纬	
绢	T5：05	8×5	青	88	38	
	T5：06	18.5×8.7	黄	66	52	
	T7：018(1)		青	60	40	玩具衣边
	T7：018(2)		红	98	44	玩具衣(图7)
	T7：019	28×1.2	蓝青	60	32	
	T7：022	16×3.2	绿	86	40	
	T7：023	16.8×7.4	土黄	76	36	
	T7：024	4.2×2.2	妃色	40	24	
	T10：08	6.5×6	青	72	40	
	T10：09	9.5×6	青	104	68	T10：010 同
	T10：011	11.5×5.6	绿	72	32	
	T10：012	6×4	深红	80	40	
	T10：013	15.5×12.5	黄	64	40	
	T10：014	9×9	绿	66	36	
	T10：015	28.5×7	青	64	36	
	T10：016	17.5×10.5	红褐	96	48	
	T10：017	11×2.5	草绿	82	48	
	T10：018	12.5×3	暗红	80	40	
	T12：053	5×3.3	绿	50	36	
	T12：071	6.5×5.5	红	44	22	
	T12：072(1)	16×11	绿	80	32	T12：072(1)与(2)相缝合
	T12：072(2)	10×7.5	暗红	56	38	
	T12：049	13×7.5	褪红	68	32	

续表

名称	原始编号	织物尺寸（平方厘米）	颜色	密度（根/平方厘米） 经	密度（根/平方厘米） 纬	备注
绢	T12：050	16×9	红	54	29	
	T12：054	17.5×8	橘红	64	36	
	T12：055	16×7	朱红	144	64	朱砂所染
	T12：056	17×1	红	56	28	
	T12：058	10.5×9	暗红	64	38	
	T12：059	5.5×4	湖蓝	46	34	
帛 青	T12：067	43.4×1.8	红	80	42	上有墨书字样，下端染红色
绢	T12：075(1)	31×14	墨绿	74	36	（图5）
	T12：075(2)	20×6	褪红	54	20	与T12：075（1）相缝合
	T12：076	16.5×4	深绿	64	40	
	T12：077	12×11.5	橘红	56	28	
	T12：078	16.5×8.7	红	66	36	
	T12：079	24×6	红	64	32	T12：081同此（图6）
	T12：080	12×3.5	红	42	33	
	T12：082	6.5×3	绿	128	58	
	T12：083	8×5.3	绯红	156	60	T12：084同此
	T12：086	26.5×15.3	红	76	36	
	T12：087	15.5×4.5	蓝	64	24	T12：089同此
	T12：088	17×5.7	蓝	50	36	
	T12：090	13.5×2	紫	64	32	
	T12：091	5.8×3	红	58	40	
	T12：093	7×2.5	蓝	72	34	

名称	原始编号	织物尺寸 （平方厘米）	颜色	密度 （根/平方厘米）		备注
				经	纬	
绢	T12：092	9.5×5	绿	80	36	
	T12：0107	5×5	红	112	36	T12：098、0106 均同
	T12：099	17×4.5	绿	82	52	
	T12：0105	7×6	黄褐	112	52	
	T12：0100	6×5	青	58	34	T12：094、095、0103、0104 同此
	T16：02	5.8×4	黄色	88	34	
	T16：01	12×9	黄色	96	27	有幅边

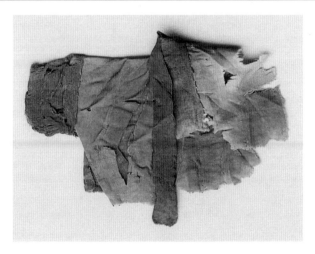

图 7　标本 T7：018 小衣残件

5. 丝绵 1 件

此外还有标本 T4：020 是丝绵，白色，质地细腻绵软。

二、毛织品 14 件

品种有罽、褐、毛纱、缂毛带、毡垫、毡靴罩等。较为重要的是罽和褐两大类，其中罽又可根据图案有无分成花罽和素罽两种。

1. 罽 9 件

敦煌所出罽的经密一般在 20—40 根/厘米，纬密在 10—14 根/厘米，共出 9 件，7 件素罽，2 件花罽。

方格罽 1 件。标本 T7∶017，尺寸 7 厘米×2 厘米（图 8，右）。以黑白色经线、紫白色纬线相间，平纹组织，其经密每厘米 18 根，纬密每厘米 14 根，图案非常精美。

图 8　方格罽

晕繝罽 1 件。标本 T12∶0126，尺寸 30 厘米×13 厘米（图 9）。平纹组织，经密每厘米 12 根，纬密每厘米（晕）88 根，（底）60 根。其经线排列疏松，纬线地部用红色，花部依次由黄向蓝变化，呈晕色效果。这是目前国内发现最早的一件晕繝毛织物，它对唐代晕繝锦的产生，无疑起过重大影响。

红罽 2 件。标本 T12∶0133，尺寸 5.5 厘米×4.5 厘米。平

图 9　晕繝罽

纹组织,经密每厘米 28 根,纬密每厘米 13 根。工艺精细。标本 T12：057,尺寸 9.5×5 厘米,平纹组织,经密每厘米 38 根,纬密每厘米 12 根。

深红罽 2 件。标本 T12：0129,尺寸 40 厘米×6 厘米,平纹组织,经密每厘米 12 根,纬密每厘米 11 根,经纬线排列疏松。标本 T16：04,尺寸 13 厘米×1.2 厘米,为 2/2 左斜纹组织,经密每厘米 60 根,纬密每厘米 18 根。与标本 T12：0129 所不同者,是经纬线排列较紧密。

莲紫罽 1 件。标本 T16：0130,尺寸 26 厘米×11 厘米,平纹组织。经密每厘米 40 根,莲青色;纬密每厘米 10 根,黄色。

黄罽 1 件。标本 T8：06,共二片,尺寸一片 28 厘米×10 厘米,一片 20×15 厘米,平纹组织,经密每厘米 11 根,纬密每厘米 15 根。

青褐斑罽 1 件。标本 T16：03,尺寸 5 厘米×2 厘米,平纹组织。经密每厘米 21 根,青色;纬密每厘米 11 根,褐色。

2. 褐 1 件

褐的密度较小,织造亦较粗,敦煌仅出一件。标本 T8:04,尺寸 21 厘米×16.5 厘米,重纬平纹组织,经密每厘米 6 根,纬密每厘米 5 根,本色。

3. 毛纱 1 件

T10:024 可称为黄色波纹纱,尺寸 19 厘米×6 厘米,与墨绿色绢相缝。因为它采用了绞纱组织结构,故亦可称罗,属于有固定绞组织的罗。该织物经纬丝线较粗,经密为 22 根/厘米,纬密为 9 根/厘米,经纬丝线均为 S 捻。织物以平纹为地,一绞一的绞纱组织起花,由于地部平纹较为实密,花部绞纹较为稀疏,因而称为实地花纱。其纹样原作矩形,但由于平纹组织和绞纱组织边缘的丝线排挤,使矩纹形如水波纹(图 10、图 11)。这一实地花纱是目前所见我国最早的实地花纱,在我国丝绸历史上占有一定地位。

4. 缂毛带 1 件

标本 T12:0128,残长 28.5 厘米,宽 2.2 厘米。以七根经线,与黄色纬线用平纹组织织成。局部以绿、淡绿、红、蓝、紫等色纬线,通过缂法即通经断纬方法织出花纹,中间有两处留出以双经或四经为一组、长 5 厘米的镂孔。这件缂毛织物,与唐代的缂丝织物织法完全一致,它们之间应该存在着一种极深的渊源。

5. 毡垫残片 1 件

标本 T12:0127,尺寸 15.5 厘米×7 厘米,白色,边缘为双层,以棕色双股毛线缀连。

6. 毡靴罩 1 件

标本 T13:04,此靴罩仅有靴面,无底,不加表里布,靴面以粗毛线缀缝加固,靴筒口宽 17 厘米,深 27 厘米,跟部开口。它与我国北方地区冬季所用之毡靴形制稍异。

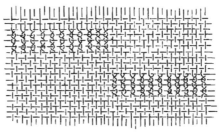

图 10　黄色波纹纱　　　　图 11　波纹纱组织结构

毛织物的具体分析见表(表 3)。

表 3　毛织品分析

名称	原始编号	织物尺寸 (平方厘米)	颜色	密度 (根/平方厘米)		捻向		组织
				经	纬	经	纬	
方格罽	T7：017	7×7	经:黑、白 纬:紫、白	18	14	Z	Z	平纹
红罽	T12：0133	5.5×4.5	红	28	13	Z	S	平纹
红罽	T12：057	9.5×5	红	38	12	Z	S	平纹
晕繝罽	T12：0126	30×13	纬向排列: 地:红。花: 黄→蓝晕色	12	晕:88 底:60	Z	Z	平纹

续表

名称	原始编号	织物尺寸（平方厘米）	颜色	密度（根/平方厘米）		捻向		组织
				经	纬	经	纬	
缂毛带	T12：0128	28.5×2.2	黄地、淡绿、绿、蓝、红、紫	3.5	12	S	S	通经断纬
深红𦆲	T12：0129	40×6	深红	12	11	Z	Z	平纹
莲紫𦆲	T12：0130	26×11	经：莲青纬：黄	40	10	Z	S	平纹
青褐斑𦆲	T16：03	5×2	经：青纬：褐	21	11	Z	S	平纹
深红𦆲	T16：04	13×1.2	经：深红纬：黄	60	18	Z	S	2/2左斜纹
褐	T8：04	21×16.5	本色	6	5	Z	Z	纬重平
波纹纱	T10：024	19×6	黄	22	9	S	S	1：1绞纱

三、麻织品

共 13 件。品种有麻布，铠甲衬里，履、麻鞋、麻布袜等。

1. 麻布 6 件

原料均为大麻，平纹组织，经纬线加 S 捻。粗麻布，标本 T4：021，尺寸 29 厘米×4 厘米，经密每厘米 17 根，纬密每厘米 8 根。细麻布，标本 T12：0132，尺寸 22.5 厘米×9 厘米，经密每厘米 23 根，纬密每厘米 18 根。

2. 铠甲衬里残片 1 件

标本 T8：05，尺寸 30 厘米×23 厘米。在本色麻布上以墨线画菱形方格，菱形边长 4—5 厘米。在每格墨线交叉点上，用粗毛线缀一甲片，现甲片已脱落，仅剩部分毛线点缀。

3.履5件

麻布履1件。标本T4：018。以本色麻布手工缝制,前部较后跟稍宽,前口呈方形,底长29厘米,宽12厘米,履底用粗麻绳编织而成。为男性成人所用。

麻线编织履1件。标本T2：020。以细麻线编织,口呈椭圆形,底长15厘米,宽5.5厘米,履前部已磨破。为3—4岁小孩所用。

涂漆麻线编织履1件。标本T10：026。以粗麻线编织,口呈椭圆形,口缘以细麻线缝缀,履长29厘米,口缘长17.5厘米,履面涂黑漆,呈蓝青色,现残存履面。似为妇女所用。

麻鞋2件。标本T8：07。以麻绳编织,底长26厘米,宽9厘米,底部垫有一蒲草编织的鞋垫,后跟以牛皮加固。其形制与现今我国农村所着之麻鞋完全相同。

4.麻布袜1件

标本T12：0121。以本色麻布双层加厚后手工缝制,后跟开口,底长25厘米,袜筒深14厘米。

麻织品具体见分析表(表4)。

表4　麻织品分析

名称	原始编号	织物尺寸（平方厘米）	颜色	密度（根/平方厘米）		捻向		组织
				经	纬	经	纬	
麻布	T4：021	29×4	本色	17	8	S	S	平纹
铠甲衬里	T8：05	30×23	本色	12	9	S	S	平纹
麻布	T12：060	19×13	本色	16	11	S	S	平纹
麻布	T12：0131(1)	13.5×12.5	本色	16	10	S	S	平纹
麻布	T12：0132	22.5×9	本色	23	18	S	S	平纹

（本文原载甘肃省文物考古研究所编《敦煌汉简》,中华书局1991年版,第98—107页、第54—56页）

甘肃花海毕家滩 26 号墓出土的丝绸服饰

一、墓葬情况

2002 年 5 月，甘肃省玉门疏勒河管理局在花海灌区的花海毕家滩进行移民区土地开发时发现了一座墓葬，当即对现场进行了保护，并上报甘肃省文物局。6—7 月，为了配合该地区的土地开发和移民安置，甘肃省文物考古研究所组成考古发掘队对该墓地进行了抢救性考古发掘。共发掘墓葬 55 座，其中位于沙岗之上的 M26 中出土一具女尸及丝绸服饰若干。据出土衣服疏记载，墓主人为东晋时"大女孙狗女"，死于升平十四年（370）九月十四日。此后，甘肃省博物馆保护实验室对这批丝绸服饰文物作了保护处理，并邀中国丝绸博物馆中国纺织品鉴定保护中心进行了鉴定。

由于考古发掘条件极为恶劣，保存状况亦不是很好，出土时的服饰基本只剩上身部分，而且，背后也已基本腐烂。不过，对照随墓出土的衣物疏，还是可以将文物归为 9 件，用当时的语言来命名的话，包括绯罗绣两当一领、绿襦一领、绀绮被一牒、紫绣襦一领、碧裤一立、绯绣袴一立、绀青头衣一枚、绯碧裙一牒、练衫一领。此外，M29 还出土了较为完整的练面衣一枚，在此一起叙述。

二、出土丝绸服饰文物

1. 绀绪被一牒(第一层)

出土实物中最外层为一件藏青色的素绢被,与出土衣物疏中的记载相比较,应该称为"绀绪被"(图 1)。

图 1　绀绪被

绀绪被以藏青色绢作被面,中夹丝绵,背后用本色绢作夹面。较为奇特的是在被面中部有一红色口袋状物,长约 15 厘米、宽约 12 厘米,一侧有一本色绢边,主要部分为红色绢,其上斜压一条绿色绢条,宽约 1.5 厘米(图 2)。

2. 紫缬襦一领(第二层)

被子之内,残存两片衣片,分别为左右(前)衣片。其中,左衣片残长 74 厘米、横宽 87 厘米,领、衣身侧缝及袖(腋下)均有残损。右衣片残失严重,仅留存部分领襟及衣身,残长 44.5 厘米。就残存迹象看,此襦应为右衽、大襟腰襦,袖口宽博(约 54 厘米)。衣身在近腰处,分作两片,上为紫缬绢,下接高 20 厘米、横宽约 23 厘米的长方形白绢。领襟宽 7 厘米,由领及(底)摆。领襟与衣身相接处,有高 18 厘米、宽 6 厘米的三角形拼缝装饰。而衣身

图 2　绀绮被局部　　　　　　　图 3　紫缬襦

图 4　紫缬襦结构复原

与袖连接处，亦有拼缝布条。因布条两端均有残破，故难以准确判断其长度，但基本形状尚清晰。由肩至腰，宽约 4 厘米的长方形（图 3、图 4）。此结构少见于中原汉族服饰，但在新疆境内民丰尼雅和营盘等地均出现了类似的服饰。

　　此衣的主要面料为绢地紫绞缬（图 5、图 6）。此件的扎染缬点直径约在 1 厘米，横向每 10 厘米 6 个缬左右，纵向每 10 厘米 4 行。就目前而言，如此大面料的绞缬衣十分难得。衣上还有小片的红色绞缬绢（图 7），绞缬方法基本相同。

图 5　紫绞缬局部

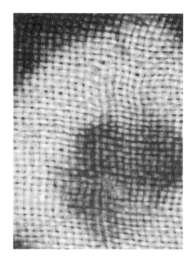

图 6　紫绞缬织物局部

图 7　红绞缬织物局部

图 8　彩色格子织物

　　西北地区的上衣经常可以看到肩部有一条装饰带。此件衣物上的装饰带织物较为特殊,是一种彩色格子织物(图 8)。它用蓝、红、白、褐四色的经线和纬线进行排列组合,这样的织物虽然技术简单,但风格却是十分不错(图9、图10)。

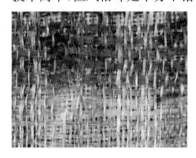 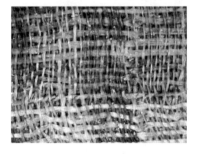

图9　彩色格子织物局部1　　　　图10　彩色格子织物局部2

3. 绯绣袴一立(第二层、第三层)

绯绣裤(以下称呼时写作裤)主要残存有三片,其中一片可见部分裤腰及裤片。制为两层,面有湖蓝色绢和绯色地刺绣绢接缝而成,中纳丝绵,里衬白绢。裤腰高10厘米、残长55厘米。裤片主要为湖蓝色绢所制,一端约7厘米处有三角形绯绣绢嵌入,推测为裤身部分。绯绣片另一侧所缝的长方形蓝绢可能是裤裆部分,此裤应为开裆(图11)。另外两大片均为绯绣残片,其中两片

图11　绯绣袴

边缘有些许蓝绢残留,可证其曾与蓝绢相连,出土时,绣片覆于死者腿部,推测为裤筒(图12、图13)。此裤应以蓝绢和少量绯绣为裤身,绯绣为两腿的裤筒,因此,此裤在随葬衣物疏上称为绯绣裤。

图12　左裤筒实物展开　　图13　右裤筒实物展开

绯绣以绯色绢为地,红、黄、蓝、白各色丝线锁绣而成(图14、图15)。两只裤腿的刺绣图案可以局部复原。原绣中间应该是一只双头鸟,旁边是云纹和类似于火焰的纹样(图16)。

图14　刺绣局部1　　图15　刺绣局部2

类似的纹样在汉代十分流行。早至西汉连云港尹湾汉墓出土的缯绣、蒙古诺因乌拉出土的汉代刺绣,晚到新疆若羌扎洪鲁克汉晋时期墓地和吐鲁番魏晋时期墓地都有出土。双头鸟在汉

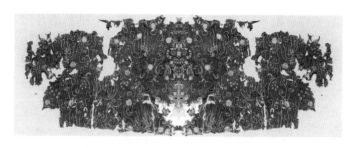

图16　绯绢地双头鸟刺绣图案复原示意图

代神话中又称共命鸟,可能是表示夫妻相依为命的意思。其余的
火焰纹或云气纹都是汉代十分流行的题材。

4. 绯罗绣裲裆一领(第三层)

紫缬襦之内是一件裲裆,两当是衣物疏中对裲裆的简写。该
裲裆残存主要只是胸前部分,还有少量下摆部分,残高49厘米,
宽44厘米。其胸前部分为绯罗地刺绣,高20厘米、宽20厘米
(图17)。罗为四经绞横罗,即四经绞罗与三梭纬平纹相间而织
的素罗。绣为锁绣,作星云纹,罗地之下有圆形云母晶片,被固定

图17　绯罗绣裲裆

在刺绣之下,可以通过罗地的空隙而透出来,时隐时现,别有风格,是汉晋时期极有特点的一种绣法(图 18、图 19)。

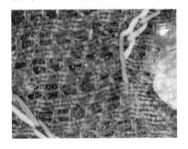

图 18　绯罗地刺绣局部 1　　　　　　图 19　绯罗地刺绣局部 2

　　罗的四周有宽约 10 厘米的本色绢边,下部较大,似为至腰部的宽摆,可能与背后部分相连。但不明的是其上部与背部相连的搭襻的方法。

　　5. 绿襦一领(第四层)

　　裲裆之里是为绿襦,现残存三片。其一为(左)衣片,残长62.5 厘米、宽 40 厘米。其领、袖及底摆均有残破。而右衣片残破更为严重,仅留存部分门襟及衣身,残长 63.5 厘米、横宽 22.5厘米。另有宽约 6 厘米、高 40 厘米的长条状残片(图 20)。其长度与左衣片袖肥尺寸吻合,故推测为袖缘。此袖缘为三色异布相接,宽窄不一。领襟上部较平直,下部起弧。左片襟底有接布,且收缝成条状,缠绕成纽结。而右片腋下处,有布条缝缀痕迹,因已残损,故难判断准确的系结方式(图 21)。与前述紫绣缬襦相同,此绿襦在领襟与衣身处亦有三角形的格子织物拼接。且衣身与袖连接处也有竖直长条红绞缬绢拼接,两件短襦形制相似。

　　6. 绯碧裙一牒(第四层)

　　绯碧裙也位于第四层,仅残存一片,含部分裙腰和裙身。裙腰残长 40 厘米、高 7.5 厘米。裙身残长 61 厘米,分作三片,两片

图 20　绿襦实物

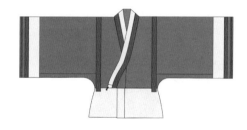

图 21　绿襦结构复原

碧绢中间夹一片绯绢（图 22）。绯绢中线两侧各施一竖褶，褶量较大，因而此处裙身连腰处弧度明显，穿着时应居体侧。据残存迹象，推测此裙应为两色，起码是四片间裙。按此推测复原，可得裙腰围度为 72 厘米左右。穿着时围而系之，于背侧处可以略有交叠（图 23），如是六片间裙的话，其重叠的部分会更多。此种裙式在同期甘肃酒泉丁家闸魏晋墓壁画中有所印证（图 24），壁画上画有两个舞女，都穿着同样的间色裙，系在上襦之外。正面而舞的一位舞女裙前可以看到由三片基本等宽的织物缝合，中间一片是红色，两侧是本色（或是黄色）。背向的一位舞女裙后面也可以看到三片缝合,并有重叠现象。其色彩已褪,但也应为间色裙①。由此来看,这种裙以四至六片缝合的可能性为大,《古诗为焦仲卿妻作》中提到"着我绣裌裙,事事四五通",到唐代诗歌中也说到"裙拖八幅湘江水"就是唐代文献中提到的六破裙或八破裙。

图 22 绯碧裙

图 23 绯碧裙结构复原

图 24 甘肃丁家闸壁画墓中舞女形象

---

① 金维诺、罗世平:《中国美术全集 墓室壁画 1》,黄山书社 2010 年版,第 171 页。

7. 练衫一领(第五层)

练衫穿于最贴身处,由本色绢制成,残存尺寸约为横宽75厘米、纵向长80厘米(图25)。其主要部分有衣领,领宽约9厘米,领上还有一小绢系带(图26)。可以推测其款式与外衣接近(图27)。

图25　练衫残片

图26　练衫局部

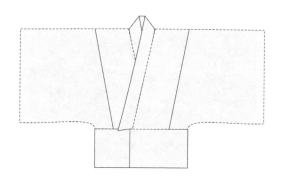

图27　练衫结构复原

8. 碧裤一立(第五层)

碧裤也是穿在最内层,由两部分构成。一为长条状腰带,残长34厘米、高3厘米。以宽6—8厘米素绢对折而成双层。一为长方形裤片(底部残),制为两层,内夹棉,绢作背,表面为碧绢与红色织锦拼接而成，两侧有 1 厘米素绢镶边，上端夹缝于双层腰带间（图 28）。腰带右端有密集折痕，应为系结所致。下部的织锦应回折到后面，并再连上碧绢，但其长度已无法知道（图 29）。

图 28　碧裤

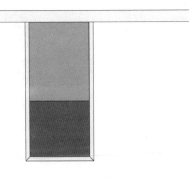

图 29　碧裤结构复原

此裤较为重要的织锦上织有云雁纹，采用红、白、褐三色纬线，均加有 Z 向强捻，以平纹纬二重组织织成。这是极为典型的西北地区的地产织锦，或者说就是新疆地产织锦，与新疆扎滚鲁克汉晋墓地、营盘墓地、吐鲁番墓地出土的同类织物完全一致。但此件织物具有极为明确的年代，是目前已知最早有准确年代的同类织物（图 30、图 31）。

图 30　云雁纹锦局部 1

图 31　云雁纹锦局部 2

9. 绀青头衣一枚（头顶部分）

在墓中靠近头顶处还出土了一件藏青色的绢织物残片，约 37 厘米长、26 厘米宽，其中一边是带有弧形的边，其上还有一条同一色彩的宽约 2.5 厘米的系带，出土时还带有系着的结，总长约 12 厘米（图 32）。从出土的部位和形象来推测，应为衣物疏中记载的绀青头衣（图 33）。

类似的头衣在中国丝绸博

图 32　绀青头衣残片

物馆的收藏以及国外的一些收藏中可以看到(图 34),从花海出土头衣残存情况来看,其原型应该基本一致。这在北魏时期当时的漆板画和北齐时期的壁画中也有所表现。

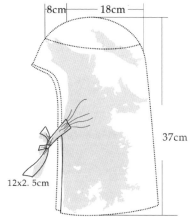

图 33　绀青头衣结构复原　　　图 34　伦敦私人收藏的北朝风帽

10. 练面衣一枚(面部)

此件练面衣并非 M26 所出,但其保存状况较好,而且 M26 中也有记载,一起收录于此。面衣略呈圆形,直径约为 41.5 厘米(连边)。两端弧度稍有变化,上圆下尖,似脸型。镶边宽约 5.5 厘米,打褶绕缝一周,因弧度变化而褶距不一(图 35、图 36)。

三、出土衣服疏记载与实物相关问题讨论

此墓中极有价值的是出土了一件衣服疏。衣服疏的正面是随葬衣服及其他物品的品名和数量:

故绀绔一枚　故绯罗绣两当一领　故布帘一枚　故银镜一枚

图 35　练面衣　　　　　　　　图 36　练面衣结构复原

　　故绅头一枚　　故绿襦一领　　故绀绩被一牒练里　　故发刀一枚

　　故绛缠相一枚　　故紫绣襦一领　　故边□囊一枚　　故尉斗一枚

　　故鍮石叉三枚　　故碧裤一立　　故缕囊一枚　　故疏二枚

　　故绀青头衣一枚　　故绯绣袴一立　　故练毛巾四枚　　含一枚

　　故巾一枚　　故布裙一牒　　故布衫一领　　故杂彩五百匹

　　故练面衣一枚　　故绯碧裙一牒　　故青□一枚　　为道用

　　故缠绵一斤　　故碧袜一量　　故镜镰一枚　　故杂彩瓢一具

　　故练衫一领　　故头系履一量　　松柏器一口

　　　　　　故银履策一具

衣服疏的背面是死者的姓名和纪年：

　　升平十四年九月十四日晋故大女孙狗女右牒衣物杂彩所持

　　皆生时所素买松柏器一口顾贾钱九万九千九百九十所

在听遣不得停留时人左青龙右白虎

知状如律令

这是一份目前所知有绝对纪年而且名物基本可以对应的衣物疏。其中的升平年号,根据前凉张氏与东晋政权的关系以及分析同为玉门花海墓葬所出衣物疏等信息,以沿用东晋年号的可能性为大,即这一墓葬的年代应该是公元 370 年。

在这件衣物疏中,共记载了随葬物品的名称 35 条,除一件字迹不清外,大部分都与纺织品和服装相关,其中有十件可以与出土实物完全对应起来。因此,我们基本采用当时的名称进行命名。其中有几个方面对我们研究染织史和服装史较有意义。

1. 裲裆

裲裆在古代文献中有多种写法,如"两当"或"两裆"。汉刘熙《释名·释衣服》称:"裲裆,其一当胸,其一当背,因以名之也。"两汉时仅用作内衣,多施于妇女,但到魏晋时则不拘男女,均可穿在外面,成为一种便服。《宋书·五行志一》:"至元康末,妇人出两裆,加乎胫之上,此内出外也。"此墓出土的裲裆穿在外面一件紫缬襦之内,但又在绿襦之外,正说明它可以内外两用。与此墓相离不远、时期也相近的嘉峪关魏晋壁画墓中就发现了穿着裲裆的人物,其裲裆的款式与此完全相同(图 37)。晋干宝《搜神记》卷十六还提到一种"丹绣裲裆",从字面理解应该是在朱砂染色的织物上进行刺绣制成的裲裆,此墓出土的应该就是丹绣裲裆之类,在红罗地上进行刺绣。这种方法制成的裲裆可能在当时已经成为一种较为流行的款式。新疆吐鲁番阿斯塔那 TAM39 也有一件出土,以红绢为地,上用黑、绿、黄三色丝线绣成蔓草纹,圆点纹金钟花纹;四周另以素绢镶边,衬为素绢,其中还有纳有丝绵。但出土时仅存前片,只可以看到其胸前的刺绣与此十分相似,但无法复原其结构(图 38)。有趣的是 TAM39 的墓主人也是一位青

图 37　甘肃嘉峪关魏晋壁画墓中的穿裲裆人物

图 38　新疆吐鲁番阿斯塔那 TAM39 出土裲裆残片

年女性，而且墓中出土了一些随葬文书，其中最晚的一件也是升
平十四年（370）①，与花海 M26 年代完全一致。这是第一次将裲

────────────

　　①　新疆维吾尔自治区博物馆：《吐鲁番县阿斯塔那—哈拉和卓古墓群
发掘简报（1963—1965）》，《文物》1973 年第 10 期，图 51。

裆的名称与实物对应起来,具有重大的意义。

2. 襦和衫

对于古代的长袖上衣定名一直有很多名称,如衣、襦、袄、衫等,到后来则还有褂等。在汉唐之际用得最多的可能就属于衫和襦两种。据颜师古注《急就篇》云:"短衣曰襦。"但襦有很多种,在汉晋时期的文献中也十分常见,如以织物面料来命名的有"罗襦"和"绮襦"等,晋人《采桑度》:"养蚕不满百,哪得罗绣襦?"《陌上桑》:"湘绮为下裙,紫绮为上襦。"也有用制作衣服的方法来区别的,如单襦和复襦、夹襦等。但据晋郭璞注汉代扬雄《方言》时说:单襦"即衫也"。从这一墓中情况来看,墓中出土的两件襦都是夹的,衬里为本色绢,有较好的装饰,可以用作外衣。而一件练衫则是单的,只是用作内衣。因此,襦与衫的区别至此已十分明显。

需要指出的是,花海所出的襦与酒泉丁家闸魏晋壁画中的舞女所穿上襦亦十分相似。壁画上的舞女所穿上衣有不少装饰,其衣襟带有弧形,为右衽,两肩上均有带状饰,袖口较长也较宽。虽然同一时期的襦在尼雅、营盘和楼兰等地都有出土,有些特点也十分相似,但弧形的衣襟却十分独特,只有在甘肃河西走廊上玉门关和嘉峪关一带才见到。甘肃武威磨嘴子汉晋时期墓葬中曾出土过几具包裹基本完好的尸体,其女尸身上的蓝色绢襦与此也基本相似,襦也带下摆,下摆口稍向外沿扩展,但其衣襟是斜直的(图 39)[1]。

3. 裤和袴

关于裤和袴,都属于下衣之属。不过,裤(这里的裤指的应该是裈)和袴是有区别的,无腿而有裆,而袴指的是有腿的裤,有腿

---

① 甘肃省博物馆:《武威磨嘴子三座汉墓发掘简报》,《文物》1972 年第 12 期,图 4。

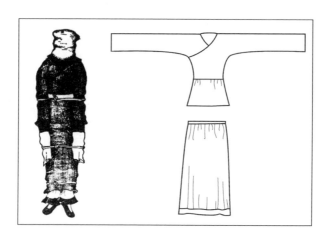

图 39　甘肃武威磨嘴子汉晋墓葬出土的蓝绢襦

而无裆。汉刘熙《释名·释衣服》："袴，跨也，两股各跨别也。"就是有两个腿筒，各套于两腿之上，称为袴。汉代以后，下衣的种类增多，首先是将袴身接长，上达于一腰，两股之间各生出一片裆，一般情况下当时的裆都不缝合，也就是今天所谓的"开裆裤"。我们复原的 M26 的绯绣袴采用的正是这一方案，也可以称为开裆袴。汉代曾经出现过在裆部以带系缚的袴，称为"穷袴"。后来才出现合裆的袴，才是现代意义上的所谓的合裆裤（裤）。而裈的一般解释是合裆的裤，颜师古注《急就篇》："合裆谓之裈，最亲身者也。"也就是说裈是穿在最贴身的地方，这与 M26 的情况相同。从文献记载来看，当时有一种叫"犊鼻裈"。《史记》中就载有汉代文学家司马相如当年在成都"自着犊鼻裈，与保庸杂作，涤器于市中"的史实。学者们认为，这是一种合裆的短裤，款式如同今日的三角短裤，并把山东嘉祥洪山汉墓、沂南汉墓出土的画像石上的一位农夫身上所穿的裈指为犊鼻裈（图 40）。花海 M26 中出土的"碧裈"应该就属于犊鼻裈一类，但它并不是我们所想象的三角裤，事实上只有一根腰带和一片长方形的织物。在日本的生活中至今仍在服用裈,其中一种称为"越裈",其款式正是一根带和一片织物,他们穿好之后的效果正与三角裤接近。

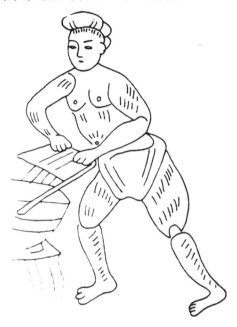

图 40　山东沂南汉画石头上的犊鼻裈形象

4. 绣和缬

从出土的衣物疏来看,墓中出土的外面一件上衣被称为紫绣襦。紫色没有问题,但身上的绞缬在衣物疏中却被称为绣。缬字出现较晚,到南北朝时期的字书中才较多地出现。《韵会》:"缬,系也,谓系缯染成文也。"《一切经音义》:"以丝缚缯染之,解丝成文曰缬。"书中把缬的字意都解释得非常清楚,即用丝线将绢帛打结,投入染缸中染色,染后拆去扎线,解开之后就形成自然的花纹。这就是后来所谓的绞缬,今天所谓的扎染。缬可以有多种,到唐代有鱼子缬、鹿胎缬等名。从实物看,这种绞缬织物在东晋十六国时期的西北地区出土极为普遍。离花海最近的敦煌佛爷庙北凉墓 M1 南棺上粘着有蓝色地的绞缬绢，其年代可以判断为 405 年，属西凉时期①。邻近的新疆吐鲁番阿斯塔那 TAM1 中也有出土绛地绞缬绢，其墓葬年代为建初十四年(418)②。此外，近年新疆营盘墓地也有红色的绞缬绢出土，其年代也应在 4—5 世纪前后③。从壁画资料看，东北的高句丽墓葬中也有不少同类的图案描述。可能正是由于绞缬在当时是一种新的工艺品种，而且缬字本身又出现较晚，因此，在一般民众之中，人们还是把缬称为绣。

5. 碧、绿、绯和绀绠

M26 出土衣物疏中还涉及不少色名，由于这些色彩有着准确的实物对应，虽然实物可能有所褪色，色彩会有所变化，但其基本色调还是可以看出的。这里面的碧和绿就有很明显的区别，碧就是浅蓝色，或是天蓝，确实如碧，绿则带有一定的灰色，有点像灰绿，又带有一些蓝。绯是一种非常鲜艳的红色，当时记载凉州之绯用红花染成，天下闻名，号称"凉州（甘肃武威）绯色天下之最"④。墓中有两件刺绣都用了绯色的色彩，一件是绯罗，另一件是绯绢，它们的色彩比较接近，正可以让我们了解当时的绯色。

提到绀绠的共有两处，一处是绀绠被，另一处是绀青头衣，出土的两件实物色彩十分接近，可知头衣也应是绀绠色，只是将

---

① 甘肃省敦煌县博物馆：《敦煌佛爷庙湾五凉时期墓葬发掘简报》，《文物》1983 年第 10 期，图 13。

② 新疆维吾尔自治区博物馆：《吐鲁番县阿斯塔那—哈拉和卓古墓群发掘简报（1963—1965）》，《文物》1973 年第 10 期，图 50。

③ 赵丰：《纺织品考古新发现》，艺纱堂/服饰工作队 2002 年版，第 46 页，图 12。

④ 《北史》卷 20《尉古真传》。

"绩"字简化为"青"了。《说文》中对绀和绩两种颜色的解释非常接近："绀，帛青红色""绩，帛青红色"，均为青中带红或红中带青的丝织品，应该是用茜草和靛蓝两种染料复染而成，或是因为靛蓝中的靛红素所致。出土的头衣和被子的蓝色带有藏青的效果，应该正是当时所谓的绀绩，十分吻合。不过，对于这些色彩织物有机会时还要进行染料的分析鉴定。

致谢：参加本次发掘的有王辉、周广济、李明华等，对这批丝绸文物进行保护的有马清林、卢燕玲等，参加鉴定的有赵丰和万芳，由边强、赵丰摄影，万芳绘图。

（本文由赵丰与王辉、万芳合作完成，原载赵丰主编《西北风格 汉晋织物》，艺纱堂/服饰工作队 2008 年版，第 94—113 页）

藏经洞所出千佛刺绣研究

　　1907年,奥雷尔·斯坦因(Aurel Stein)到达敦煌,从道士王圆箓手中获取了一批藏经洞发现的文物,其中包括一件编号为Ch.00100的刺绣佛像,上面满绣多尊坐佛及三组供养人像,已残损,我们将其命名为千佛刺绣。另有一块编号为Ch.00450.c的刺绣佛头,被认为可能脱落自前述刺绣佛像。[①] 这件刺绣佛像后来被收藏于印度国家博物馆,但刺绣佛头被英国的维多利亚与艾尔伯特博物馆(以下简称V&A)长期借用并存放在伦敦(图1)。

图1　千佛刺绣(Ch.00100)和从上面脱落的刺绣小佛头(Ch.00450.c)

---

　　① Aural Stein, *Serindia*: *Detailed Report of Explorations in Central Asia and Westernmost China*（vol. 2）, Oxford at the Clarendon Press, 1921, p. 958, p. 1001.

关于这件千佛刺绣,斯坦因在《西域考古图记》(*Serindia*)中曾有介绍,巫新华博士团队也对其进行了翻译。2006 年,我们与大英博物馆、英国国家图书馆以及 V&A 一同启动了《敦煌丝绸艺术全集·英藏卷》的项目,在 V&A 看到了被固定在背衬上的刺绣佛头,现编号为(Loan:Stein. 559),并将其收入了全集①。

2008 年 3 月,我们借国际敦煌项目会议的机会到印度新德里国家博物馆,在 Binoy Kumar Sahay 博士的帮助下,看到了一批收藏在该馆的斯坦因藏品,其中就包括这件千佛刺绣。当时绣品已夹在玻璃镜框里,所以我们只是隔着玻璃对刺绣进行了测量和观察。后来,王乐博士对这两件绣品曾进行过集中的介绍②。由于这件作品是早期中国少量存世的刺绣精品,且对于丝绸之路和佛教艺术传播研究具有特别重要的作用,所以我们重新整理了相关资料,并试着对这一刺绣进行技术、图像、用途、年代、产地等的初步探讨。

一、千佛刺绣的基本信息

斯坦因把它这件千佛刺绣称为挂帐,残长 81.3 厘米、宽 63.5 厘米。小佛头残长 3.3 厘米、宽 3.8 厘米。为了便于描述,我们先对其针法、色彩、缝合结构作一描述。斯坦因在其描述中把织物的地部称为浅灰色平纹织物,目前基本被绣线所覆盖,无法看清整个结构,推测其作地的不止一层绢,从北魏刺绣来看,应该会有 2—3 层,以增加其强度;其作地的平纹绢经、纬线均为丝,

---

① 赵丰:《敦煌丝绸艺术全集·英藏卷》,东华大学出版社 2007 年版,图版 184。
② 王乐:《敦煌发现的刺绣研究》,《丝绸》2012 年第 9 期。

无捻，单根排列，深棕色，密度不可测。斯坦因称刺绣所用丝线为无捻丝线，据我们实测，丝质绣线加有弱 S 捻，粗细不一，但均由 2 根 S 捻以 Z 捻并合，最后以劈针绣成。在刺绣的袈裟轮廓处，留有一定的空隙，露出绢上的墨线。据斯坦因推测，这里可能曾有钉绣金箔线，类似大英博物馆的另一件斯坦因收藏品小立佛（MAS. 911，Ch. iv. 002）。[①] 该推测很有可能，但目前还无法确认。

中国丝绸博物馆和大英博物馆曾分别对收藏于敦煌研究院和大英博物馆的敦煌纺织品染料做过分析，但由于这两件绣品的收藏地为印度国家博物馆和 V&A，所以未曾做过直接的染料分析。不过，中国丝绸博物馆刘剑结合了大英博物馆 Diego Tanburini 对英藏敦煌丝绸样品所进行的染料检测[②]，根据这件绣品上丝线所保留的色彩，分析推测了染成这些色彩的染料（图 2）。

刺绣中的蓝共有四种蓝，可以称为深蓝、中蓝、浅蓝和亮蓝。这里的前三种蓝在其他织物中都很常见，由于当时的蓝色都是用靛蓝染成，所以这里也不用例外。稍感意外的是最后一种亮蓝色，在这件刺绣的三处供养人服饰和伞盖坐佛的伞盖上，可以看到，这种色彩极为明亮，好像只在这件绣品上看到，但据刘剑推测，应该还是由靛蓝染成的。

---

① 赵丰：《敦煌丝绸艺术全集·英藏卷》，东华大学出版社 2007 年版，图版 183。

② Diego Tamburini, etc, An investigation of the Dye Palette in Chinese Silk Embroidery from Dunhuang（Tang dynasty），*Archaeological and Anthropological Sciences*，https://doi. org/10. 1007/s12520-017-0592-4，2018；Diego Tamburini, Investigating Asian Colourants in Chinese Textiles from Dunhuang（7th-10th century AD）by High Performance Liquid Chromatography Tandem Mass Spectrometry—Towards the Creation of A Mass Spectra Database, *Dyes and Pigments*，163（2019），pp. 454-474.

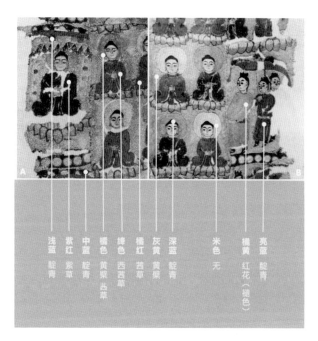

图 2　千佛刺绣上的色彩与推测的染料

　　在斯坦因的描述中,小坐佛的袈裟色彩都属于红色系,但有三种：dark purple、carmine、Indian red,巫新华博士的书中译成深紫、洋红和印度红。[①] 我们根据实物色彩重新命名为紫色、绛色和橘红三种色彩,其中的染料据刘剑推测：紫色由紫草染成,绛色由西茜草染成,橘红由茜草染成。

　　还有三种较浅的色彩,一种是橘色,用于一种较深的头光,可能是由茜草和黄檗一起染成。二是橘黄,如男性供养人的圆领袍,但黄中透一点点红色,这很可能是由红花染成,但后来又褪色

────────────

　　① 奥雷尔·斯坦因著,中国社会科学院考古研究所译：《西域考古图记》(第二卷),广西师范大学出版社 1999 年版,第 534 页。

而形成，所以他原先的色彩应该一种红色，还是合理的。还有一种黄是灰黄，用作刺绣的背景色，色彩有点泛绿，很可能就是黄檗来染的。

而最后一种米色，很可能由不染色的丝线绣成，用于白色的头光。

整件刺绣由六条绣片相互拼缝而成，拼接处明显，是先刺绣再拼缝。目前可见缝线约有三种，一种为本色或浅褐色丝线，将两片刺绣缝接在一起，推测是原先缝合拼布的丝线。第二种白色丝线，也用于缝合绣片，估计为修复师在修复绣品时所用。第三种为较长且乱的白色丝线，往往钉于最为残破处，估计为修复师将绣品钉上背衬织物装镜框时所用。每条刺绣又由若干绣有不同图像的小块拼成。为便于描述，我们将其从左到右编为六条刺绣，分别用 S1 到 S6 代指，其中 S1 宽约 8 厘米，其余各条宽约 11 厘米。上面主要包括了四种图像来源（图 3）。

第一种是小坐佛。位于居中四条，每条刺绣上都绣有横排一双并排坐着的小佛像，每尊佛像姿势基本相同，像高约 7 厘米，连头光和莲座总计像高在 9—10 厘米，分别披紫色、绛色和橘红三种色彩的袈裟，结跏趺坐于莲座之上，头后为橘色和米色两种头光。其中 S2 由 5 块小刺绣拼成，出现 8 双小坐佛，其中最底下一块刺绣上共有 4 双小坐佛。S3 共有 3 块绣片，上面也有 8 双小坐佛。S4 也有 3 块绣片，共有 9 双小坐佛。S5 同样是 3 块绣片，上有 9 双小坐佛。此外，在 S6 由上而下的第二行，也是一双小坐佛，不过这双小坐佛，在绣品上来看是与供养人像相连了。

第二种是带盖坐佛，主要位于这件绣品左侧的绣带 S1 上，S1 的宽度只有 8 厘米左右，较其他几条稍窄。S1 由 5 块不同的绣片拼缝而成，但上面较为完整的佛像其实只有一座。其体形较小坐佛稍大一些，佛身本高约 8 厘米，头带佛光，下有莲座，上有伞

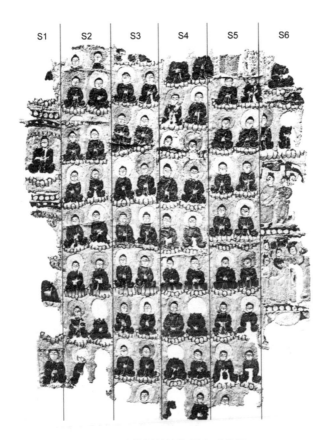

图 3　千佛刺绣结构拼合示意图

盖。伞檐上的垂额分为上下两层,上层是方形的彩色色块,下层是三角形的彩色装饰,清晰可见,伞的两侧还分别垂下一条装饰有联珠的垂带。伞盖之上和莲座之下,还各有一条蓝地白珠的联珠纹装饰。这一图像也出现在 S6 的最上端。

　　第三种图像是供养人,主要位于这件绣品右侧的 S6 和 S5 的上端。S6 上有上下两组供养人。位于上方的是三个身着长袍的男供养人及撑伞随从,面向左侧。第一位身穿橘黄色(原来应为红色)圆领长袍,体形最大,应该是男性的贵族供养人。他的身后,是一位着亮蓝色圆领袍的持伞男子,再有一男子仅剩头部;位于下方的则是四位女性供养人,面朝右侧。最前方的贵族女供养人手持一朵莲花,肩披带有亮蓝色翻领的橘黄色(原为红色)长外套,外套的长袖自然悬垂,其外套后摆色彩是橘黄和灰黄相间,由身后一白衣侍女提起。外套之内,穿有装饰忍冬卷草纹的长袍。女性供养人之后,还有一红衣蓝裙撑伞侍女,再后就仅显露一女性头部。这一图像也可以在 S5 的顶端看到,残存部分为蓝黄相间并被提起的外套后摆,推测亦为面朝右侧,与 S6 女性供养人很有可能是前后关系。

第四种图像可能就是 S6 最下端的一小片刺绣,极为残破,可以看到的是有两组莲花瓣、莲花瓣上的莲蓬装饰,以及衣折线。其形象无法判断,但估计很大,很有可能中间是一个大型的坐佛,而两侧还有一或两个莲座上站有菩萨或弟子形象。这可以算成是第四种图像。但目前这一残片的方向被横过来了,可能是因为这一内容被整个裁去派作他用了。

二、造　型

这里我们主要讨论佛像和供养人的形象和服饰。

1. 小坐佛形象和布局

千佛造像在魏晋南北朝至隋唐时出现频繁,无论是在壁画还是在石刻上,都有许多。但仔细辨别后,千佛之间还有许多差别,这件刺绣上的小坐佛造型并不常见。

首先,刺绣小坐佛造型很简单,有头光,却没有背光,结跏趺坐于莲花之上,莲花多为 7—9 瓣,但也不完全一致。小坐佛的身体及袈裟能看出明显的造型,由轮廓线勾勒而成,原先可能有钉金线,后来脱落。小佛的手印比较有趣,两手相对,如同手指分开,左右手交叉持于正胸前,一般被称为禅定印(图 4)。这类手印在西北地区可见于甘肃炳灵寺 169 窟的 3 号龛主尊[①],有明确的西秦建弘元年(420)题记,证实窟内的一批西秦塑像与壁画是中国迄今发现的纪年明确的最早的佛教石窟艺术品。此外,收藏在美国旧金山艺术博物馆的后赵建武四年(338)的铜佛像也持类似手印(图 5)。大量年代稍晚的保存于韩国和日本的佛像手印亦与此相似。杨泓认为这类手印都是把双手拱在胸腹间,手心向内叉合在一起,称为禅定印并不正确,而是和一般神仙的手相似,这里的佛像可能正是继承了汉代传统艺术手法的结果;而费泳则

图 4　小坐佛局部　　　　　图 5　后赵建武四年(338)铜佛像

---

①　常青:《炳灵寺第 169 窟西秦塑像与壁画风格渊源》,《美术观察》2021 年第 1 期。

认为这可能是印度禅定印到中国之后的一种变化。① 坐佛所穿袈裟也很有趣。前述手持禅定印的小佛像的袈裟都简单而对称，可称为"通肩式"袈裟，但这里的袈裟明显是将袈裟环绕后再搭左肩上。收藏在国立奈良博物馆里的一尊铜像（编号1522）正面看起来是通肩式袈裟，但从背后看，其实也是袈裟搭在左肩上的（图6）。

图6 奈良国立博物馆
鎏金铜坐佛

此件刺绣的地用灰黄色的丝线以劈针针法绣成。佛像脸部以浅米色丝线绣成，肉髻、眼睛、眉毛用蓝色丝线绣成，鼻子、耳朵、脸的轮廓线用稍浅的橘红色丝线绣成，嘴唇用橘黄色丝线绣成。有趣的是坐佛头光和袈裟的色彩。其头光共有米白色和橘黄色两种，袈裟其实则有三种色彩，一是紫色，二是绛色，三是红色。坐佛在一条之中并排有两尊坐像，一共有两种规律，红色总是每排都有，但一排在左，另一排在右，间隔排列，而紫色和绛色两种色彩的袈裟则相隔排列，一次在左，一次在右。而头光的米白色和橘黄色，总是米白色配红色袈裟，橘黄色配深紫色和绛色两种袈裟，在这件坐佛刺绣上变成一左、一右交替排列。

可能是原先就有的残破，有一些坐佛的佛头已掉了下来。斯

---

① 费泳：《六朝佛教造像对朝鲜半岛及日本的影响》，中华书局2021年版，第72页。

坦因拿到这件刺绣时,上面可能一共缺了近 10 个佛头,其中就包括维多利亚与艾尔伯特博物馆借藏的刺绣小佛头。从其米白色的头光来看,这一小佛像肯定穿着橘红色袈裟。从头光的外形和佛头的造型来推测,这很有可能是从 S4 倒数第三行掉下来的。

2. 带盖坐佛

带盖坐佛伞盖下的坐佛从尺寸上来看比小坐佛稍大一些。高约 8 厘米,连伞盖和莲座后为 14 厘米左右,如果算上伞盖上和莲座下的联珠纹带饰,约 17—18 厘米高。带盖坐佛的造型与小坐佛基本一致,用色也基本一致。保存较为完好的佛像有两座,均在 S1 的第二尊和最下一尊,所着均为紫色袈裟,其头光也是橘色。其余三尊仅见袈裟不见头,在 S1 的第一尊和第四尊为橘红,在 S6 的第一尊为绛色,未见头光,但可推测其头光规律与小坐佛相同,即橘红袈裟者为白色,而绛色袈裟者为橘色。另在 S1 上的第五尊仅剩局部佛

图 7　伞盖坐佛局部

头与头光,头光色彩为米白,推测其袈裟色应该为橘红(图 7)。

在伞盖坐佛中值得注意的造型有三处:一是伞盖;二是垂带;三是联珠纹。

伞盖的造型可以分为三层。最上是伞顶,由绛色丝线绣成,这与同一刺绣 S6 上供养人所持伞盖的色彩一致。第二层是方形(底部带有弧形)的彩色饰片,以灰黄、橘色、亮蓝、橘色、灰黄的规律进行排布。第三层是三角形的彩色者舌,最外层也是以灰黄、

橘色、亮蓝、橘色、灰黄的规律进行排布，但与第一层的位置刚好错开一半左右，中间是紫色或绛色的三角形者舌，色彩没有变化，只露出一个尖角，最里面一层是均一的亮蓝，尖角一直挂到下面。这里的蓝色都很亮丽耀眼。

坐佛的两侧，从伞盖上下垂两条米色的带子，上面有四个圆点，色彩各不相同。S1 上第二尊左、右两侧垂带上的圆点色彩分别是橘色、亮蓝、橘色、亮蓝和橘色、亮蓝、橘色、灰黄。第一尊右侧可见橘色、亮蓝、橘色、灰黄，第三尊右侧的是灰黄、橘色、亮蓝、橘色，第四尊右侧是橘色、灰黄、橘色、亮蓝，第五尊右侧残见亮蓝、橘色、灰黄三种，最底第六尊左侧是亮蓝、橘色、灰黄、橘色，右侧可能亮蓝和灰黄等，S6 第一尊左侧残见米色、橘色、亮蓝、橘色四色。从敦煌文书上看，这类垂带应被称为柱子，藏经洞所出垂幕实物中也有柱子，柱子上会有各种装饰，多为织物制成。而这里的柱子上的圆点或许和丝绸之路上的宝石等装饰相关，很有可能代表了青金石、黄金、玛瑙、琥珀等七宝之类的，它们也常被用于佛教场合的装饰。

最后是联珠纹的造型。带盖坐佛上下出现了蓝地、以绛色勾边的白色联珠纹，这种纹样在北朝晚期到隋代在甘肃一带的洞窟装饰中特别常见，敦煌莫高窟也是这样。这里的联珠带虽然带有一定的弧度，但最后好像不一定能连成联珠环。

3. 供养人服饰

刺绣上涉及的供养人服饰共有三处：S6 上的男性供养人，S6 上的女性供养人和 S5 顶上的女性供养人残像。

男性供养人的服饰造型比较简单，前两位形象基本完整。他们穿的都是圆领袍，从绣线的走向来看，这些袍子用的都是左衽，袖窄且较长，以致两手相握时袖长可以遮手。那位贵族形象的袍色为橘黄色，推测原为红色，由红花染成，现褪色成为橘黄。腰系亮蓝色腰带,带中有白色小花装饰,带尾也有一段白色,应为金属质的花式形的䤩和铊尾。中间一位男侍着亮蓝色圆领袍,系灰色腰带,腰带上亦有䤩和铊尾。三位都足穿皮靴,靴色深紫,左右两靴自背至后跟处均有一白色线条,可能是一金属扣带。这类皮靴形象在娄睿墓壁画中有所表现,但到目前为止,尚无实物出土(图8)。

两处女性供养人的服饰类型比较多,首先是贵族女性的服饰。她们都身穿长袍,袍上饰有刺绣,明显是忍冬卷草纹。袍裾没有着地,袍下还可以看到裙摆,裙摆下还露出紫色的高头履头部。另一处 S5 的残部处也可以看到忍冬纹卷草,一共有两列,应该代表长袍的两侧,说明这袍子有可能是前襟对开的。袍下有一块灰黄色,很有可能是袍里的裙摆,下面亦有紫色的高头履露出头部。

图8　S6 男性供养人图案局部

图9　S6 处女性供养人图案

刺绣忍冬长袍之外,还有一件披风式外套。从 S6 上的女性供养人来看,这件外套有着蓝色大翻领,交领右衽,长长的窄袖奄拉下来，显然是披在身上的，然后就是宽大的下摆。下摆有很明显的三幅竖向的材料，色彩不同，装饰也不同。目前看到的色彩都比较接近，不很明显，两条是橘色，一条是灰黄，但上面都绣有图案，有菱形纹或六边形的几何纹样。而另一外 S5 的外套由亮蓝、橘色、亮蓝三条构成，亮蓝色上是小朵花纹，橘色疑是卷枝类的纹样。这类忍冬纹可见于敦煌壁画中，是北朝晚期到隋代特别流行的纹样。这件外套的袍裾由站在身后的一位侍女托起。侍女着圆领窄袖上衣，外套一条长裙（图 9、图 10）。

图 10　S5 处女性供养人图案局部

刺绣上的披风式外套在敦煌供养人中也时常可见。如 290 窟中佛传故事画中的国王，或是 296 窟中的女供养人，其年代都在北周。至于侍女协助女主人托起拖曳在地的袍裾或裙摆图像也可以在一些壁画中看到，我们简称为托裾图。如在莫高窟北周 442 窟和隋 390 窟中就有。[①] 沈从文在考察 390 窟时也特别注意

---

① 樊锦诗、马世长、关友惠：《敦煌莫高窟北朝洞窟的分期》，载敦煌文物研究所：《中国石窟·敦煌莫高窟》（第一册），文物出版社 1982 年版，第 196—197 页。

到:隋代供养人中有半臂、着大袖衣、外加翻领小袖帔子的女性贵族,而且这些衣袖内袖大而外袖小,与北朝时的服饰不同(图11)。[①]

图 11　莫高窟 390 窟壁画所见托裙图像

　　类似的托裙图像在麦积山第 5 窟中也有,这是一大群女性供养人,其年代在隋至初唐之间,也就是在公元 6 世纪末到 7 世纪初(图 12)。[②] 此外,在龙门石窟和山东北齐崔芬墓壁画中也可以看到托裙图像(图 13)[③]。

　　男女供养人相同的地方还有两处,首先是发式或是冠式,都表现为山形的尖状物。男性供养人头上的特别明显,更像一个冠,很有可能是服饰史学界所称三棱形长裙帽。风帽通常由两个部分组成,一是金属质的冠架,与头发固定在一起;二是外面罩上

　　①　沈从文编著,王㐨增订:《中国古代服饰研究》,商务印书馆 1981 年版,图 55。
　　②　常州博物馆、麦积山石窟艺术研究所:《东方微笑:麦积山石窟艺术展》,2019 年版,第 122—123 页。
　　③　中国墓室壁画全集编辑委员会:《中国墓室壁画全集·汉魏晋南北朝》,河北教育出版社 2011 年版,图 182。

图 12　麦积山壁画所见托裙图像

图 13　崔芬墓壁画所见托裙图像

织物的帽顶或帽披。但刺绣上所见的只有金属架和发髻，与山西太原北齐娄睿墓（图 14）①和徐显秀墓（图 15）②中形象比较相似。

---

① 陶正刚：《娄睿墓壁画人物与陶俑的服饰研究》，载山西省考古研究所、太原市文物考古研究所：《北齐东安王娄睿墓》，文物出版社 2006 年版，第 267—277 页，图 43；墓道西壁第三层壁画迎宾图（画 30），第 54 页；图 44，墓道西壁第三层壁画迎宾图（画 31），第 55 页；图 72 陶戴鲜卑帽武士俑（51），第 88 页；彩版 90，陶戴鲜卑帽武士俑（51）。

② 太原市文物考古研究所：《北齐徐显秀墓》，文物出版社 2005 年版，图 31。

而女性的发式虽然也是三棱形,但造型稍复杂一些,且间绣有白点,更像是金属簪或钗插在发上,没有包裹织物帽。类似的发型亦可见于山东济南马家庄北齐贵族墓壁画(图16)。[①]

图14 娄睿墓壁画所见三棱形帽

图15 徐显秀墓壁画所见三棱形帽

此外,刺绣中伞的造型也很特别。伞盖常出现在供养人头顶,特别是在帝王礼佛图中,帝王或是贵族身后时有持伞、持扇、托裙者。此类图像在龙门、敦煌、麦积山等处都有,在山西墓室壁

---

① 中国墓室壁画全集编辑委员会:《中国墓室壁画全集·汉魏晋南北朝》,河北教育出版社2011年版,图186。

图 16　山东济南马家庄北齐贵族墓

画中也时常可以看到。与刺绣中供养人头顶伞盖最为相似的可能是麦积山 23 窟（图 17）壁画中的伞，形和色彩都很相似。这类伞的实物在敦煌文献中有记载，类似的实物伞盖或微型伞盖在藏经洞中亦有发现。[①]

图 17　麦积山 23 窟供养人持伞图

---

　　① 赵丰：《敦煌丝绸艺术全集·英藏卷》，东华大学出版社 2007 年版，第 40—44 页，图版 001—005。

三、讨论：年代、地区和用途

最后我们来讨论一下关于这件绣品生产的时代、地点及其用途。

1. 年代

迄今为止，关于这件作品介绍和讨论都并不很多。斯坦因在《西域考古图记》提到刺绣中的部分场景与巩县石刻中的场景（指帝王礼佛图，525）相似，而我们前期在《敦煌丝绸艺术全集·英藏卷》中把刺绣年代定为中唐到晚唐，现在看来是过于保守的。

从技术来看，这件刺绣作品采用的是劈绣针法，这种针法大约在北魏时已有出现，如 1965 年 3 月发现于敦煌莫高窟 125 和 126 窟前的北魏刺绣说法图及花边，因为上有广阳王的名字和太和十一年（487）的纪年，所以比较可靠（图 18）。但这种针法在唐代仍有大量使用，特别是初唐至盛唐，盛唐之后平绣开始流行。

图 18　莫高窟发现北魏刺绣佛说法图

从造型来看，如前所述，关键造型有佛像和供养人。这类持禅定印的小佛像起源于十六国时期，但流行于北朝。而供养人的服饰和造型更能说明问题。如里袍上的忍冬卷草纹以及伞盖上的联珠纹是北朝到隋非常流行的纹样，在莫高窟壁画中也是如此。男女供养人的三棱形发式或三棱形帽主要也是见于北朝特别是北齐时期，而供养人外套袍裾由侍从提托的形象亦主要见于北周至隋壁画，如麦积山第5窟壁画（此窟开凿于隋，完成于初唐）和山东临朐胸海浮山北齐崔芬墓（551）壁画。[①] 所以，我们现在认为这件刺绣的年代为北朝晚期到隋，可能是西魏（535—556）、北周（557—581）到隋（581—618）这一时段，其中可能性更大的是577至618年北周灭北齐之后到隋这一段，也就是6世纪末到7世纪初。

2.产地

目前来看，劈绣技法在当时北方许多地方都已流行，北魏时的内蒙古已经常见，至洛阳再到凉州，所以我们主要还是来看看供养人的地域性。按理说，供养人的服饰或是相关的佛具如伞盖、帷幔等应该是具有地域特色的。但从目前来看，最有地域特点的，一是发式或帽式，二是外套和里袍的装饰。

发式或帽式的最大特点就是三棱形，我们初步判断它是一件立体的、镂空的金属结构物，一则可以盘绕、固定头发，形成三尖状，二则可以外罩织物，形成三棱形风帽。目前来看，类似的帽式仅见于北齐时的壁画，如山西太原娄睿墓（570）和徐显秀墓（571）都出现了十分类似的形象，还有山东济南马家庄北齐武平二年（571）贵族墓中也有。但在同期的北周陕西、甘肃境内却没有发现，所以我们有理由推测，这一类图像或许来自北朝晚期的东部地区。

---

① 中国墓室壁画全集编辑委员会：《中国墓室壁画全集·汉魏晋南北朝》，河北教育出版社2011年版，图182。

　　贵族出行使用伞盖的图像在丝绸之路沿线均有发现，供养人提托袍裾的场面在山东临朐海浮山北齐崔芬墓室（551）壁画也能看到。刺绣女供养人外套的款式较为特殊，更为重要的是上面装饰的几何纹或小花图案，这些图案应该是织或绣出来的。当然，更为华美的是穿在外套之内的锦袍，或是绣袍。目前我们所看到最为华美的锦袍见于徐显秀墓室壁画中，更早的就是敦煌发现的北魏刺绣佛说法图中的供养人锦袍，应该来自平城。而在敦煌、麦积山以及炳灵寺一带所见北魏、西魏以及北周、隋及初唐的女性供养人，在外套之内，基本不会再穿长袍，而是穿当地最为流行的间色裙。所以，着此类服装的供养人应该在东魏、北齐地区。

　　3. 用途

　　斯坦因在描述这件作品时把它称为挂件 hanging，文中说道，它经过了从早期的一件绣品到做成这件拼布作品（patchwork）的过程，在过程中有些佛像被损坏。我们不是很明白他说的 hanging 是指它早期为绣品时的用途，还是制成拼布之后的用途。应该说，这件刺绣佛像的作品原先有可能是一件绣帐。类似的作品实例就是敦煌 125、126 窟前所出北魏刺绣，原件主体中间绣了一尊大坐佛，两侧各站立一菩萨，下面一行为供养人和发愿文，供养人在两侧，男右女左，中间是发愿文；另一件收藏于大英博物馆的唐代凉州瑞像图（原称灵鹫山说法图）布局也很类似，正中间绣了佛或凉州瑞像，两侧为弟子和菩萨，下面也是供养人和发愿文（图 19）。

　　由此我们可以推测这件刺绣原先的主题也应类似：中间主体部分绣有千佛和佛的题材；千佛之下是供养人，男性在右，面朝左，女性在左，面朝右，前后起码会有两组；男女供养人之间很可能会有一块发愿文书写的空间。但这里的小坐佛、伞盖坐佛以及基本缺失的大佛的关系如何，还无法确定。

图 19　藏经洞所出刺绣凉州瑞像图

　　我们在敦煌、炳灵寺、龙门、云冈等地的石窟寺里都可以找到千佛和大小佛像以及供养人一起相处的场面。特别是炳灵寺的一面壁画中，我们还找到了非常接近的伞盖与坐佛的图像（图20）。以此为主要依据，我们来推测一下这件刺绣可能的原貌（图21）。

　　也许是因为这件刺绣挂的时间太久了，已经破碎，所以，敦煌的僧人们把这件绣像拆下来，把中间的大佛单独裁下来重新装裱了挂起来，但把其余部分再剪裁，太碎的不要了，较好的重新缝成

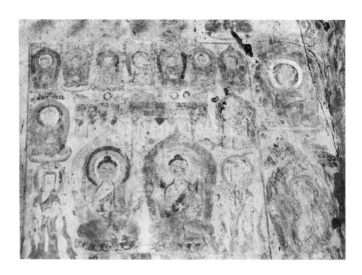

图 20　炳灵寺石窟里的壁画

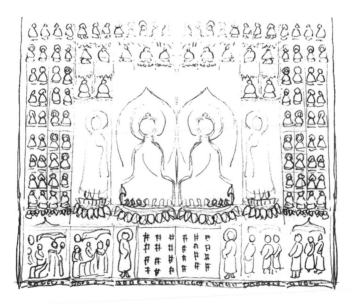

图 21　千佛绣帐结构还原推测图

一个拼布。但这个拼布是什么呢？有两个可能：

第一个可能是袈裟。这件绣品看起来有点像袈裟。千佛袈裟在历史上就有。据说广东省韶关南华寺里藏有一件唐中宗（一说武则天）赐给六祖慧能法师的千佛袈裟，绢底呈杏黄色，上面绣有一千个佛像，佛像全部为结跏趺坐式，手势有入定、接引、说法、合掌等，口、鼻、眼和发髻清晰分明；用金线绣出形象，然后以蓝色、浅蓝色、朱红色、黄色丝线陪衬，再绣蓝色背光；四周是金线绣出的十二条形象生动的蛟龙（图 22）。但目前这件千佛袈裟并没有正式被文物专家确认过，也没有正式发表研究文章。

图 22　传说中的南华寺的千佛袈裟

另一个可能是经巾。敦煌文书《后晋天福七年（942）某寺交割常住什物点检历》(S. 1642)和《后晋天福七年(942)某寺法律智定等交割常住什物点检历状》(S. 1774)中均记载有"千佛经巾壹"。在敦煌文书中也有百衲经巾之说,正是以拼布的方式制成的佛经的包袱布。那么,千佛经巾很有可能就是有着千佛刺绣的拼布作品,那么,这里的千佛刺绣制成经巾的年代,并不一定和刺绣生产的时代一致,应该更晚,甚至晚至晚唐到五代。

敦煌文书《唐咸通十四年(873)正月四日沙州某寺交割常住物等点检历》(P. 2613)还有"千佛布像壹""生绢千佛像壹"等记载。但这里的布像和绢像上的佛,很有可能都是印上或画上去的,类似敦煌藏经洞发现千佛印刷品(1919,0101,0.254,图23)[1],可能与此件刺绣无关。

图23 敦煌藏经洞发现千佛印刷品

四、结　语

敦煌是丝绸之路上的重要节点,也是丝绸向外传播和文化交流的重要关口。敦煌莫高窟发现的丝绸文物对于研究丝绸之路

---

① https://www.britishmuseum.org/collection/search?keyword = 1919,0101,0.254.

上的文化交流具有极为重要的意义。目前所知，敦煌莫高窟发现的刺绣文物中有 4 件与佛像有关，除文中的千佛刺绣之外，还有莫高窟 125、126 窟前的有广阳王款的北魏刺绣说法图。后者已有广泛而深入的研究，[①]曾赴美国大都会艺术博物馆参加"走向盛唐"展览，也在中国丝绸博物馆的"千缕百衲"展览展出。第三件是大英博物馆所藏唐代刺绣凉州端像，最为完整也最为漂亮，但年代较迟，约盛唐前后。第四件也藏于大英博物馆，体量很小，是一件有钉金绣边、劈针绣作为主体的立佛小像，与这一件印度藏千佛刺绣有点相似，但从针法等细节看，还不属于同一件作品。

通过这四件刺绣佛像的比较，我们可以对这一时期丝绸之路上佛像题材的刺绣作品和制作得出一些初步的认识。

1. 中国传统的刺绣针法是锁绣，锁绣比较慢，一针一锁，接锁成线，连线成面，形成刺绣的色块。根据盛余韵的研究，锁绣的针法非常适合佛教中用一针一菩提的概念，但绣工为了加速大面积佛教题材的刺绣，还是需要加快速度，生产更多的、更大量的佛教绣品。劈针可以适当简化刺绣步骤，但又能保持刺绣外观的基本相似，所以劈针或劈绣也许就是在佛教传播过程中形成的。[②] 敦煌发现的北魏刺绣或许是最早的劈针绣实物之一。

2. 从目前所知的三件较大型的敦煌刺绣佛像来看，北魏太和十一年(487)的佛说法和供养人一件制作于北魏平城(今山西大同)，因为孝文帝迁都洛阳的时间在太和十七年(493)。从我们的研究来看，这一件千佛刺绣很有可能是在山西太原或是山东一带生产，年代为北齐或稍迟。而凉州瑞像一件，则很有可能是由甘

---

① 敦煌文物研究所：《新发现的北魏刺绣》，《文物》1972 年第 2 期。

② 盛余韵：《纺织艺术、技术与佛教积福》，载胡素馨主编：《佛教物质文化：寺院财富与世俗供养国际学术研讨会论文集》，上海书画出版社 2003 年版，第 64—80 页。

肃当地生产的,凉州瑞像的造型或来自凉州,但由于这一形象在敦煌莫高窟已有多处洞窟出现,所以也是有可能在敦煌本地制作的。

3.唐代的刺绣技法盛唐到中唐之间发生了较大的变化,这在敦煌藏经洞发现的刺绣中也可以看出。除了这几件佛教主题的刺绣由劈针绣绣成,其他看到的刺绣基本都是小件绣品,非佛教题材,年代也相对较晚。由此可以推测,盛唐之后,由于专题的大型佛绣制作较少,寺院开始大量使用日常绣工制作一些佛教用具,如经巾、幡伞,这同时也说明佛教信徒在当地越来越多,寺院可以通过一般信众完成寺院中对于丝绸刺绣的一般用途。

致谢:本文在写作过程中得到众多老师和同事的指点和帮助,特此致谢:敦煌研究院张先堂先生、罗华庆先生;麦积山文物保护研究所李先铭先生、张铭先生;上海东华大学李薇女士;中国丝绸博物馆刘剑先生。

(本文由赵丰与王乐合作完成,原载《敦煌研究》2022 年第 2 期)

敦煌的胡锦与番锦

敦煌是丝绸之路上的重镇,敦煌市场上所见的丝绸不仅有来自东方的中国丝绸,同时也有来自西方的中亚系统织锦。在敦煌文书中出现的胡锦和番锦之名,当与西北或西域地区有关。本文试图从织物的技术出发对唐至五代敦煌地区出现的胡锦和番锦作一探索,并对敦煌文书中记载的大红番锦伞提出复原的方案。

一、番锦、胡锦和沙沙那锦

关于敦煌文书中记载的胡锦和番锦,姜伯勤先生已经做了大量的工作,他统计了敦煌文书中提及的2处胡锦和3处番锦。我们又查到一处胡锦,列举如下:

1.《辛未年(971?)三月八日沈家纳赠历》(P. 4975背)①中提及:

> 主人碧绢一匹,绿绢一匹,车影锦一匹,胡锦一匹,非(绯)绫一匹,甲頡(缬)一段,黄画被子两条。

2.《庚子年(940或1000)后某寺交割常住什物点检历》(S.

---

① 宁可、郝春文:《敦煌社邑文书辑校》,江苏古籍出版社1997年版,第427页。但姜伯勤《敦煌吐鲁番文书与丝绸之路》书中作"P. 4972"。本文关于敦煌文书中胡锦和番锦的其他记载均原载唐耕耦、陆宏基:《敦煌社会经济文献真迹释录》,全国图书馆文献缩微复制中心1990年版。其文书名与姜伯勤书中所引有出入。

4215)中提及：

> 小胡锦褥子壹。

3.《庚子年（940 或 1000）后某寺交割常住什物点检历》（P. 4908）中提及：

> 又李都头施入圣僧小胡锦褥子壹。

4.《唐咸通十四年（873）正月四日沙州某寺交割常住物等点检历》（P. 2613）载：

> 番锦腰杂汉锦夹缬者舌。

> 大红番锦伞壹，新，长丈五尺，阔一丈，心内花两窠，又，一张内每窠各师子贰，四缘红番锦，五色鸟玖拾陆。

5. 吐蕃占领时期的《龙兴寺卿赵石老脚下依蕃籍所附佛像供养具并经目录等数点检历》（P. 3432）载：

> 阿难裙，杂锦绣并杂绢补方，并贴金花庄严，番锦缘，及锦绢沥水，阔两箭，贰。

6.《什物点检历》（S. 6276）中也提及：

> 大红锦伞壹，番锦缘绿绫裙并 　紫丝网上有金渡含口铜铃紫　 拾柒，铜火镜紫大小肆。

胡锦和番锦都应该与西域地区有关，或者就是西域地区生产的织锦。姜伯勤引用了王国维的《西胡考》，认为："胡即西胡，西胡中包括了高昌以西的各伊兰语族，如于阗人、粟特人、波斯人等，也包括了远在佛菻的拜占庭人（罗马人和叙利亚人），所谓胡锦当出自这些西胡人之手。"[1]至于番锦，姜伯勤则认为：狭义的番锦"未知是否可能指吐蕃锦、吐蕃人喜好的锦或沙州丝绵部落中吐蕃人主持生产供吐蕃人用或用于外销的织锦"，而广义的番

---

[1]　姜伯勤：《敦煌吐鲁番文书与丝绸之路》，文物出版社 1994 年版，第 207 页。

锦也可以是胡锦的同义语，即指周边部族制锦，有时也包括外国锦①。

胡锦与番锦的名称在唐宋时期出现较多。除敦煌文书之外，正史上也可以经常看到。虽然这些分别出现在不同史书记载中的胡锦和番锦可能会有着不同的含义，但我们相信，在敦煌一地，大家对胡锦和番锦的看法总体应该是一致的。特别是在所有这些记录各种日用物品的检点历和纳赠历中，人们对这些织物的规格和尺寸的概念十分清晰。因此，我们可以从织物的规格出发，来看一看胡锦和番锦的具体情况。

中原地区的织锦自古以来就采用匹的规格，至唐未变。根据《通典》载：唐制"布帛皆阔尺八寸、长四丈为匹"。从唐尺一尺约为 30 厘米计，其幅宽一般在 50 厘米上下。敦煌文书中也记载了大量有着具体幅宽的绢织物，其尺寸大多为 1 尺 8 寸至 2 尺，折算后也是 50—60 厘米②。检之于出土实物，唐代初期的经锦幅宽大多是在 50 厘米左右，与文献中的匹相一致。后来中原虽然也织造纬锦，但中原纬锦一般的门幅只是略宽于经锦，以唐代晚期至辽代十分重要的雁衔绶带锦而言，它的门幅约在 70—80 厘米③。即使是要织特别宽的大张锦时，虽然其幅宽也很宽④，约 100 厘米，但其织物的长度还是可以很长，此时还是可以称为匹。

相比之下，西域地区或是说中亚系统的织锦规格则有很大的不同，它们所采用的规格称为张。这种规格我们曾在吐鲁番文书

---

① 姜伯勤：《敦煌吐鲁番文书与丝绸之路》，文物出版社 1994 年版，第 208—209 页。

② 王进玉：《敦煌遗书中的丝织物》，《丝绸史研究》1987 年第 1—2 期合刊。

③ 赵丰：《雁衔绶带锦袍研究》，《文物》2002 年第 4 期。

④ 见代宗：《禁断织造淫巧诏》和《新唐书·地理志》述扬州贡物。

中找到过它们的具体尺寸。哈喇和卓 88 号墓中出土的《北凉承平五年(447?)道人法安弟阿奴举锦券》①提到过丘慈中锦一张，其长度为 9 尺 5 寸，幅宽为 4 尺 5 寸，折今长为 275.5 厘米，宽 130.5 厘米。而另一件出自哈喇和卓 99 号墓的文书《义熙五年(409)道人弘度举锦券》②中所提及的西向白地锦，其半张的尺寸为 4 尺和 4 尺，也就是说一张的长为 232 厘米、宽为 116 厘米，总结起来看，这种以张为单位的织锦幅宽在 1 米以上，长度可达 2 米以上③。

由此，我们不妨来看一下敦煌文书中提及的胡锦和番锦的幅宽。在上述提到的 6 处文献中，《辛未年三月八日沈家纳赠历》(P. 4972 背)中提到了"胡锦一匹"，这里的胡锦明确用匹作胡锦的单位，那就说明这种胡锦的规格与中原生产的织物相同，很有可能就是在中原地区或是在与中原地区有着密切联系的地方生产的织锦。如《册府元龟·帝王部》纳贡献下后唐庄宗同光四年(926)，有沙州节度使曹义金进谢"胡锦"。《宋史·于阗传》载宋建隆二年(961)于阗贡胡锦，《宋会要辑稿》载熙宁十年(1077)于阗有胡锦。这说明，胡锦很有可能就是在于阗生产的。另两件《庚子年后某寺交割常住什物点检历》(S. 4215、P. 4908)中提到的是"小胡锦褥子"，这里的"小"可以有两种解释，一是指用胡锦制的小褥子，另一是指小胡锦制的褥子。如采用后一说，则既然称为小胡锦，估计其幅宽也不会很宽。而敦煌文献中提到的番锦是以张为单位的，如《唐咸通十四年正月四日沙州某寺交割常住物等点检历》(P. 2613)提到的番锦有"一张内每窠各师子贰"。

---

① 唐长孺：《吐鲁番出土文书》(一)，文物出版社 1981 年版，第 89 页。
② 唐长孺：《吐鲁番出土文书》(一)，文物出版社 1981 年版，第 95 页。
③ 赵丰：《唐代丝绸与丝绸之路》，三秦出版社 1992 年版，第 96 页。

所以，胡锦很可能并不是在胡地生产的织锦，而可能是中原地区模仿西方题材或是有着某些西方风格的织锦而已。此类织锦，早在北朝晚期就已见生产，当时采用的是中原传统的经锦，而织出的却有很多大象、狮子、牵驼等西域风情的图案，特别是吐鲁番阿斯塔那隋代墓中出土的胡王牵驼锦（图1）中，还织有"胡王"两个汉字，是当时人们印象中的胡地风情①。另一件收藏于中国丝绸博物馆的对波纹狮象牵驼纹锦上（图2），也只有一个"胡"字②。敦煌文书所提及的胡锦，虽然与此已隔了近300年，但或许还是保留了当时人们对胡锦的习惯看法。而番锦应该是与粟特锦等相类似的中亚系统织锦。

从织物规格出发判断织锦的类型归属，同样也可以用于敦煌

图1　吐鲁番出土胡王牵驼锦

① 新疆文物局、上海博物馆：《新疆维吾尔自治区丝路考古珍品》，上海译文出版社1998年版，第130页。

② 中国丝绸博物馆：《丝国之路——5000年中国丝绸精品展》，圣彼得堡2007年版，第78页。

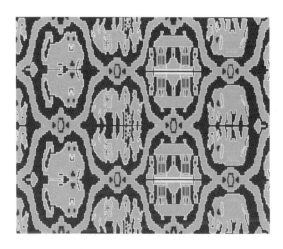

图 2　对波纹狮象牵驼纹锦复原

文献中提到的其他织锦,特别是以张作单位的中亚系统织锦。如
《龙兴寺卿赵石老脚下依蕃籍所附佛像供养具并经目录等数点检
历》(P. 3432):

　　　拾捌窠锦　一张。

又如《年代未详(840)沙州僧崇恩处分遗物凭据》(P. 3410):

　　　将八窠上锦一张,施入都司

这两件以窠为图案并以张为单位的织锦,虽然文中没有提及
织锦的题材,但我们知道它们也应该是中亚风格的织锦,属于番
锦之列。而且前者的图案排列应该是纬向 3 窠、经向 6 窠,共有
18 窠,后者则是纬向 2 窠、经向 4 窠,共有 8 窠,两者的经纬团窠
数量之比都是 2∶1,正与当时张的规格相吻合。

最后,让我们来看敦煌文献中提到的沙沙那锦。《宋太平兴
国九年(984)十月邓家财礼目》(S. 4609)中提到:

　　　沙沙那锦壹张、青锦壹张、红锦两匹、绣锦壹匹、白罗壹
　　匹、紫罗壹匹、绮正绫壹匹、楼机绫壹匹、生绢两匹、红锦被两

张、非（绯）锦被壹张、紫绮褥壹面、非（绯）锦褥壹面。

这里的红锦两匹和绣锦一匹明显是中原系统的织锦，而沙沙那锦、青锦一张、红锦被两张和绯锦被一张，都应该是属于番锦。对于青锦、红锦和绯锦我们无法有更为详细的信息，但对于沙沙那锦，我们认为这也是一处地名。它虽然有可能是萨珊（Sasan）的对音，但更有可能是"赞丹那"的对音（Zandana）。赞丹那是粟特地区布哈拉北的一个城市名，历来以生产织锦著称。海宁所考证的那件著名的粟特织锦的背面就写有"赞丹尼奇"的字样，意思就是"赞丹那"生产的织物。尚刚考证，金灭辽后的次年（1126），宋朝使臣副使得到过一种称为"赞叹宁"的织物，显然就是赞丹尼奇。这种织物一直到元代作坊中仍在生产，作坊名称就以此为名，称为"撒答剌欺"①。这说明，当时赞丹那的织锦确实已经十分有名。再看沙沙那锦的单位也是"张"，正是中亚织锦的规格，沙沙那锦本身也应是中亚系统的织锦。如此看来，沙沙那与Zandana的对音应该成立，则沙沙那锦就是中亚系统的粟特锦。

二、敦煌发现的中亚系统织锦

从文献上来证实番锦和中亚系统的关系或许还比较容易，但要在敦煌出土的丝织品中明确找到属于中亚系统的织锦确实不易。好在海宁（W. Henning）和舍费尔德（Dorothy G. Shepherd）对比利时辉伊（Huy）主教堂中的中窠对羊纹锦作了详细研究，海宁释读了织锦背后的粟特文墨书："赞丹尼奇织物，长六十一拃"，

---

① 尚刚：《撒答剌欺在中国》，载中国丝绸博物馆：《丝国之路——5000年中国丝绸精品展》，圣彼得堡2007年版，第26—27页。

而舍费尔德分析了这件织物的技术特点①。后来，更有俄罗斯的伊露萨利姆斯卡娅(A. Yelusalimskaya)把世界上的各种中亚系统织锦作了完整的分析，华安娜(A. Wardwell)对克里夫兰博物馆收藏的织锦作了极详细的分析②。笔者也因对青海都兰出土丝织品的详细研究而对中亚系统织物有了更深刻的了解。它们的基本技术特点是采用三枚斜纹纬重组织，属于标准的唐式纬锦之类，其经线总是加有强烈的 Z 捻，通常由 2—3 根并列而成，一般有本色和深红两种色彩。其纬线非常平直，色彩丰富，不同色彩的纬线相互覆盖非常完整。其图案只在纬向循环而不在经向循环，图案的勾边通常以二纬二经为单位③。

从这些基本的技术特点出发，我们可以从敦煌藏经洞发现的丝绸实物中找到属于中亚系统的织锦，共约 9 种。

1. 团窠尖瓣对狮纹锦(MAS. 858，EO. 1199)

大英博物馆收藏的团窠尖瓣对狮纹锦经帙(MAS. 858)中部以纸制成，上复以绢，角下写一"开"字，再用两条花卉纹的缂丝带装饰。经帙四周及卷首由团窠尖瓣对狮纹锦作缘，同类织锦制成的经帙在法国吉美博物馆所藏伯希和的敦煌收集品中也有一件(EO. 1199)，根据这两件经帙我们可以复原它的图案，其经向循

---

① Dorothy G. Shepherd & W. Henning，1959. Zandaniji Identified? *Aus der Welt der islamischen Kunst. Festscherift Ernst Kuhnel*，Berlin，1959，pp. 15-40.

② James C. Y. and WARDWELL，Anne E，1997. *When Silk was Gold：Central Asia and Chinese Textiles*(New York：Metropolitan Museum of Art，in co-operation with the Cleveland Museum of Art).

③ Zhao Feng，Jin，Taquete and Samite Silks：The Evolution of Textiles Along the Silk Road，*China：Dawn of a Golden Age* (200-750AD)，The Metropolitan Museum of Art and Yale University Press，2004，pp. 67-77.

环约为 32 厘米,纬向循环约为 22—23 厘米(图 3)。这类织锦在
世界各地都有收藏,说明它是当时十分流行的一类产品,但其中
保存最为完好的应数收藏于法国 Sens 的对狮纹锦,该锦保存非
常完好,有完整的幅边,幅宽 116 厘米,一幅中共有四个团窠,由
上至下共七个团窠,上下各有供裁剪用的界边,长 8—11.5 厘米。
以二十片三角形的尖瓣组成一个团窠环,这种装饰只有在中国的
西北地区看到过,主题纹样是一对有翼的狮子站立于叶台之上,
团窠之外是两对兽与直立的花树。

图 3　团窠尖瓣对狮纹锦图案复原

2. 红地联珠对羊对鸟纹锦(MAS. 862,EO. 1203/E)

大英博物馆所藏的红地联珠对羊对鸟纹锦(MAS. 862)原作
幡首,其图案为红地上显绿、白、棕三色花,主花是高约 21 厘米、
宽约 17.5 厘米的联珠团窠纹样,团窠中心棕榈叶底盘上站立有
一对野山羊,身上点缀四瓣花卉纹样。在宾花位置则是一个椭圆
形的瓣窠,窠中为对鸟图案。同样的图案在伯希和收集品中也有
一件(EO. 1203/E)。作为图案主题的野山羊纹样造型与收藏于

比利时辉伊大教堂中带有粟特文题记"赞丹尼奇"的织锦完全一致[①],但构成团窠的联珠圈。这件织锦有可能是公元 7 世纪下半叶至 8 世纪上半叶的作品(图 4)。

图 4　红地联珠对羊对鸟纹锦图案复原

3. 淡红地团窠对鸭纹锦(MAS. 863)

这件淡红地团窠对鸭纹锦现藏大英博物馆,它以淡红色纬线作地,其上以黄、白、绿、蓝四色纬线起花,其中蓝、绿两色纬线分区显花,织物面积较小,现仅存一团窠纹样的局部,高约 11.4 厘米,推测宽约 10.8 厘米,团窠环以朵花纹样装饰,中心为一对鸭,并无平台可立,圈外宾花为几何形花卉状,但已不清晰(图 5)。

4. 黄地小花中窠对鹰纹锦(EO. 1193)

黄地小花中窠对鹰纹锦共有三片残片,现藏巴黎吉美博物

① Dorothy G. Shepherd and W. Henning, *Zandaniji Identified? Aus der Welt der islamischen Kunst. Festscherift Ernst Kuhnel*, Berlin, 1959, pp. 15-40.

图 5　淡红地团窠对鸭纹锦图案复原

馆,图案已经不清。但可以看出它是小朵花作团窠环的一种图案,而且团窠中的花坛上有鸟立的残迹。与青海都兰夏日哈露斯1号墓出土的同类织锦比较可以发现,它们的图案极为接近。在以小花组成的中型团窠环中,鹰非常雄健,昂首挺胸相对而立,头上各有一圈光环(图 6)。

图 6　青海出土黄地小花中窠对鹰纹锦

5. 黄地联珠对兽纹锦（EO. 1207）

黄地联珠对兽纹锦缘经帙（EO. 1207）现藏巴黎吉美博物馆。这一经帙中间亦用纸作主要材料，再用缂丝带装饰，但四周则用一种联珠对兽纹锦作缘，其技术也是典型的中亚织锦，以黄色作地，蓝、红、白三色显示纹样（图 7）。

图 7　黄地联珠对兽纹锦图案复原

6. 红地宝花纹锦（MAS. 865，L：S. 642）

红地宝花纹锦的残片很多，据我们统计，约有 57 片，均为斯坦因所得，现分别藏于大英博物馆和维多利亚阿伯特博物馆。通过图案复原可以得知其为红地上以黄、绿、白、淡蓝和深蓝等色纬线织出宝花纹样（图 8）。但从技术上分析，这些红地宝花纹锦已属典型的中亚粟特织锦系统，应该是唐代中亚织工生产的，这可能是中亚织工对中国纹样的一种不同的阐述[①]。

---

①　Aurel Stein，*Serindia*：*Detailed Report of Explorations in Central Asia and Westernmost China* Vol. II. Oxford：Clarendon Press，1921，p. 982.

图 8　红地宝花纹锦图案复原

7. 黄地联珠花树卷草纹锦（MAS. 917）

黄地联珠花树卷草纹锦现藏大英博物馆，共有三片残片，出自同一织物。以黄色纬线作地，其上以浅蓝、白两色纬线显花。根据残留的织物可拼出一高约为 8.2 厘米、宽约为 6.5 厘米的联珠形团窠纹样，窠内是一枝三叉的花树图案。这种花树纹样在中亚粟特织锦中并不多见，但与斯坦因在吐鲁番阿斯塔那挖到的一件团窠联珠花树纹锦多少有些相似（Ast. i. 1. 01）[①]（图 9）。团窠采用二二错排的方式排列，团窠之间则装饰以卷云式的花卉。

8. 黄地十样花纹锦（EO. 1203AA）

黄地十样花纹锦现藏巴黎吉美博物馆。图案已经损坏得非常严重，但依然可以分辨出其主题纹样是唐代流行的十样花纹。红色作地，有蓝、绿、白等色丝线显花，织锦图案的纬向循环在

---

① Aurel Stein, *Innermost Asia：Detailed Report of Explorations in Central Asia，Kan-su and Eastern Iran* Vol. III. Oxford：Clarendon Press，1928，p. LXXX.

图 9　黄地联珠花树卷草纹锦图案复原

4—6.5 厘米不等。

9. 黄地心形纹锦(MAS. 922,L：S. 338：1,EO. 1193/C)

黄地心形纹锦有 5 片残片,分别保存在大英博物馆、维多利亚阿伯特博物馆和吉美博物馆。它是在黄色地上织出红色心形图案,心上点缀有四个白色的圆点,心尖位置则由亮蓝、淡粉红、深蓝三色纬线分区织成,二二错排,图案经向循环为 4.6 厘米、纬线循环为 3.3 厘米。这类图案在 Toharistan 的 Balalitepe 壁画上的人物服饰中也有出现[1](图 10),在中亚粟特织锦的实物中,还经常可以看到用心形作团窠装饰环或是装饰带的。

---

[1]　Medinova, G. , *Early Medieval Textiles from Central Asia* (*in Russian*), *Dushanbe*, Donish Publishing House, 1996, fig. 23.

图 10　黄地心形纹锦

三、大红番锦伞盖的复原

敦煌保存的中亚系统织锦有一部分作为经帙的边缘,大部分只是残片,无法判断其原用途,敦煌文书中记载最为明确的番锦用途是作大红番锦伞的伞盖,包括伞盖的中心部分和四周缘边,即《唐咸通十四年正月四日沙州某寺交割常住物等点检历》(P.2613)提到的大红番锦伞,据此,我们基本可以进行结构性的复原研究。原记载中关于整件锦伞的原文如下:

> 大红番锦伞壹,新,长丈伍尺,阔壹丈,心内花两窠。又,壹张内每窠各师子贰,四缘红番锦,伍色鸟玖拾陆。

> 青吴绫裙,长贰丈叁尺伍寸。红锦腰,阔肆寸,青夹缬里。每面杂色柱子肆拾枚,阔肆寸,长壹尺伍寸。贰色绢带肆拾只,白绫者舌肆拾枚,每面杂色柱子拾枚。

伞的类型有圆有方,文书中明确记载了它的长宽尺寸,显然这是一件长方形的锦伞。伞盖是它的顶,其主要织物面料在中心是“心内花两窠,又壹张内每窠各师子贰”,我们认为,这里的心内花两窠就是指每张锦内的两窠狮子,四周则用大红地的团窠五色鸟锦作边。伞的四周垂有很长的用吴绫做的伞裙,裙的上部是用红锦做面、青缬为里的裙腰,裙外还装饰了杂色柱子和者舌。根据文中所记载的尺寸，并按一尺合 30 厘米计，我们可以得出这一锦伞的总尺寸约为长 450 厘米、宽 300 厘米、高 705 厘米。本文针对以番锦制成的伞盖，在已有的出土实物中找到尽可能接近的样品，再按照伞盖的记载提出番锦伞盖的结构复原方案。

首先我们来找五色鸟锦的实物。自 1983 年以来，青海都兰热水吐蕃墓地曾出土了大量的团窠含绶鸟织锦，从其织造技术分析，它们都属于典型的中亚系统织锦，一般均以 1∶4 的斜纹纬二重织成，经线采用两根或是三根 Z 捻的紫色丝线作夹经，单根 Z 捻作明经，纬线用大红作地，蓝、绿、白、黄四色显花，有时则将五色进行分区换色，有时则用更多的色彩显示，部分色彩的纬线则浮于背后。从图案来看，这类含绶鸟锦都以深藏红色为地，鸟羽通常都有红、蓝、绿、黄、白五色，可以称为五色鸟。但从细节来看则还可分成很多类型，但主要流行的有两类，一类是团窠内单鸟独立，另一类是团窠内双鸟对立。前者最典型的实例是都兰热水血渭大墓出土的中窠花瓣含绶鸟锦(图 11)。这类五彩鸟锦以团形瓣窠作环，内置立鸟，鸟站于联珠台上，颈上和翅上都饰有联珠绶带，鸟嘴也衔有联珠绶带，其经向循环约 34.5 厘米，纬向循环约 21 厘米(可以在一定范围内变化)，其整件织物的团窠分布应该是纬向有 4 个团窠、经向 6 个团窠。这类织锦的图案还在敦煌 158 窟吐蕃占领时期的彩塑上可以看到[①](图 12)，可以证实中唐时期此类五色鸟锦确实在敦煌存在过。后者最典型的实例是收藏于美国克利夫兰博物馆的中窠联珠对鸟锦衣，其织物的经向循

---

① 常沙娜:《中国敦煌历代服饰图案》,中国轻工业出版社 2001 年版,第 148 页。

图 11　青海出土中窠花瓣含绶鸟锦

图 12　莫高窟第 158 窟锦枕上的中窠花瓣含绶鸟锦

环为16厘米、纬向循环为14厘米①（图13）。但是，后一类对鸟纹的五色鸟锦的团窠大小变化很多，可知的有大、中、小三种，分别在一窠内占4窠、6窠、8窠左右。

图13 克利夫兰博物馆藏中窠联珠对含绶鸟锦

团窠内作双狮纹的织锦实例也有很多，大量的是如藏经洞出土经帙边上的中窠尖瓣对狮锦。但无论从色彩还是尺幅来看，都与大红番锦伞上的对狮纹锦有较大的差距。较为相似的是收藏于瑞士阿贝格基金会的两件红地大窠对狮锦。一件是 Nr. 4863 红地大窠对奔狮纹锦（图14），另一件是 Nr. 4864 红地大窠对立狮纹锦（图15）。两者均保存较为完好，虽然图案不全，但可以推得前者的图案循环在约80厘米，而后者的图案循环则已超过了

---

① James C. Y. and WARDWELL，Anne E，1997. *When Silk was Gold：Central Asia and Chinese Textiles*（New York：Metropolitan Museum of Art，in co-operation with the Cleveland Museum of Art），pp. 34-37.

80 厘米[①]。对此锦的图案复原，Regula Schorta 认为是一幅中有两个团窠，但我认为它在加上两侧的幅边之后近 1 米，基本上已是张的规格。所以，在我们的推测中，这一张大窠的对狮纹锦很有可能是与阿贝格基金会收藏的后一件瓣窠对狮纹锦相似。

图 14　阿贝格基金会藏红地大窠对奔狮纹锦

现在我们来考虑敦煌大红番锦伞的伞盖复原方案。我们先从已知的伞盖的尺寸和狮子、五色鸟的只数出发，提出 A 和 B 两种方案。

方案 A 是中间一块红地大窠对狮纹锦，四周是一圈红地中窠五色鸟纹锦，即将 96 只五色鸟都排在四周，较为合理的布局是在长边排约 29 只、短边排 19 只。此时还有两种可能，方案 A1 是窠中独鸟，每只鸟的纬向循环（或团窠的直径）应该是 15 厘米左右，即使鸟身稍长，其经向高度不应该超过 20 厘米。这样，中

① Karel Otavsky, *Stoffe von der Seidenstraße*：*Eine neue Sammlungsgruppe in der Abegg-Stiftung*, *Entlang der Seidenstraße*：*Frühmittelalterliche kunt zwischen Persien und China in der Abegg-Stiftung*, 1998(6)，Abb. 5-6.

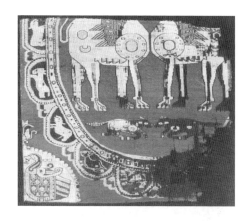

图 15　阿贝格基金会藏红地大窠对立狮纹锦

间剩下的一块织锦的尺寸应该长约 410 厘米、宽约 260 厘米，其中每个团窠狮子的尺寸也应在 2 米以上，显然这一尺寸太大，与当时张的规格不符。方案 A2 是将 96 只五色鸟成对排列，那么，此时的布局更为合理，即有 48 窠对鸟，此时应在长边排约 14 窠、短边 10 窠。每个团窠的纬向循环（或团窠的直径）应在 30 厘米左右，其经向高度不应该超过 40 厘米。这样的话，中间的对狮织锦尺寸应该在长 370 厘米、宽 220 厘米左右，每个团窠狮子的尺寸也应在 2 米左右，还是太大（图 16）。

　　方案 B 的中间是一块红地大窠对狮纹锦，四周是两圈红地中窠五色鸟纹锦。在这种情况下，外圈的鸟数应该比内圈的鸟多 8 只，也就是说，外圈应为 52 只鸟，内圈应为 44 只鸟。此时，我们也可以有两个方案。方案 B1 是采用一窠独鸟，外圈的长边和短边团窠数分别应为 16 窠和 10 窠左右，内圈的长边和短边团窠分别应为 14 窠和 8 窠。每一团窠的纬向循环应在近 30 厘米，其经向循环往往大于纬向循环，可以推测为 40 厘米左右。这样，中间剩下的那块红地大窠狮纹锦的尺寸应是长 290 厘米、宽 140 厘米

图 16　大红番锦伞盖复原图方案 A2

左右。另一个方案 B2 是窠中对鸟，外圈的长边和短边团窠数分别应为 8 窠和 5 窠左右，内圈的长边和短边团窠分别应为 7 窠和 4 窠。此时，每一团窠的纬向循环应在近 60 厘米，这种大团窠的经向和纬向循环往往比较接近，也推测为 60 厘米左右。这样，中间剩下的那块红地大窠狮纹锦的尺寸应长 210 厘米、宽 60 厘米左右（图 17）。

　　与历史上纬锦"张"的规格相比较，方案 A1 和 A2 中大窠对狮锦的门幅太大，而方案 B2 的门幅又显然太窄，因此，方案 B1 是一个较为合理的复原。此时，我们也可以推得原耗用织物的量是红地大窠对狮锦一张、红地中窠五色鸟锦四张，而这一张对狮

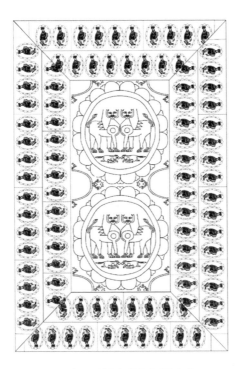

图 17　大红番锦伞盖复原图方案 B1

锦中共有两窠对狮,织物规格约宽 140 厘米、长 290 厘米,而每张五色鸟锦中应有 24 窠立鸟,属纬向 4 窠、经向 6 窠的排列,此时每张的规格约宽 120 厘米、长 240 厘米。

（本文由赵丰与王乐合作完成,原载《敦煌研究》2009 年第 4 期）

法藏敦煌纺织品的种类

伯希和收集的敦煌纺织品虽较斯坦因收集品数量略少,但其种类总体相当。从材质上可以分为棉、麻、丝、毛四大类,从工艺出发可以分为织、编、染、绣四大类。在法藏敦煌纺织品的研究过程中,我们因为有机会进行部分纺织品的取样分析,因此得到了更为全面的技术信息,对敦煌纺织品的种类了解也更为全面了。

一、敦煌的纺织原料

1. 麻

麻类纤维是我国使用最早并且最广的纺织原料,但其种类甚多,汉唐期间最为常用的是大麻和苎麻。

大麻是属于桑科的一年生草本植物。历史上我国大麻纤维使用的主要范围为除东南沿海之外的广大地区,其织物称为布。新疆吐鲁番曾出土过不少唐代麻布,上有"澧州(今湖南澧)慈利县调布"字样,说明它来自中南地区[①]。敦煌文书 S. 6537《放妻书样文》有"女寒绩麻"之语,说明在敦煌本地可能也有大麻的种植。

苎麻又名野麻,属荨麻科,是一种南方传统的纺织原料。用苎麻织出来的产品应该称为纻,但通常也可以称为布。新疆吐鲁番也出土过两块分别写有"婺州兰溪县脚布"和"宣州溧阳县调

---

① 　王炳华:《吐鲁番出土唐代租庸调布研究》,《文物》1981 年第 1 期。

布"字样的织物,根据分析测试,其各项指标均与现代的苎麻非常接近,因此推测为苎麻织物①。

敦煌文书中有着大量关于布的记载,大部分指的都是大麻织物。其中的官布和赀布出现的频率最高,应该就是唐朝官方作为税收征得的织物,来自内地。此外布名还有细布(P.5031)、白净布(S.2041)、生布(P.5003)、八综布(P.2583)、庭子布(S.5973)、土布(S.1398)等,从字面很难分别是指何种麻类织物。

在实物分析中,大麻和苎麻的特性也很难区别。我们对编号为 MG.26748 和 MG.26771 的两件麻布残片的纱线分别进行了截面和纵向观察,发现前者的截面呈很尖的锐角三角形,三角形处有大量的裂纹,反映了纤维的硬化和发脆。而后者的截面三角形较钝较小一些,三角形内有较为完整和明显的中空。从与现存的大麻和苎麻纤维来比较,这两种都应该是麻的结构(图1、图2)。

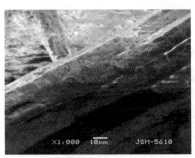

图 1　MG.26748 麻布残片及其截面和纵向

2.棉

棉花是锦葵科棉属作物,其中用于纺织的是一年生的草本

---

① 陈维稷:《中国纺织科学技术史 古代部分》,科学出版社 1984 年版,第 132 页。

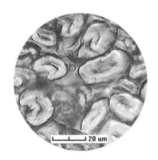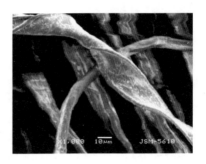

图 2　MG.26771 麻布残片及其截面和纵向

棉，古称白叠，主要分布在我国西北地区。《梁书·西北诸戎传》载：高昌一带有"草，实如茧，茧中丝如细纩"，名为白叠子。国人多取织以为布"①。这种白叠子就是棉花。唐代的吐鲁番文书中多次出现当时农民自种或请人代种棉花的记载，说明了在新疆一带棉纺织的普及②。

　　敦煌文书中也多次出现关于棉织物的记载，其名称除大量出现的绁和白绁名称之外，还有粗绁（P. 2032、P. 2049）、细绁（P. 2704、P. 4046）、立机细绁（S. 4504）、立机绁［P. 2040（背）］、安西绁［P. 2992（背）、P. 3985］等名。这里的粗绁和细绁只是说明织物的粗犷和精细，立机绁说明的是其所用织机是西北地区较为流行的立机，而安西绁以地名命名，说明当地的棉织品已经非常有名。

　　在法藏敦煌纺织品中，我们也对部分棉织物进行了截面测试，其中 MG. 17790 莲座佛像棉布幡面的经线和纬线进行了测试，其纤维截面均呈椭圆形，不太规则，可以判断，两者都是棉。

①　（唐）姚思廉：《梁书·西北诸戎传》。
②　沙比提：《从考古发掘资料看新疆古代的棉花种植和纺织》，《文物》1973 年第 10 期。

MG. 26777 是一块褐色的棉布残片，其经线为浅褐色，纬线为深褐色，其鉴定结果也都是棉（图 3）。

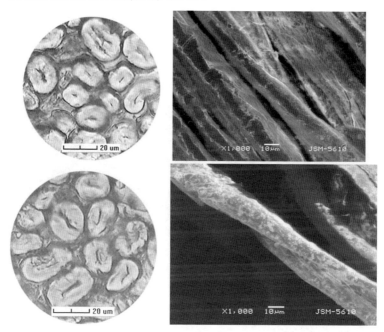

图 3　MG. 26777 棉布残片及其截面和纵向

3. 毛

毛纤维在我国历史上很早就开始使用了，特别是在西北地区。敦煌也是我国毛织品的重要产地之一，敦煌文书 S. 542（背）《沙州诸寺寺户妻女放毛簿》中为寺院从事十多种生产活动的一些人名下注有"放（纺）毛半斤"，敦煌本地还有褐袋匠、毡博士等名称，都是当地毛纺织业的实例[①]。

关于敦煌的毛织品种类，文书 P. 2032 中提到了"斜褐"，应该

---

① 王进玉、赵丰：《敦煌文物中的纺织技艺》，《敦煌研究》1989 年第 4 期。

是一种斜纹的毛织物，而文书 P. 4908 中所记载的大量毛毡都属于无纺织品，其名有白毡、白方毡、白绣毡、花毡等。法藏敦煌实物中未见整块的毛织物，但发现了一些毛纺而成的线，如 MG. 26741 一组幡带上所缝系的红线，以两根加有强 Z 捻的红色毛线再合成一根股线，其截面为十分均匀的圆形，其纵向带有明显的鳞片状，明显是用毛纤维纺成的(图 4)。

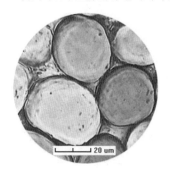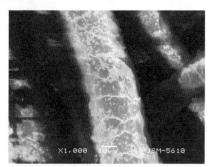

图 4　MG. 26741 毛布残片及其截面和纵向

4. 丝

当然，敦煌纺织品中数量最大的是丝织品，丝绸之路上出土的汉唐织物中数量最大的也是丝织品。在法藏敦煌丝织品中，里布夫人曾对 EO. 1206 蓝地朵花纹锦进行过纤维的分析[①]，这次我们也有机会对吉美博物馆所藏若干丝纤维进行截面观察。

敦煌的普通平纹绢很多，我们对其中的一些散落的残片取样进行了测试，发现其截面均为均匀的钝角三角形，其纵向也很平滑，测得一根丝中有 26—28 个三角形，也就是说这里的一根生丝

[①]　Riboud and Vial，1970 Riboud Khrishnâ and Vial Gabriel，1970. Tissus de Touen-Houang conservé au Musée Guimet et Bibliothèque Nationale (Paris：Adrien-Maisonneuve)，p. 177.

很可能就是 13—14 颗茧子缫成的（图 5）。此外的一些提花织物中也是如此，如 MG. 26774 褐地朵花纹花绫，其褐色经线和白色纬线均为蚕丝，截面相似，但作为经线的褐丝单根由 12 颗茧子缫成，而作为纬线的白线则由大量的丝线并丝而成。EO. 1201 是团窠葡萄立凤纹锦，其丝线也是特别均匀的钝角三角形，其丝线的质量似乎好于其他。

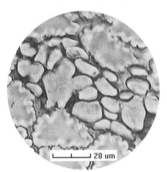 

图 5　平纹绢残片及其截面和纵向

但是，MG. 26743 是一种紫绵绫，经纬丝线均加有极强的 Z 捻，应该是纺丝线而成，其截面也具备同样的规律，一根单丝中的蚕丝数量极大，几近百根，各蚕丝的截面之间大小不一，很不均匀，中间有一圆截面，可能是混入的羊毛，也说明了这种丝线在制作时采用了与毛纺相同的工艺技术（图 6），这很有可能是西北当地生产的蚕丝。

二、丝织品种

丝织物是敦煌藏经洞出土文物的重要组成部分，法藏敦煌丝织品的种类与英藏丝织品相仿，与敦煌文献所见也基本一致，常见的有绢、绮、绫、锦、妆花、缂丝等品种。

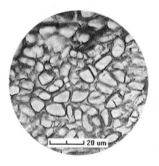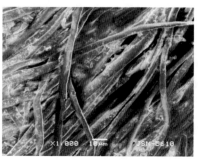

图 6　MG.26743 紫绵绫残片及其截面和纵向

1. 绢

绢是平纹的丝织物。敦煌文书提及的绢类织物很多，在出土实物中更为多见，多用于幡的不同部位，如幡面、幡带、幡身等，其他如经帙的系带、背衬等，还经常被用作染缬和刺绣的底料。

从实物来看，敦煌的绢也可以根据是否经过精练而分为生、熟两种。生绢是指未经精练脱胶的平纹织物，熟绢则是对生绢脱胶之后的称呼。熟绢如未曾染色则可称练，如经过染色则可称为色绢，如用各种色彩命名的草绿、青、碧、绯、紫、黄、墨绿、麹尘等各色绢。

根据对实物的整理分析，敦煌绢织物中的大部分熟绢纤度适中、经纬紧密，但有一类用于佛画的平纹丝织物特别稀疏，据我们对其中的画绢残片的测试结果来看，其每根丝线纤维的投影宽通常在 0.08 毫米左右，经丝的密度在 50 根/厘米左右，其中每两根为一组，穿入一个筘眼，织出的效果是经丝两两靠得比较近，中间留出约 2.5 毫米的空间，每根纬丝其实由多根并成，并后的纬丝投影宽约为 1.5 毫米，密度约为 40 根/厘米（图 7）。这类绢织物虽然稀疏，却特别平挺，绢上施以彩绘之后也不走形。这种平纹绢应该是一种生绢，敦煌文书中记载的"生绢千佛像""生绢卢舍

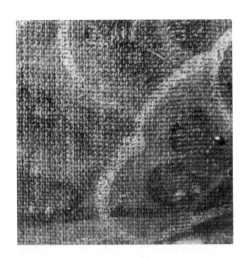

图 7　EO.1160 平纹画绢组织结构图

那像"(P.2613)极可能就是以此为底而画成的佛像。

2.绮

　　我们所称的绮是指平纹地上以斜纹或不规则斜纹组织显花的织物。虽然绮的名称出现很早,在敦煌文物中也曾出现过紫绮、青绮、红绮、夹缬绮等少量绮的名称,并无明确的证据证实文书中的绮就是我们这里所介绍的平纹地暗花丝织物。

　　在吉美藏敦煌艺术品中有着大量的平纹地暗花织物,均采用并丝织法织造,即将两根或两根以上相邻的经线穿过同一提花综眼,并具有相同的运动规律,且在投梭时将同一组提花综提升两次或两次以上,通常能形成两种不同的花部效果,一种是以规则斜纹显花，一种是以不规则斜纹显花[①]。我们在本卷中对其中相当数量的同类织物用上机图进行了组织及其提花规律的描述，特别是对其中大量的平纹地上显几何纹样的织物。此类织物如龟背小花纹绮（EO. 1192/D），即在平纹地上以 2-2 并丝法织出 3/1Z 斜纹组织显花；对波葡萄纹绮（EO. 1203/D）则是在平纹地上以 3/1S 斜纹组织显花（图 8）。而大部分平纹地上以 1/5 斜纹显花的织物则可看作由 2-2 并丝组织按 2/1 规律与平纹地配合显花的结果，如花卉纹绮（MG. 26769）都是此类织物的实例。

图 8　EO. 1203/D 绮组织结构图

敦煌绮织物中使用 4-4、2-4、4-2、3-3 等并丝组织块与平纹地组织配合，在平纹地上以浮长显花而呈不规则斜纹的也有不少，

---

① 　Riboud and Vial，1970 Riboud Khrishnâ and Vial Gabriel，1970. Tissus de Touen-Houang conservé au Musée Guimet et Bibliothèque Nationale（Paris：Adrien-Maisonneuve），p. 177. Zhao Feng，1994. ´G-G Patterning Method of Silk Weaving in Earlier China'，in *Journal of China Textile University*，vol. 11，no. 2，1994，pp. 1-10.

其图案大部分采用菱格、龟背等几何纹样，以 4-4 并丝法显花的有彩绘地藏菩萨绢幡手上的蓝色菱格纹绮（MG. 22798）等；以 2-4 并丝法显花的有浅棕色绮残片（Pelliot Chinois 2876）、绿色菱格纹绮经卷系带（Pelliot Chinois 2849）等；以 4-2 并丝法显花的则有菱格地朵花纹绮（MG. 26721/B）等，其组织都非常有特色。

3. 绫

绫是以斜纹为基础组织的丝织物。见于敦煌文书的绫名有楼绫、楼机绫、小绫子、定绫、吴绫、御绫、独窠绫、孔雀绫、犀牛绫、盘龙绫等种种名目[①]，但在实物中则多可分为暗花绫（包括异向绫和同向绫）、素绵绫、二色绫等。其用途也很广，敦煌文书中提到了大量用于服装的绫，而在吉美所藏丝织品实物中则多用于佛幡、伞盖等。

四枚异向绫是敦煌绫织物出现较多的一种斜纹暗花织物，法藏敦煌织物中发现不多，但也有 EO. 1191/C 刺绣莲花伞盖所用作底料的浅红色绫以 1/3Z 斜纹地上以 3/1S 斜纹显花（该处和词条不符）；EO. 3652 盘绦纹绫幡上的幡手龟背纹绫由 3/1Z 斜纹和 1/3S 斜纹互为花地（图 9），花地斜纹的斜向刚好相反，由于其都采用四枚斜纹组织，地为经面斜纹、花为纬面斜纹，故准确地说应该归类于同单位异面异向绫。

同向绫通常是以三枚经面斜纹为地、六枚纬面斜纹为花，花地斜向相同。这类组织的出现较四枚异向绫略迟，如团窠宝花纹绫幡（EO. 3652）上的团窠宝花纹绫以 2/1S 斜纹做地，以 1/5S 斜纹显花，此外，绶带纹绫幡身（EO. 3662/A 和 B）采用的也是同一种组织结构。这种组织的特点是图案轮廓清晰、效果明显，织物

---

① 赵丰、王乐：《敦煌丝绸与丝绸之路》，中华书局 2009 年版，第 51—54 页。

图 9　EO.3652 四枚异向绫组织结构图

图 10　EO.3652 同向绫组织结构图

牢度较强（图 10）。

敦煌文书中还多次提及"绵绫"一词，如《辛未年三月八日沈家纳赠历》（P.4975）中有"绯绵绫内姜（接）二丈三尺""非（绯）绵

绫一丈七尺""紫绵绫一丈八尺""白绵绫二丈八尺";《乙酉年正月
二十九日孔来儿身故纳赠历》(P. 2842 背)中则有"白绵绫三丈"
的记载。这种绵绫应该是采用"绵线"作经纬线,并以斜纹组织织
成的绫织物。所谓"绵线"是指将次下等的茧中无法用于缫丝的
丝纤维抽出,采用纺纱的方法纺成的可供织造的纱线①。这种织
物在吉美所藏敦煌丝织品中也屡有发现,吉美博物馆藏紫绵绫
(MG.26743),以 2/2Z 斜纹组织织造,其经纬线均采用 Z 捻的绵
线;而法国国家图书馆所藏的黄色绵绫经面(Pelliot tibétain 324)
经纬线亦为 Z 捻绵线织出斜纹(图 11)。

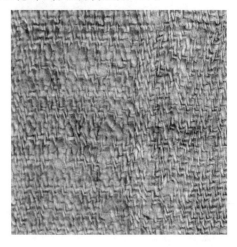

图 11　Pelliot tibétain 324 素绵绫组织结构图

4. 罗

与绢、绮、绫等织物不同,罗织物的经线相互扭绞与纬线交织
而成。在当今的织物组织学中,我们把全部或局部使用两根经线
相互绞转并每一纬绞转一次这种组织的织物称为纱,而其余的则

---

①　贾应逸:《新疆丝织技艺的起源及其特点》,《考古》1985 年第 2 期。

均归入罗织物。自商以来，纱罗织物的主要组织类型是四经绞罗或称链式罗，敦煌实物中的罗织物都毫无例外地采用了这种传统的罗组织，其中又可分为素罗和暗花罗两种。素罗的实物有浅棕色罗幡手（EO. 1205/bis），而暗花罗是以菱格等图案为主，其实例有深紫色菱格罗（MG. 26776）、绛色菱纹罗（MG. 26742）。特别漂亮的是持红莲菩萨幡［EO. 1399(P. 149)］的幡身边上由宽约0.5cm 的红色菱格四经绞罗作缘（图 12）。罗织物除大量被用作刺绣的底部之外，也见于佛帐额带、幡带、幡身、经卷系带等处。

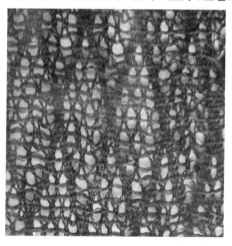

图 12　MG. 26742 菱纹罗组织结构图

5.缂丝

缂丝是一种借毛毯织造的方法来生产的丝织品。它在织机上布好经线，再用多种色彩的丝线作纬，以"通经回纬"的方法织成。在纬线变换色彩之处，"承空视之，如雕镂之象，故名'刻丝'"。《鸡肋篇》中说，织刻丝"不用大机，以熟色丝经于木棹上，随所欲作花草禽兽状，以小梭织纬时，先留其处，方以杂色线缀于经纬之上，合以成文，若不相连"。故而它的特点是纬线不像一般织物那样贯穿全幅,而只织入需要这一颜色的一段,因此"虽作百花,使不相类亦可,盖纬线非通梭所织也",但也因此极为费工,"妇人一衣,终岁可就"①。

新疆吐鲁番、青海都兰等地都曾出土过小面积的唐代缂丝,敦煌藏经洞中也有少量的发现,所见多用于佛幡或经帙之上,或作系带,或作悬襻,均很狭窄。如吉美博物馆所藏团窠尖瓣对狮纹锦缘经帙(EO. 1199)和联珠对兽纹锦缘经帙(EO. 1207)上均有缂丝作饰。但吉美博物馆所藏蓝地十样花缂丝带(EO. 1193/N),在蓝色地上以绿、栗、米黄、橙等色丝线缂织出十字花卉纹样,并在局部使用片金线来增加装饰效果,从放大的照片看,片金线采用了纸作背衬。另一件白地宝花立鸟缂丝带(EO. 1203/A)更为精美,图案中心为一宝花中的立鸟纹样,宝花上装饰有四片花瓣及四朵花蕾,均以绿色为主织成,可以看到花瓣中心及花蕾边缘也是以片金线缂织而成的(图 13)。

6. 锦

锦是古代织物中最为丰富多彩的熟织物,古称"织彩为文",其纹样主题极为丰富,敦煌文书中提到的就有莲花、鹿、花卉、师(狮)子、五色鸟等众多题材②。但在吉美藏敦煌织锦中,既有经锦也有纬锦,纬锦之中还可见唐式纬锦和辽式纬锦的不同变化。

经锦最早出现在战国,但多是平纹经锦,到隋唐之际出三枚斜纹经锦,这类织锦在吉美也有大量保存,如蓝地宝花纹锦(EO. 1203/C)、米色地宝花纹锦(EO. 1193/bis)、红地团花对鸟纹锦(MG. 17785)、深绿地朵花纹锦(EO. 1206、EO. 1206/B、EO. 3654、

---

① (北宋)庄绰:《鸡肋篇》。

② 赵丰、王乐:《敦煌丝绸与丝绸之路》,中华书局 2009 年版,第 65—67 页。

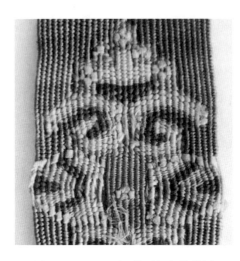

图 13　EO. 1193/N 缂丝组织结构图

EO. 3655）、绿地花卉纹锦（EO. 1193/B）、绿地方点纹锦（EO. 1193/K）等，此外还有持红莲菩萨幡［EO. 1399（P. 149）］上用作幡头斜边的三瓣朵花纹锦也是一种三枚斜纹经重组织（图 14）。

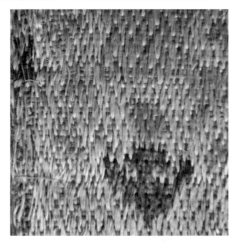

图 14　EO. 1399 斜纹经锦组织结构图

　　纬锦出现于魏晋南北朝时期，其最初形式是平纹纬锦，到唐代早期大量出现斜纹纬锦。此时的斜纹纬锦是一种标准斜纹纬二重，即由一组明经和一组夹经与纬线进行交织，最后的效果在织锦正面是纬面斜纹，在织锦的背面却是经面斜纹（图 15）。

图 15　EO. 1199 标准斜纹纬锦组织结构图

　　此类纬锦在唐代十分流行，有两个主要类型：一类主要产地在中原地区，其夹经多加 S 捻，图案以内地喜闻乐见的宝花或花鸟题材为主。实例有联珠大窠联珠花树翼马纹锦（EO. 1202），这是一件较早的中国织工模仿斜纹纬锦的作品，其中大联珠纹和翼马纹均说明了其年代相对较早；还有一件实例是吉字葡萄中窠立凤纹锦（EO. 1201），是在仿制波斯锦的基础上进行改变而成的，其图案则是典型的陵阳公样①。另一类即主要产于中亚地区的粟特锦，图案多具有明显的西域风格，其夹经均多加 Z 捻。实例

---

　　①　赵丰：《隋唐丝绸上的团窠图案》，《故宫文物月刊（台北）》1996 年第 7 期。

有对狮纹锦缘经帙（EO. 1199）上的团窠尖瓣对狮纹锦、红地联珠中窠对羊纹锦（EO. 1203/E）、黄地小花中窠对鹰纹锦（EO. 1193/A1-3）红地心形纹锦（EO. 1193/C）、联珠对兽纹锦缘经帙（EO. 1207）、十样花纹锦缘经帙（EO. 3663）等。

从晚唐起，斜纹纬锦的基本组织结构和织造技术有了极大的变化，其织锦的正面和背面都呈现纬面效果，此类织锦称为辽式纬锦[①]。这种辽式纬锦在吉美博物馆藏敦煌织锦中也有出现，其中蓝地朵花卐字锦（EO. 1193/F）、卷草纹锦（EO. 1203/H）是辽式斜纹纬锦（图16），而蓝地圆点纹锦（EO. 1193/L）是辽式缎纹纬锦（图17）。

图16　EO. 1193/F辽式斜纹纬锦组织结构图

7. 妆花织物

妆花是对挖梭工艺的别称，在局部的图案地区以通经回纬的方式织入专门的彩纬，具体又可以根据不同的织物地组织再进行

---

① 赵丰：《辽代丝绸》，沐文堂美术出版社2004年版，第43—58页。

图17　EO.1193/L辽式缎纹纬锦组织结构图

细分,敦煌藏经洞发现的妆花织物主要以妆花绫为大宗,其中又可以分为两类:一类是在素织物地上采用妆花工艺,如褐地朵花纹花绫(MG.26774),褐色地经和褐色地纬织成 5/1Z 向斜纹,花部织入白色纹纬,纹纬与地经在花部交织成 1/5S 斜纹(图 18)。另一类妆花绫则是在暗花织物上采用妆花工艺,如团花对蝶纹妆花绫(EO.1193/D),白色经线和地纬以 5/1Z 斜纹交织成地组织;在花部则加入一组黄色纬浮丝线,以通经断纬的方法织出团窠图案(图 19)。

三、印染品种

印染是在织物上施以色彩形成图案的工艺。在吉美博物馆所藏敦煌织物中,通常可以看到两个大类:一是夹缬,二是彩绘。

1. 夹缬

夹缬是一种用两块雕刻的对称花板夹持织物进行防染印花

 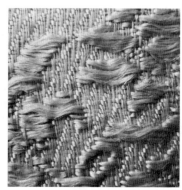

图 18　MG.26774 花绫织物结构图　　图 19　EO.1193/D 妆花织物结构图

的工艺及其产品，唐人所著《因话录》记载，这种工艺发明于唐代开元十二年（724）之前，其发明者是玄宗柳婕妤的妹妹柳氏[①]。

　　夹缬发明之后，其名屡见于唐代史料。新疆吐鲁番文书"天宝年间行馆承点器物帐"载有"夹缬"被子之名（TAM193、348、391）[②]，日本的《东大寺献物帐》和《法隆寺献物帐》中也有大量夹缬的物品名，年代均在 740—750 年[③]。敦煌出土文书中亦多次提及夹缬一名，特别是《唐咸通十四年（873）正月四日沙州某寺交割常住物等点检历》（P.2613）中有多处提到敦煌当时使用夹缬的情况，用夹缬制作的物品有"夹颉团伞子""夹缬伞子""黄夹缬大伞""夹缬带""番锦腰杂汉锦夹缬者舌花带伍拾肆""夹缬幡"

---

　　①　（北宋）王谠《唐语林》卷 4《贤媛》援引唐人所著《因话录》载："玄宗柳婕妤有才学，上甚重之。婕妤妹适赵氏，性巧慧，因使工镂板为杂花，象之而为夹缬。因婕妤生日，献王皇后一匹，上见而赏之，因敕宫中依样制之。当时甚秘，后渐出，遍于天下。"

　　②　唐长孺：《吐鲁番出土文书》（二），文物出版社 1981 年版，第 331 页。

　　③　东京国立博物馆：《法隆寺宝物馆》，东京国立博物馆 1999 年版，第232—233 页。

"青吴绫裙,长贰丈叁尺伍寸,红锦腰,阔肆寸,青夹缬里"等等[1],说明了夹缬在当时的广大用途。

夹缬可以通过防染区域的隔离进行单色或是多彩染色,由此得到单色夹缬和彩色夹缬两大类产品。在敦煌藏经洞发现的夹缬中,大部分都是彩色夹缬,如蓝地花卉纹夹缬绮(EO. 1194)、黄地宝花纹夹缬绢(EO. 1192/B)、红地朵云朵花纹夹缬绢(EO. 1196/ter)、龟背团花纹夹缬绢(EO. 1196bis/C)、团花纹夹缬绢(EO. 1196bis/A)、蓝地朵花夹缬绢(MG. 26723)、花卉纹夹缬绢(EO. 3656)、花卉纹夹缬绢幡(MG. 26460)、绿地红花夹缬绢幡头(EO. 1192/A)、花卉纹夹缬绢幡头(EO. 1192/C1)、宝花纹夹缬缘绢面幡头(EO. 1192/C2)等,其所用工艺大多是两套色夹缬,再加以第三套色的晕染,最后形成五彩夹缬的效果。

除了大量五彩夹缬之外,吉美博物馆所藏夹缬实物中还有两件较为特殊的夹缬。一件是浅褐地绞纹夹缬绢(EO. 1196bis/B),这是一件仿绞缬作品,此件织物看似浅褐地上白点纹的绞缬,其实所有的白点纹样完全一致,显然是一种雕版印花形成的、模仿绞缬的效果。另一件是用作藏文佛经封面的花卉纹夹缬经面(PT. 42),这件夹缬绢的地部为红色,以忍冬叶构成菱形的骨架,在菱形交叉点上有两种花朵:一种是四瓣心形花,花朵红色,花蕊蓝色;另一种是四瓣梳形花,花瓣为蓝色,花蕊红蓝相叠。这件夹缬的发现,不仅是夹缬工艺技术的一个实证,而且也是夹缬技术从汉地传入西藏的一个佐证(图20)。

① 赵丰、王乐:《敦煌丝绸与丝绸之路》,中华书局 2009 年版,第 73—74 页。

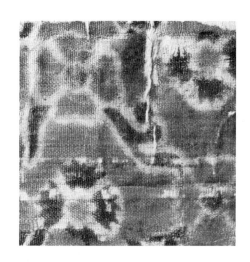

图 20　Pelliot tibétain 42 花卉纹夹缬

2. 彩绘

吉美博物馆所藏彩绘作品也有不少。除大量绢画幡和唐卡之外，还有不少以装饰纹样为主题的彩绘作品。

第一类是作为幡足的装饰，通常是绘有墨描线图，如红绫地墨绘朵云幡头斜边（EO. 1195）、墨绘折枝花幡手及幡足（EO. 1197、EO. 1198、EO. 1204、EO. 1205/ter）、墨绘蔓草纹幡足（EO. 1197/bis、EO. 1197/ter、EO. 1204/bis）、墨绘朵花纹幡手（EO. 1205/A-B、MG. 26739）等等。再如大尺寸的幡身、幡手或幡足，常有一种形式是单色的彩绘，如湖蓝地红绘卷草纹绢（EO. 3649）、黄地墨绘卷草纹绢（EO. 3650）、黄地墨绘卷草纹绢（EO. 3651）等等，这些绘画线条较粗，适合于远看。

第二类是作为幡身，有着极为华丽的彩绘，这些彩绘其实与绘画并没有什么区别，特别是一些可以看到佛像或是菩萨像的幡身，如持红莲菩萨幡（EO. 1399，P. 149）、彩绘地藏菩萨绢幡（MG. 22798）、文殊菩萨骑狮像幡（EO. 1398，P. 196）等，另有一些以装饰纹样为题材的幡身，如绢地彩绘花卉纹幡身（EO.
1160）、银泥练鹊衔枝纹绢幡（EO. 3584）、银泥迦陵频迦纹绢幡
（EO. 3585）、银泥花鸟祥云纹绢幡（EO. 3586）、绢地银绘对鸟花
卉幡身（EO. 1164）等，可以看作丝绸印绘艺术在绢幡上的一种延
伸（图 21）。

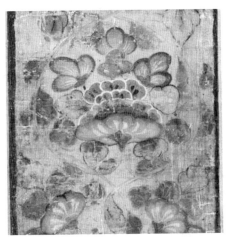

图 21　EO. 1160 绢上彩绘

　　第三类是麻布和棉布的彩绘，一般较为常见的是麻布上的彩
绘，如莲座佛像麻幡面（EO. 1222/A）、手绘对狮对凤纹麻布（EO.
1174），但吉美藏有一组红地彩绘团雁纹麻幡头（MG. 24643、MG.
24644、MG. 24645、MG. 24646、MG. 24647、MG. 24648、MG. 26718、
MG. 26719），以红色为地，上绘团雁，非常罕见（图 22）。

四、刺绣品种

　　法藏敦煌丝绸中还有不少刺绣，据所见出土的实物及敦煌文
书记载，除了以佛教题材为主的幡、伞、幢、绣像等在寺院使用的

图 22 MG. 24645 麻布上的红地彩绘团雁

绣品外，还有褥、带、裙、鞋等生活用品。其针法除了锁绣，还包括从中派生出的劈针、平针等众多技法。

1. 绣像和绣经

敦煌遗存出土的刺绣数量不少，最早的一件是第二代广阳懿烈王元嘉（法名慧安）于北魏太和十一年（487）在洛阳制作，然后通过僧人带到敦煌供奉的供养绣像①。类似现象在当时非常普遍，《洛阳伽蓝记》载：宋云、惠生使西域时，见当地"悬彩幡盖，亦有万计，魏国之幡过半矣"②。敦煌佛教寺院里所使用的这类佛教题材的刺绣不在少数，敦煌《龙兴寺卿赵石老脚下依蕃籍所附佛像供养具并经目录等数点检历》（P. 3432）中提到有"佛屏风像壹合陆扇。绣像壹片，方圆伍尺；生绢阿弥陀像壹，长肆尺，阔叁尺壹寸；绣阿弥陁像壹，长叁箭，阔两箭，带色绢；末禄绁绣伞壹，

① 敦煌文物研究所：《新发现的北魏刺绣》，《文物》1972 年第 2 期。
② （北魏）杨衒之：《洛阳伽蓝记》卷五。

长壹(丈)柒尺,阔壹丈,无缘,新"。大英博物馆所藏的刺绣灵鹫山释迦牟尼说法图(MAS.1129)是一幅巨型刺绣,另一件藏于印度国立博物馆刺绣千佛帐(Ch.00100,其中一残片藏于英国维多利亚阿伯特博物馆,编号 L∶S.559)则是一件绣出千佛小像的作品①。吉美博物馆藏品中有一件绢地刺绣伞盖彩绘千佛(EO.1163),虽然十分残缺,但还可以看出其上部是一群彩绘的小佛像,而下部应为一大佛,作品仅存其中的伞盖部分,下面必然有大佛站立,与大英博物馆所藏佛像应该相仿。

法藏敦煌刺绣品中更为难得的是一幅刺绣《佛说斋法清净经》(Pelliot chinois 4500),这类佛经在敦煌遗书中仅见此例,在文书中也没有发现类似的记载,说明这是罕见的特例。实物之中,仅有辽宁省博物馆藏有一件织成的《金刚经》,为是后梁贞明二年(916)所织,说明用织绣等特别的工艺进行佛经的生产,在晚唐到五代已开始流行②。这种绣品大量出现可能与祈福有关,因为绣像是为了布施,刺绣中的每一针代表了一句颂经、一粒佛珠、一次修行,一针即一福,刺绣过程本身也能达到积福的目的③。

无论是绣像还是绣经,其所用的技法都是劈针绣。劈针属于接针的一种,在刺绣时后一针从前一针绣线的中间穿出再前行,在外观上看起来与锁针十分相似,它和锁针的最大区别就在于劈针的绣线直行而锁针的绣线呈线圈绕行,因此其技法比锁针要相

---

① 赵丰:《敦煌丝绸艺术全集·英藏卷》,东华大学出版社2007年版,第212—213页。

② 国家文物局、中国科学技术协会:《奇迹天工:中国古代发明创造文物展》,文物出版社2008年版,第63页。

③ 盛余韵:《纺织艺术、技术与佛教积福》,载胡素馨主编:《佛教物质文化:寺院财富与世俗供养国际学术研讨会论文集》,上海书画出版社2003年版,第64—80页。

对方便得多(图 23)。这是因为锁针虽是当时的主流针法，但用于制作大面积大密度的作品，费时费工。因此绣工尝试用表观效果基本一致的劈针来代替锁针，从而大大提高生产效率，可以说这是当时刺绣技法的一大进步。

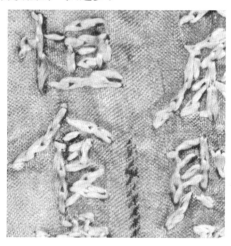

图 23　Pelliot chinois 4500 劈针刺绣局部

2. 彩绣花卉

敦煌文书提及的刺绣除以佛教为专题之外，还有"白绣罗带""绯绣衫子""紫绣礼巾""方绣褥子""绯绣罗裤"等种种①。从敦煌藏经洞发现的实物来看，这类刺绣大多采用的是平绣或是少量加以钉金绣勾边。

所谓"平绣"即一种以平针为基础针法，运针平直，只依靠针与针之间的连接方式进行变化的刺绣技法，常用多种颜色的丝线

---

① 赵丰、王乐：《敦煌丝绸与丝绸之路》，中华书局 2009 年版，第 81—82 页。

绣作,其色彩丰富,因此也有人称其为"彩绣"①。而敦煌实物中所见的平绣亦不在少数,如绫地刺绣鸟衔花枝(EO. 1191/A)、刺绣莲花伞盖和宝伞(EO. 1191/C、EO. 1191/D)、蓝地刺绣花卉残片(EO. 1191/F)、绿罗地刺绣花卉(EO. 1191/B)、刺绣凤鸟残片(EO. 1191/BB)等,均以绫或罗织物为绣地,并在其背后再另衬一层绢织物。这种将罗和绢绣在一起的方法在史料中被称为"罗表绢衬",因此我们亦可称其为衬绢绣。以罗为绣地的风格是对战国秦汉时期刺绣传统的继承,而且因为是日用刺绣,不像绣像那样致密,因此罗地常见(图 24),这种风格一直到宋元时期仍有影响。

图 24　EO. 1191/B 平针刺绣局部

总的来说,敦煌藏经洞所发现的纺织物品种十分丰富。虽然英藏敦煌织物中已有大量说明,但法藏敦煌织物也有少量不同的

---

① 中国纺织品鉴定保护中心:《纺织品鉴定保护概论》,文物出版社2002 年版,第 81 页。

特点。我们在研究法藏敦煌纺织品的过程中，不仅有机会进行了部分纤维的分析，同时还进行了织物上机图的研究，对敦煌织物的生产技术有了更为深入的了解。因此，综合英、法两批藏品，可以得出更为完整的认识。

（本文由赵丰与徐铮、周旸合作完成，原载赵丰主编《敦煌丝绸艺术全集·法藏卷》，东华大学出版社 2010 年版，第 38—47 页）

丝绸之路上的唐代夹缬

　　夹缬是用两块雕刻成凹凸对称的花板夹持织物进行防染印花的工艺。花板凸出之处不能染上色彩,而花板凹入之处则可以上染,图案由此得出。夹缬也可以通过防染区域的隔离,进行单色或是多彩印花。

　　夹缬发明于唐代。据北宋王谠《唐语林》援引《因话录》载:"玄宗柳婕妤有才学,上甚重之。婕妤妹适赵氏,性巧慧,因使工镂板为杂花,象之而为夹缬。因婕妤生日,献王皇后一匹,上见而赏之,因敕宫中依样制之。当时甚秘,后渐出,遍于天下。"[①]据《旧唐书·玄宗纪上》:"开元十二年七月乙卯,废皇后王氏为庶民",因此,夹缬的发明应该在开元十二年(724)之前。

　　夹缬发明之后,其名频见于唐代史料。新疆吐鲁番文书"天宝年间行馆承点器物帐"载有"夹缬"被子之名(TAM193),可能是目前所知关于夹缬最早的文字记载;著名诗人白居易(772—846)《玩半开花赠皇甫郎中》诗云:"成都新夹缬,梁汉碎胭脂。"[②]此诗成于大和八年(834),诗中所称梁汉之地属今四川境内忠州和广汉。陕西扶风法门寺地宫出土《应从重真寺随真身供养道具及恩赐金银器物宝函等并新恩赐到金银宝器衣物帐》(874)载:

---

　　① (北宋)王谠《唐语林》卷四《贤媛》。
　　② 《全唐诗》卷454。

"红罗裙二幅各五事，夹缬下盖各三事已上惠安皇太后施。"[①]

敦煌出土文书中亦多次提及"綊缬"（S. 5680）和"甲頡"（P. 4975），亦是指夹缬。P. 2613《唐咸通十四年（873）正月四日沙州某寺交割常住物等点检历》中也有多处提到敦煌当时使用夹缬的情况，用夹缬制作的物品有"夹頡团伞子贰""夹缬伞子壹""黄夹缬大伞壹""团绣伞子壹，绯绢者舌，夹缬带""番锦腰杂汉锦夹缬者舌花带伍拾肆""夹缬幡伍口""青吴绫裙，长贰丈叁尺伍寸，红锦腰，阔肆寸，青夹缬里"。这里的夹缬可以用作幡、伞、带、裙等，充分说明夹缬在敦煌当地使用之广泛。

一、丝绸之路上发现的夹缬实物

目前所知出土的唐代夹缬，有新疆吐鲁番出土的白地葡萄纹印花罗（64TAM38）和天青地花卉印花绢（72TAM216），均是天宝十载（751）之后的产物（图1）。此外在青海都兰吐蕃墓中也有

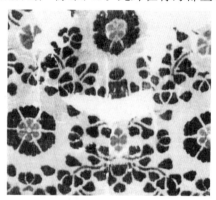

图 1　吐鲁番发现的夹缬作品

---

①　韩伟：《法门寺地宫唐代随真身衣物帐考》，《文物》1991 年第 5 期。

出土，但最为集中的发现则属敦煌藏经洞。同时期较远的夹缬发现是在俄罗斯北高加索地区的莫谢瓦亚巴尔卡（Mochevaya Balka），同墓还出土汉文纸质文书，当为唐代夹缬无疑。此外较为大量的收藏是日本奈良正仓院，其中肯定有不少属于唐代夹缬，但也有可能部分为日本的仿制品。

现将丝绸之路上所见夹缬实物列于下表（表1）。

以上的夹缬作品共有29种，其中大多数有较为完整的图案，少量较残，无法看清其图案全局，只能知道其色彩或图案题材。

二、丝绸之路上唐代夹缬的图案

根据我们在《敦煌丝绸艺术全集·英藏卷》中的统计，藏经洞共出夹缬29种，其中大部分为花卉图案，而且还重复使用，但也有7种夹缬图案包括动物纹，有些是花鸟纹样，共有4种，为雁、鹤和蝶等，而有3种为比较单纯的大型动物纹样，有对马、对鹿、格力芬，较为少见。

从图案题材来看，唐代夹缬大量采用的是盛唐及中唐时期的团窠花卉。其中最为典型的是团窠宝花，如百衲褊中的一件宝花纹夹缬绢（MAS.856）和墨印佛像宝花纹夹缬绢（Hir.24）的宝花都是唐代极为经典的宝花，使用一个主花和一个宾花交替排列。其他一些团花纹夹缬绢（MAS.886，Loan.291/292/293/294）和十样花纹夹缬绢（Loan.297、683）循环较小的是从柿蒂花或者十样花中发展而来，它们大多采用一种主花二二错排形成图案。这些花卉与同时期织锦上的图案有较大区别，宝花的外形有时会变得呈方形。但这些团窠花卉到晚唐时也发生不小的变化，有时是花花之间以十字形的叶子交错相连，风格有些类似宋代的簟文和四出图案，如朵花连叶夹缬绢（MAS.878/879，Loan.591/298）。

表 1 丝绸之路上所见夹缬实物

序号	夹缬名	色彩	图案循环（厘米）	夹缬板长度（厘米）	用途	BM No.
1	红黄夹缬罗结	红、黄			罗结	MAS. 914
2	大团花夹缬绢	蓝、浅褐色印，黄色染			幡首	MAS. 886, Loan. 291/292/293/294
3	小团花夹缬绢	蓝、橙褐色印，黄色染			幡身	
4	簇六球路朵花纹夹缬绮	浅黄、蓝	6.5×11.5	大于 46.5	幡身	1919. 127
5	方胜朵花夹缬绮	蓝、橙褐色印，黄色染	18×18		幡身	MAS. 880, Loan. 556,552
6	蛱蝶团花飞鸟夹缬绢	蓝、橙			幡身	Loan. 552
7	卷草团花夹缬绢	蓝、黄			幡身	Loan. 545
8	团窠盘鹤夹缬绢	红、黄			幡身	Loan. 621
9	十样花纹夹缬绢	蓝、红褐色			幡身	Loan. 297
10	团窠朵花对鹿夹缬绢	蓝、橙褐色印	直径约 56	长 57.6，宽 26.8	幡身	MAS. 874/875
11	十样花纹夹缬绢	蓝、红色印，绿色染			幡头斜边	Loan. 683
12	夹缬绢	红黄色			经卷系带	BLS. 2116
13	夹缬绢	红黄色			经卷系带	BLS. 490
14	鸟衔花枝夹缬绢	蓝、红褐		长 52，宽 32	百衲裤边	MAS. 856

续表

序号	夹缬名	色彩	图案循环（厘米）	夹缬板长度（厘米）	用途	BM No.
15	宝花纹夹缬绢	红、褐			百衲裤片	
16	对马夹缬绢	蓝、褐色	纬55	长76，宽26	大幡身	MAS.885
17	团窠花卉对雁夹缬绢	蓝、红褐色印，黄色染		长，宽28.3	幡身	MAS.876/877
18	团窠盘绦格力芬夹缬绸	蓝、红褐，黄			残片	MAS.944.a-c
19	簇六团花夹缬绢	蓝、红色印，黄色染			残片	Loan.546/558/592/682
20	十样花纹夹缬绢	蓝、红褐印			幡身	MAS.931，Loan.544
21	朵花连叶夹缬绢	蓝、红印、黄染			夹缬	MAS.878/879，Loan.591/298
22	花卉纹夹缬绢	褐地、蓝、红印、黄染			残片	Loan.554
23	团花纹夹缬绫	蓝地、黄			残片	Loan.411
24	团花纹夹缬绢	蓝、红褐色印，黄色染			幡脚	Loan.541
25	蓝地白点夹缬绢	蓝			残片	MAS.932，Loan.555
26	花卉纹夹缬绢	蓝、红褐			残片	MAS.881
27	卷草纹夹缬绢	红、绿			残片	MAS.1131
28	墨印佛像宝花纹夹缬绢	褐			残片	Hir.24
29	花卉纹夹缬绢	蓝			残片	L.S.291-294

有时则以方胜骨架或是龟背骨架进行显花，前者如方胜朵花夹缬绢（MAS. 880，Loan. 556,552），后者则如龟背花卉纹夹缬绢（1919.0101.127）。敦煌夹缬图案中还出现了以簇六结构进行排列的图案，如簇六团花夹缬（Loan. 546/558/592/682），将主题花卉进行二二错排，并在错排之间穿插其他花卉，而且，后者的花卉的变化更多，明显带有唐代后期及五代时期的风格。

夹缬之中另一类图案带有动物题材，有对马、对鹿、格力芬以及雁、鹤和鸟等。马、鹿和格力芬都是丝绸之路上十分流行的题材，它们在敦煌夹缬上的出现明显反映了当时的文化交流。对马纹夹缬（MAS. 885）上马的造型十分古拙，与唐昭陵前六骏的造型颇为神似，其中一对马身上还有斑点纹和卍字纹。团窠朵花对鹿纹夹缬绢（MAS. 874/875）十分明显带有初唐时团窠联珠纹的遗风，但与织锦中的鹿纹相比更为轻健，显然是东方鹿的造型。格力芬为鹰喙狮身，传说中是守卫中亚黄金宝藏的神兽，这一题材在唐代开始出现在丝绸上，但还非常少见，敦煌的团窠盘绦格力芬夹缬绮是十分难得的一件（MAS. 944. a-c）。而雁、鸟等在唐代中期之后官服上特别常见，到唐晚期更加流行，这里的鸟衔花枝夹缬绢（MAS. 856）正是唐代官服图案的模仿。而另一类团窠中的双鸟已采取了朝同一方向飞转的喜相逢形式，与唐代早期的对鸟形式不同，如团窠盘鹤夹缬绢（Loan. 621）和蛱蝶团花飞鸟夹缬绢（Loan. 552）。

1. 对马夹缬绢

此件对马图案的夹缬绢现藏大英博物馆（MAS. 885a＋b），长 67.5 厘米、宽 52.8 厘米，正是幅宽。绢上共有两对较为完整的马，两对马身后侧上均饰有卍字纹，但在上的一对色彩较浓，身上饰有斑点，尾巴较细。在下的一对马色彩较浅，可以看到马头上有明显的马镳装置，马身没有花纹，但后侧还是可见有卍字纹。

织物的底部应该还有一对马,可以看到方向相对的马腿,但马腿方向相对,正说明在这两行马之间是夹缬制成时的折叠中轴线。这样可以推测夹缬板的长度在 76 厘米左右①,而其宽度约为 26 厘米。其年代可定为中唐至晚唐(图 2)。

图 2　对马夹缬绢图案复原

2.朵花团窠对雁夹缬绢

这件夹缬绢共有三片,其大小尺寸相近,均在 24—26 厘米。其中大英博物馆藏有两片(MAS. 876 和 MAS. 877),另有一片藏于爱米塔什博物馆,已折成三角形用作幡头(Дx51)。三片织物可以拼复出完整的图案。图案分团窠和十样花两个主题,团窠环

---

① Whitfield, Roderick, 1983. *The Art of Central Asia. The Stein Collection in the British Museum*, vol. 3:Textiles, Sculpture and Other Arts. Tokyo:Kodansha International Ltd in co-operation with the Trustees of the British Museum. p. 293.

由联珠小团花组成，团窠中心是四瓣花，中心和环之间共有四对大雁。图案的经向循环约在 56.6 厘米，纬向循环应刚好是幅宽，尺寸与此相近。夹缬包括两种基本色彩，一是橙色用于染雁、花和团窠环的底色，二是蓝色用于染地、团窠环、小联珠环以及团窠环内的叶子，十样花上的叶子由于在蓝色上加绘了黄色而呈现出绿色。其年代当为唐代偏晚期（图 3）。

图 3　朵花团窠对雁夹缬绢

3. 朵花团窠对鹿纹夹缬绢

同样的团窠对鹿纹夹缬绢同时藏于大英博物馆和爱米塔什博物馆。大英博物馆共有三片，其中的 MAS. 875 是一件幡的幡身，呈正方形，长、宽均为 28 厘米。另两片略呈长方形，其中 MAS. 874a 为长 30.2 厘米、宽 16.5 厘米；而 MAS. 874b 长 28.7 厘米、宽 10.9 厘米，它们有可能来自同一件幡的幡身。同样的夹缬还可见于爱米塔什博物馆中的夹缬幡（Дх55），在这件夹缬幡中，第一片幡身基本呈正方形，长 26.8 厘米、宽 27.1 厘米，正是一片朵花团窠对鹿纹的夹缬。四片夹缬绢拼合后可以基本复原出图案，为朵花团窠中的花树对鹿，窠外为团花。同时，联珠团窠也不再是单纯的联珠，而是以朵花连成的团窠环（图4）。

夹缬染色包括两种基本色彩，一是橘红色主要用于染地，二是蓝色用于染鹿本身、树纹和团窠框架。两种色彩有时重叠，因此团窠环上的朵花由褐蓝和明蓝相间排列，其未染色的图案勾边也没有像一般夹缬作品上的勾边那样清晰。其年代应该较晚，约在中唐至晚唐（8世纪下半叶—9世纪）。

图4　朵花团窠对鹿纹夹缬绢

4. 团窠格力芬夹缬绮

此件夹缬作品仅见于大英博物馆（MAS. 944），共有三片。MAS. 944a 长 27.5 厘米、宽 13.2 厘米；MAS. 944b 长 33.0 厘米、宽 13.0 厘米；MAS. 944c 长 6.9 厘米、宽 14.0 厘米。三片织物原来同出一件，可以拼合出大型图案的夹缬绮中的一个局部：在交绳纹团窠骨架中有着神兽格力芬，鹰首，斑身，带翼，尾如卷草，从团窠的尺寸来看，神兽很有可能保持着蹲的姿势。团窠外也有一只动物有腿、斑身，尾如卷草，应该也是一只蹲着的格力芬。团窠之上还有两朵云纹。格力芬的头、翼、尾等用蓝色染成，而橙色染出其他部分。其年代也应在中唐至晚唐(图5)。

图5　团窠格力芬夹缬绮图案复原

5. 绿地蛱蝶团花飞鸟夹缬绢

这件蛱蝶团花飞鸟夹缬绢属于一件保存不完整的幡，现藏于伦敦维多利亚阿伯特博物馆(LOAN：STEIN. 552)，是其幡身的第二和第三片。两片均宽13.8厘米，但高度稍有不同，第二片为26.8厘米，第三片为27.9厘米。其图案为蓝绿地，团窠的外圈由花和枝茎构成，内有两只红色的长尾鸟，呈喜相逢式排列，首尾相接①。用于染缬的染料现在已经有些许褪色。其年代明显偏晚，应在晚唐至五代(图 6)。

图 6　蛱蝶团花飞鸟夹缬绢图案复原

6. 黄地团窠盘鹤夹缬绢

团窠盘鹤夹缬绢属于维多利亚阿伯特博物馆所藏敦煌佛幡
(L：S. 621)中的幡身，长 57. 6 厘米、宽 21. 3 厘米，为一整块夹
缬绢，纹样为黄色和红色的团花、菱格花和仙鹤盘绕，这也是典型
的喜相逢范式②。幡身底部有用墨书写的三行横向于阗文字，可
译为："在羊年 rarûya 月的第 26 天。圣明的佛啊，请保佑他远离
麻烦，请保佑他的愿望和雄心得以实现。"由于于阗语是于阗本

———————

① Stein, M. A. , 1921. *Ancient Buddhist Paintings form the Caves of
the Thousand Buddhas on the Westernmost Border of China* (London：B.
Quaritch). p. 991.

② 赵丰：《敦煌丝绸艺术全集·英藏卷》，东华大学出版社 2007 年版，
第 68 页。

土的语言，这种古老的语言是东伊朗语言的一支萨卡人的语言[①]，10世纪这种语言为回鹘语所替代[②]。所以这件夹缬的年代可以初定为10世纪之前的唐代晚期。

7. 蓝地对鸟衔枝纹夹缬绢

这件夹缬绢被用作大英博物馆藏百衲经巾（MAS. 856）的边缘，经巾的外框长150.5厘米、宽111.0厘米，而边缘的宽度约为17厘米。此件夹缬虽然保存不少，但其图案并不很清晰。不过，斯坦因已经对其图案作了复原，为对波纹卷草中的对鸟衔枝纹样，卷草为蓝色，飞鸟为橙色，其地色与飞鸟近，但可能原是不同的色彩。一对鸟为一个图案循环的宽度，约在32厘米，而两行飞鸟则为一个图案循环的长度，应在52厘米左右。这样，一个织物幅宽中应有两对飞鸟，而一块夹缬板的大小很有可能是52厘米长、32厘米宽左右。从整件经巾的情况来看，它应该制作于中唐到晚唐之间（图7）。

8. 衔枝对雁纹夹缬绢

除敦煌藏经洞有动物纹夹缬作品发现之外，新疆吐鲁番也有动物纹夹缬出土。1904—1905年勒柯克在吐鲁番高昌和吐峪沟遗址盗掘时，挖到了两片夹缬的残片。一片色彩保存较好，有蓝、橙两色印染，留出白边，可以看到中间是一正方形的装饰纹样，下有一对雁首衔花相向。另一片色彩已基本褪成黄色，但可以看到

---

① Mallory. J P& Mair, Victor H, 2000. *The Tarim Mummies：Ancient China and the Mystery of the Earliest Peoples from the West* (London：Thames Hudson). p. 112.

② Mallory. J P& Mair, Victor H, 2000. *The Tarim Mummies：Ancient China and the Mystery of the Earliest Peoples from the West* (London：Thames Hudson). p. 254.

图7　蓝地对鸟衔枝纹夹缬图案复原

一对雁身迎面而立[1]。从这两片残片，我们也基本可以复原其纹样的结构。与日本正仓院藏花树下对鸳鸯的夹缬绢很是接近（图8）。

---

[1]　Le Albert von Coq，1912. *Chotscho*（Berlin：Verl. Der Akad. Der Wiss），pl. 50.

图 8　衔枝对雁纹夹缬绢图案复原

9. 葡萄团窠瑞兽纹夹缬绢

有趣的是,1972 年俄罗斯莫谢瓦亚巴尔卡遗址中也出土了几件夹缬绢,其中有一件可以称为葡萄团窠瑞兽纹夹缬绢(Kz6734)。这是一件由三块小残片缝合的大残片,长约 50 厘米、宽约 36 厘米。我们进行了图案的复原,显然也是一种团窠的排列,团窠环是一种花式的环,很有可能是来自葡萄纹的设计。团窠之外是对称的花卉以及朵云。团窠之内有一只瑞兽,它的尾巴与敦煌出土格力芬的尾巴完全一样,也是一种卷叶,应该是对狮尾的经典描绘,同时它也无翼,因此它很有可能是狮的纹样[①](图 9)。

唐代动物纹夹缬的另一集中保存是在丝绸之路的东端——日本奈良的正仓院。正仓院始建于 8 世纪后半叶,756 年开始启用。这一年,圣武天皇驾崩,光明皇后在举行 49 天的法会之后,将天皇日常用品及珍藏物品交东大寺保管,东大寺把这批遗物收入正仓院。其中就包括大量的夹缬作品,《国家珍宝帐》中就多次

---

① Anna A. Ierusalimskaja Birgitt Borkopp, 1996. Von China nach Byzanz, Munchen. p. 97.

图9　莫谢瓦亚巴尔卡出土的夹缬绢图案复原

提到夹缬和夹缬屏风,譬如"古人鸟夹缬屏风四叠""鸟草夹缬屏风十叠""鹰鹤夹缬屏风一叠"等,传世实物中有花树对鹿纹夹缬屏风[①]等。关于正仓院所保存的动物纹夹缬,我们就不再多列举了。

二、动物纹夹缬图案的分析

1.大型动物

从敦煌、吐鲁番以及巴尔卡等地出土的动物纹夹缬作品来看,这里的大型动物共有三种:马、鹿和格力芬。

马是初唐常见的装饰题材。此时的马通常有两种形式,一是源于写实的战马和坐骑,如著名的昭陵六骏石刻以及大量唐三彩

---

① 松本包夫:《正仓院裂と飞鸟天平の染织》,紫红社1984年版,图版53。

表现的马。另一种是源自希腊神话并得到波斯艺术加工的翼马。后一种大量出现在丝绸织锦上，无论是粟特风格的中亚织物，还是隋唐之间模仿中亚的唐风织锦，或者是北朝晚期到隋唐早期的中国经锦，翼马纹样极为普遍。而敦煌所出的对马纹夹缬绢所采用的是前一种，不见双翼，更为写实，或是说更为中国化。而且，其中一对马身上还饰有马镳和卍字纹，另一对马身上则饰有斑点和卍字纹。虽然斯坦因认为这一题材无疑有着萨珊波斯的影响，不过，这种小马矮脚、大肚，有着明显的蒙古马特征，东方的特征更为突出[1]。

鹿是唐代更为流行的图案题材。鹿在中国汉代就常见于装饰图案，谐音禄。到隋唐之际又常见于中亚丝织品上，新疆吐鲁番出土的初唐时期织锦中就有大量的大鹿纹锦之类的图案，特别是属于何稠仿制波斯锦的系统内也有花树对鹿的纹样，唐初时陵阳公样中卷草团窠或宝花团窠之内有着站鹿，这也和记载中的游麟、翔凤、对羊、斗雉基本相吻。其中的麟其实就是鹿。这里的花树对鹿明显带有中亚西亚的影响，但这件夹缬上的鹿纹已不再是粟特织锦上的牡鹿或野山羊，明显是东方常见的鹿纹。

格力芬是传说中守护中亚草原上金矿的神兽，这件绳纹团窠格力芬夹缬绮中的动物明显为鹰首，两面插翼，身上有斑纹。别具特色的是其尾巴如同卷草，这类卷草主要是在中国被使用。从团窠的尺寸来看，这一格力芬很可能保持着蹲的姿势。但当时中亚地区的瑞兽通常是以行走的形式出现的，1886 年，巴尔卡墓地中也曾出现过一件格力芬的织锦（Kz6340），其图案正是团窠

---

① Stein, M. A., 1921. *Ancient Buddhist Paintings form the Caves of the Thousand Buddhason the Westernmost Border of China*（London: B. Quaritch），vol. II. pp. 910-911.

中的行兽,姿势也很相似,它的尾巴如同狮子,而在中国北朝时期的织锦之中,狮子的尾巴正是被处理成卷草纹样的,这说明这一格力芬的夹缬作品应该产于中国内地。团窠之外也有一只动物,只剩下两腿和斑身,尾亦如卷草,应该也是一只蹲着的格力芬。

相比之下,巴尔卡出土的这一件瑞兽纹夹缬上的动物没有翅膀,因此很难说一定就是格力芬。考虑到当时狮子的颈后亦有卷鬃,但背部较为光滑,所以,在巴尔卡出土的夹缬绢上的纹样,更有可能是狮子纹样。狮纹当然是唐代极为流行的题材,北朝起就开始大量出现在织锦之上,到唐代织锦中,依然将狮子作为重要的题材。青海都兰墓地出土宝花团窠对狮纹锦、中国丝绸博物馆收藏的宝花团窠立狮纹锦等,都是狮子图案在盛唐之后流行的实例。而这件夹缬中瑞兽的尾巴也非常接近当时对狮子造型的理解,因此,这很有可能正是一种狮子纹样。

2. 禽鸟类

总体来说,禽鸟类纹样总是与花卉共处,但也有主次之分。以对称的雁鸭、鸳鸯为主,也有盘飞的仙鹤、蝶鸟之类。

第一类是对称的花树或花盘对禽。大型的花树之下,或是在花盘之上,一对飞禽站立。花树有时可以很大,有时也可以很小,花盘有时可以很繁,有时也可以很简,对禽可以分立,也可以共衔花枝。这类图案源自中亚地区的花树对兽或对鸟,在中亚原型的作品中,或是中国何稠模仿的作品中,往往有大型的联珠团窠,如吐鲁番出土的花树对鹿纹锦或是都兰出土的含绶鸟纹锦,均属此类。特别是到了陵阳公样之后,花卉团窠之中,也有对雉之属,正是花树对禽的历史记载。

此类图案往往体型较大,高昌出土的花树对雁纹夹缬绢正是一例。虽然较残,但其完整纹样当可从日本正仓院所藏树下对鸳鸯的夹缬绢中看出。另一件出自敦煌的团窠对雁纹夹缬绢是在团窠之中的八对花盘对雁，布局新颖。较小的是藏经洞所出百衲经巾中的缠枝对鸟纹夹缬绢，在缠枝之中，小鸟相对衔枝而飞。

第二类是属于盘鸟类，两只飞鸟，左右盘绕，形成喜相逢的形式。这类盘鸟纹样出现的年代较迟，一般认为要迟到中唐或晚唐，但从正仓院的作品来看，盛唐时期也已出现。这类盘鸟一般是作为图案的中心，然后在盘鸟之外，再布以相关联的花蝶或是其他辅花纹样。

第三类是绕花蝶鸟，飞鸟已处于从属的位置上。更有蝶蜂之类，体型更小，则是随意安插，以丰富画面，增加其生动性和真实性。

3. 团窠环

虽然唐代也有不少花树对称式的动物图案排列，但团窠依然是当时十分常见的纹样以及排列形式。这种团窠的形式来自隋唐之际织锦上的团窠联珠纹，也是中亚粟特织物中十分流行的图案排列程式。由于夹缬出现的年代在盛唐之时，总体较中亚织锦为晚，而且夹缬又是中国特色非常浓郁的产品，不会直接照搬照抄，所以，夹缬图案中的团窠环往往有着十分丰富的变化，与早期单一的联珠环大大不同，也可以分为两类。

第一类是还有着联珠环的设计，但其中的花环变成小花朵，联珠成为联朵。这里最为典型的实例是团窠花树对鹿纹和团窠对雁纹的两件夹缬，团窠环上依然还有小团花朵，甚至内圈还有一个小联珠环，看起来有联珠的感觉，却已不是原来的联珠。

第二类团窠只有丰富的装饰，但已看不到任何的联珠形式，全无联珠的感觉。这里的实例就是卷绳团窠环中的格力芬和葡萄团窠环中的狮子，团窠环中密密麻麻的装饰，或许与西方的几何纹团窠比较相近了。

4.辅花簇

团窠之外，通常有辅花一簇，我以前称为十样花，指的是十字形、放射状的一种花卉纹样，主要用于填充四个正排的团窠之间的空隙。唐代织锦中的这类纹样通常设计得十分华丽，在夹缬中也是如此。这里较为突出的是团窠之外的辅花，如团窠对雁环外的花簇、团窠瑞兽之外的花簇，虽然还是十字形放射，但其复杂性和华丽程度却是以前的同类设计中所罕见的。

三、五彩夹缬的防染工艺

在敦煌藏经洞以及丝绸之路沿途发现的动物纹夹缬实物中，虽然其作品数量不能算多，但其重要性却很难比喻，特别是其夹缬的工具和工艺则更难推测。

这些动物纹的夹缬雕版尺寸通常大于普通的花卉纹雕版。在一般情况下，这些夹缬雕版的宽度都是半个织物的门幅，因为当时制作夹缬时都将织物对折进行夹持染色。如当时的织物幅宽均在二尺四寸，约在 50—54 厘米，因此夹缬板的宽度通常就在 25—27 厘米。我们以前算过，对马纹夹缬绢的幅宽为 52.8 厘米，其夹缬板的宽度就应在 26 厘米左右。而团窠朵花对鹿夹缬绢保存了一个完整的半幅鹿，可知其夹缬板宽 26.8 厘米。

但是，夹缬雕版的长度变化更大，通常可以根据图案的情况而变。团窠花卉对雁夹缬绢的两件织物可以拼出图案的重复循环，因此可以知道其雕版的长度应与板宽基本相等，为 28.3 厘米。较长的应是团窠朵花对鹿夹缬绢，其一个团窠的图案经向不循环，因此夹缬板的长度约为宽度的两倍，约为 57.6 厘米。其他如百衲经巾（MAS. 856）上的对鸟衔枝纹夹缬绢，其雕版长度应在 52 厘米之上，宽度在 32 厘米左右。

多彩夹缬的关键是在夹缬板上雕出不同的染色区域，使得多彩染色可以一次进行，此时花板必须有框。我们可以从一些夹缬作品的幅边处看到部分未染色的区域，正是花板边框夹持后无法上染的遗痕。不过，唐代夹缬色彩总数常只有两色，多为蓝、橙（有时呈红褐色，可能是红色褪色造成）两色，但在染缬完成之后并非完全等于雕版时设计的色彩区域数。现在我们看到的大量敦煌夹缬在染缬完成之后又用黄色在作品上进行局部染色，结果，当黄色染在蓝色上时形成绿色，当黄色染在红色上时又呈橙色，如团窠朵花对雁纹夹缬、葡萄团窠瑞兽纹夹缬等。此时，用两套色彩的一套雕版加上手染最后可以得到四种色彩。

四、小　结

总之，在分析了以敦煌为主的，包括吐鲁番和巴尔卡等地出土的大型动物纹的夹缬作品之后，我们可以得出以下结论。

1. 年代

由于夹缬发明于盛唐时期，同时，最早的夹缬纹样主要是花卉纹，所以，动物纹的夹缬作品相对出现较迟，主要集中在中唐、晚唐，甚至到五代时期。

2. 风格

动物纹的夹缬图案通常体型较大，而且图案设计复杂，出来的效果华丽丰满、五彩缤纷，是极受各地欢迎的一类五彩夹缬产品。而且其织物较为轻薄，也省材料，效果却不错。

3. 中西交流

夹缬原为东土之物，沿丝绸之路来到这里，所以在其图案中可以看到受丝绸之路的影响，如狮子、格力芬的题材，无疑是中西文化交流的典型，而联珠环内容之变，又充分反映了东方情调输出到了丝绸之路所用的织物上。

　　所以,唐代夹缬,特别是敦煌和丝绸之路沿途出土的大量夹缬,还有着广大的研究空间。

　　（原文分载于赵丰主编《敦煌丝绸艺术全集·英藏卷》,东华大学出版社 2007 年版,第 188—191 页;《敦煌丝绸艺术全集·俄藏卷》,东华大学出版社 2014 年版,第 43—53 页）

敦煌丝绸图案的类型与分期

敦煌莫高窟在其香火绵延的千余年间一直有丝织品材质的物品相伴，其中包括佛像类、幡旗伞垫类、经帙经袱类和其他类。这类织物的出土共有三次重大的发现。第一次是1900年王圆箓道士发现的藏经洞，洞中除发现大量纸质文书外，还有不少丝织品，其中包括经帙、经袱、佛像以及各种残片[①]。第二次是在1965年，由当时的敦煌文物研究所在125和126窟前发掘得到北魏时期刺绣品，在130窟和122、123窟前发掘得到了盛唐丝织品，两批织物均藏于敦煌研究院[②]。第三次是1988—1995年对莫高窟北区的清理和发掘，出土了一批属于元代的丝织品和其他织物[③]。

出土于藏经洞的敦煌丝织品无论从数量还是从质量上来说都是历次发现中最为精彩的。但由于藏经洞的封闭年代是在北宋初年，因此，洞中所出的丝织品在年代上也有前后不同。人们在研究藏经洞出土织物时通常把所出织物定为唐代，这符合大多

---

① Sir Aural Stein，*Serindia*，Oxford at the Clarendon Press，1921，Vol. 1.

② 敦煌文物研究所：《莫高窟发现的唐代丝织品及其他》，《文物》1972年第12期。

③ 彭金章、王建军：《敦煌莫高窟北区石窟》第1卷，文物出版社2000年版。

数丝织品的情况①。但事实上,藏经洞出土的织物也有时代前后之分,特别是在比较新疆吐鲁番阿斯塔那纪年墓或有纪年文年伴出的丝织品和敦煌莫高窟有明确年代壁画上的服饰图案之后,我们可以对藏经洞所出的敦煌织物作一年代学上的分析和总结。1988年我曾发表过《敦煌所见隋唐丝绸中的花鸟图案》,是对其中较为重要的花鸟图案的种类做出一个分期的思考②。现在经过对大英博物馆和维多利亚爱尔伯特博物馆所藏敦煌织物的研究,则对敦煌丝绸的类型与年代问题有了更进一步的认识。

一、云气和联珠:北朝晚期至初唐(6世纪末—7世纪)

北朝晚期至初唐的总体情况是,丝织技术上多彩织物还是非常丰富,种类上以平纹经锦、平纹纬锦、斜纹经锦及部分的斜纹纬锦为主。暗花织物上还是以平纹地显花为主,斜纹尚未作为地组织出现。刺绣中锁绣已不常见,取而代之的与锁绣貌似实异的劈针。染缬虽然已经出现,但只有绞缬和蜡缬是其中主要的类别。

红地楼堞龙凤虎纹锦(MAS. 926)可能是藏经洞所出织物中最早的作品。约在魏晋时期受希腊化艺术影响而大量流行于西北地区的涡状云纹样沿经向呈波状排列,而动物纹样则沿纬向站立。由于云气骨架呈曲波形,曲波形卷云之间又有直线相连,形成层层叠叠的楼堞形状。成书于隋代的《大业拾遗记》曾记载周成王时有"列堞锦",隋代人记载周成王之事显然不可能,但这里

---

① 高汉玉、屠恒贤:《敦煌窟藏的丝绸与刺绣》,《丝绸史研究》1985年第4期。

② 赵丰:《敦煌所见隋唐丝绸中的花鸟图案》,载姜亮夫、郭在贻编纂《敦煌吐鲁番学研究论文集》,汉语大词典出版社1990年版,第858—871页。

的楼堞锦很有可能就是这类涡云式云气动物纹锦的反映。涡状云的形式在希腊、罗马艺术中极为常见，也经常出现在中亚地区的希腊化时期的艺术中，而在中国西北地区的魏晋艺术如栽绒毯、缂毛、蜡染棉布等上同样频繁出现，与此风格最为接近的织锦是出自吐鲁番阿斯塔那 TAM177 中的瑞兽纹锦（图 1）。同时，楼堞状的结构设计也是受了西方柱式和圈拱建筑造型的影响，这从罗马斗兽场的造型和新疆出土不少楼堞纹锦之间的相似中就可以看出①。

图 1　吐鲁番阿斯塔那出土北凉时期瑞兽纹锦

一般认为丝绸之路上波斯艺术对东方丝绸图案的最大影响是联珠纹。联珠纹其实只是一种骨架的纹样，即由大小基本相同的圆形几何点连接排列，形成更大的几何形骨架，然后在骨架中填以动物、花卉等各种纹样，有时也穿插在具体的纹样中作装饰带。联珠纹用于丝绸图案最早见于北齐徐显秀墓壁画中对服饰

① Zhao Feng, Three Textiles from Turfan, *Orientations*, Hong Kong, Feb 2003, pp. 25-31.

的描绘,其中有联珠对狮、对鹿和菩萨头像等不同纹样①。敦煌莫高窟 K420 隋代彩塑中反映的菩萨服饰中也有联珠狩猎纹锦和联珠飞马纹锦的图像(图 2)。联珠纹锦的实物在吐鲁番最早见于北朝晚期到隋代,阿斯塔那 TAM48 所出联珠对孔雀贵字纹锦复面,同墓伴出公元 596—617 年的衣物疏②。藏经洞出土织物中也有少量的联珠纹锦,一件是小窠联珠对鸟纹经锦(MAS.864),采用的是簇四骨架联珠形式,这种骨架由四个联珠环四方连接而成,在初唐时期非常流行。另一件是纯联珠的纬锦(LS.636),其联珠团窠之间并不相连,完全可以代表初唐时期联珠纹样在中国的流行情况。

二、团花与宝花:盛唐至中唐(8 世纪)

盛唐是唐代的高峰时期,其纺织印染技术发展极快。在织锦中,斜纹纬锦占有了主导地位,对于织锦图案的把握更为成熟。在暗花织物中,随着斜纹绫的出现,绫成为唐代最为流行的暗花织物。染缬中又出现了夹缬和灰缬,印染新工艺的发明使得印染产品得到了更快的普及。刺绣针法乃是较多地采劈针替代锁绣。

盛唐至中唐最为典型的丝绸图案是团窠宝花。《新唐书·地理志》载越州贡罗中有"宝花花纹"者,指的就是以宝花作图案的罗;日本正仓院中亦有"小宝花绫"墨书题记的织物传世③,分析其图案可知小宝花就是较小的宝花图案。

---

① 山西省考古研究所、太原市文物考古研究所:《太原北齐徐显秀墓发掘简报》,《文物》2003 年第 10 期。

② 新疆博物馆出土文物展览小组:《丝绸之路——汉唐织物》,文物出版社 1972 年版,图 27。

③ 松本包夫:《正仓院裂と飞鸟天平の染织》,紫红社 1984 年版。

图 2　莫高窟第 420 窟隋代彩塑上的联珠纹

　　最简单的宝花图案其实只是四瓣小花，又称柿蒂花。这种小花在唐代的绫绮织物中十分流行，藏经洞所出六瓣小花纹的双层锦也属于这一类型（MAS. 924；LS. 651），而宝花则是在这种四瓣小花上变化而成的一种图案形式。在宝花艺术发展的过程中，最初是把花瓣与叶、花蕾结合起来，这些花蕾多取其侧面造型，因此初看与花瓣的效果相仿，我们可以根据史料称其为十样宝花，如藏经洞出土的十样花纹锦（MAS. 919；LS. 337）和大量夹缬作品中的宝花图案（LS. 294）。后来花蕾变成了花苞，所占比重也越来越大，装饰手法中采用了多层次的晕繝，宝花更加显得华贵、庄重，使人不觉为之倾倒，在藏经洞中最为典型的实例要数宝花纹彩绘麻布伞盖（LS. 620）。这种风格与唐代社会、文化一起，在开元年间达到了全盛，并一直流行到晚唐甚至是五代北宋。较此稍迟，宝花图案也从天上回到人间，风格逐渐地走向写实，变得清秀起来，尽管还有以往的骨架，但看起来更像是一簇鲜花，甚至还有一些蝶飞鹊绕的形象进入宝花的领地，如棕白地花卉对鸳鸯纹锦（MAS. 866），但其实它已失去宝花那种华贵富丽的气质了。

从宝花图案中演变出来的还有"陵阳公样"。张彦远《历代名画记》（约唐大中初，847）载："窦师纶，字希言，纳言，陈国公抗之子。初为太宗秦王府咨议，相国录事参军，封陵阳公。性巧绝，草创之际，乘舆皆阙，敕兼益州大行台检校修造，凡创瑞锦宫绫，章彩奇丽，蜀人至今谓之陵阳公样。……高祖、太宗时，内库瑞锦对雉、斗羊、翔凤、游麟之状，创自师纶，至今传之。"与唐代丝绸实物相比，花环团窠与动物纹样的联合很可能就是陵阳公样的模式①。这种图案出现在初唐，盛行于盛唐，中唐仍有流行。藏经洞出土的陵阳公样并不多，大英博物馆所藏缂丝幡头（MAS. 905）上所用的虽然小，却可以确定为陵阳公样。另一件藏于法国吉美博物馆，是敦煌藏经洞发现的团窠葡萄立凤"吉"字锦（EO. 1201），大概可算是同类产品中最早的一件（图 3）。团窠环循环在 30 厘米左右，属于中窠规格。葡萄缠绕，果实叶茂，立凤却已残，仅见足与尾。一足立地，已是初唐后期的造型风格了②。

三、团窠对兽：中亚风格织锦（8 世纪下半叶—9 世纪）

团窠图案在中唐时期的中亚织物上仍见使用，敦煌中唐时期的 K158 窟卧佛枕头图案采用的正是这一图案（图 4）。另外，敦煌藏经洞发现的属晚唐时期的文书中多次提到"番锦"一名，应该正是指这样的锦。如《唐咸通十四年（873）正月四日沙州某寺交

---

① 赵丰：《隋唐丝绸上的团窠图案》，《故宫文物月刊（台北）》1996 年 7 月号。

② Krishna Riboud and Gabriel Vial，Tissus de Touenhouang，Paris，1970.

图 3　法国吉美博物馆藏团窠葡萄立凤纹锦图案

图 4　莫高窟第 158 窟彩绘瓣窠含绶鸟图案

割常住物等点检历》载："大红番锦伞壹,新,长丈伍尺,阔壹丈,心内花两窠。又壹张内每窠各师子贰,四缘红番锦,伍色鸟玖拾陆。"①这一文书中所提到的五色鸟番锦可以在青海都兰热水吐蕃墓出土的丝织品中找到,也正与K158窟中所用的枕头图案完全一致。而提到的师子番锦也可以和藏经洞发现的经帙上所用的尖瓣团窠对狮纹锦相对应(MAS.858)。这种以三角形叶为团窠环的对狮锦是目前世界各地收藏最广的具有粟特风格的织锦之一,由于在敦煌藏经洞中出土了带有相同图案的织物,因此可知它在当时曾流行于中国西北地区,但保存最为完好的应数收藏于法国桑斯(Sens)主教堂中的一件。该件织物保存极为完整,一幅宽中有四个团窠,在经向上则有七个团窠,上下左右各有较为简单的图案边框。以二十片三角形的尖瓣组成一个团窠环,主题纹样是一对有翼的狮子站立于叶台之上,团窠之外则是一对动物与位于中间的花树。将藏经洞出土经帙上的织锦图案进行复原,我们可以看出,它们之间的图案是十分相似的。

藏经洞所出还有几件明显带有中亚风格的织锦。一件是红地联珠对羊纹锦(MAS.862),此锦以联珠连成团窠环,窠中是对羊,这是一种头上带有角叉的野山羊,脚踩棕榈花盘,窠外是瓣窠中的对鸭纹。类似的对羊纹锦中最著名的是收藏于比利时辉伊(Huy)主教堂中、带有粟特文"赞坦尼奇"(Zandaniji)题记的织锦,它以多重的联珠作环,中间的对羊纹也非常相似。另一件是淡红地团窠对鸭纹锦(MAS.863),团窠环内的对鸭与联珠对羊纹锦窠外的对鸭造型非常相似。

中亚织锦的团窠环除联珠纹之外,还有月桂环、三叶环、心形

---

① 唐耕耦、陆宏基:《敦煌社会经济文献真迹释录》第三辑,全国图书馆文献缩微复制中心1990年版,第13页。

环、瓣形环、小花环等，这些环的纹样和造型在波斯及中亚地区的其他艺术品上也经常可以看到。在主题纹样的选择上，唐代中期与早期也有所不同，虽然都是大体形的动物，但猪头基本不见，较多见的是狮、虎、牛、羊及各种鹰、含绶鸟等，图案极少使用单个纹样，通常采用对称纹样。而且，一些中国较为流行的宝花图案等也被用于中亚织锦，这一方面，藏经洞所出的红地宝花纹锦（MAS. 865 和 LS. 642）和黄地联珠花树卷草纹锦（MAS. 917）是两个较好的例子，特别是前者，其宝花图案的设计与中原地区的宝花几乎没有区别。

四、鸟穿花间：晚唐至五代（9 世纪下半叶—10 世纪）

约在中唐和晚唐之间，中原的丝织技术出现了很大的变化，最为重要的是织锦从唐式纬锦演变到辽式纬锦。这种变化虽然从织物外表看起来不大，从织造技术来看却有着极大的差别，这使得中唐和晚唐织物的年代判断变得较为容易。目前所知，这种新型的织锦最早出现在中唐，但主要流行在晚唐。同时，自晚唐起，暗花织物上开始大量使用妆花技术，使得织物图案的形成更为方便。从刺绣来看，中唐至晚唐大量出现平绣，这也是一个非常重要的技术特征。

丝绸的艺术风格到晚唐和五代更趋向自由和写实。唐文宗即位时（827）将当时的官服图案明文作了变更："三品以上服绫，以鹘衔瑞草、雁衔绶带及双孔雀；四品、五品服绫，以地黄交枝；六品以下服绫，小窠、无文及隔织、独织。"[①]雁衔绶带和双孔雀的图案在辽代耶律羽之墓中有所发现，经考证应是唐代晚期同名织物

---

① 《新唐书》卷 24《车服志》。

图案的沿用①。藏经洞所出孔雀衔绶纹异色绫中的图案与前述雁衔绶带锦极为相似,正是同一种类的官服图案,说明了当时这一图案的流行。

在民间,这类图案也得到了极快的发展。唐代的史料也说明这类折枝花鸟从盛唐时就开始引起人们重视,中唐更盛,如王建《织锦曲》"红缕葳蕤紫茸软,蝶飞参差花宛转";《宫词》云:"罗衫叶叶绣重重,金凤银鹅各一丛",指的也应是以金凤、银鹅为主题纹样的花环团窠。敦煌壁画中所反映的服饰图案有很多这样的例子,特别是在表现当时女性供养人披帛和裙料的图案中,更多鸟踏花盘、飞鸟衔枝及鸟穿花间的纹样(图5)②。在藏经洞所出丝绸实物中,这类图案的数量也非常大。其中包括几种主要类型:一是以宝花或是团花为基础,穿插鸟、雁、鹰、云等纹样形成的花鸟团窠纹样,其实例有红地飞雁纹锦(MAS. 920a,b)、红地雁衔卷草纹锦(MAS. 920c)、红地雁衔花枝纹锦(MAS. 870)、红地花卉方胜联珠飞鸟纹锦(LS. 301)、蓝地团花对鸟纹锦(LS. 331)、红地团花妆花绫残片(MAS. 871)等;二是完全自由的花鸟图案,在散点排列的花间穿插着各种飞翔的鸟及奔跑的鹿等动物,这种纹样主要应用在刺绣上,如淡红罗地花卉鹿纹绣(MAS. 912)、墨绿罗地花鸟鹿纹绣(1919.1-1.052)、蓝罗地彩绣花鸟(LS. 525)等。

值得注意的是,除这些团窠中的对称花鸟和自由花鸟造型之外,晚唐至五代间开始大量流行喜相逢式的团窠结构,即以两只飞鸟按一个方向绕飞(如均为顺时针方向或均为逆时针方向),又

---

① 赵丰:《雁衔绶带锦袍研究》,《文物》2002年第4期。

② 常沙娜:《中国敦煌历代服饰图录》,中国轻工业出版社2001年版,图177—188,图267—271。

图 5 莫高窟第 98 窟女供养人服饰中鸟踏花盘纹

称旋转循环。通常的情况有两种，一是清地的喜相逢团窠，只有双凤、双狮等团窠，有时则是花卉形成的喜相逢团窠，如红地团狮纹锦（SL.326）、红色小团鹦鹉纹锦（SL.334）等，另一种是在团窠外还配有其他花卉，最为典型的实例是团窠盘鹤夹缬绢幡（LS.621），它的中心是一对盘鹤，外绕一圈花卉。另一件绿地蛱蝶团花飞鸟夹缬绢幡（LS.552）的图案布局与此相似，在一盘飞鸟（可能为鹦鹉）之外围绕一圈花卉，而花卉之间则穿插蝴蝶纹样（图 6）。

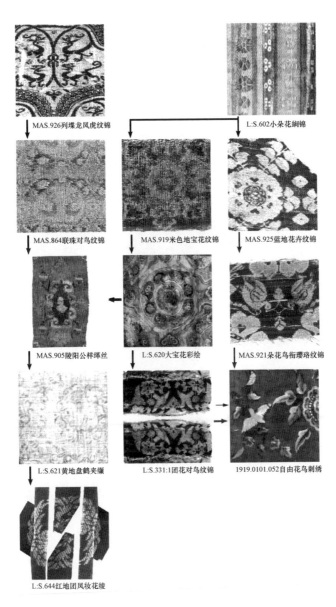

图 6　唐代织锦团变演脉络示意图

（本文由赵丰与王乐、徐铮合作完成，原载赵丰主编《敦煌丝绸艺术大系·英藏卷》，东华大学出版社 2007 年版，第 22—27 页）

莫高窟北区 B121 窟出土元代丝绸研究

1988—1995 年,敦煌研究院考古研究所以彭金章为领队的考古工作人员对莫高窟北区的所有洞窟进行了科学、全面、系统的清理发掘。其中可能属于瘗窟的 B121 窟在出土女性遗体和遗骨的同时,也出土了各类织物 10 余件。初步整理的考古资料已发表于彭金章、王建军《敦煌莫高窟北区石窟》的考古报告[①]。2013 年,出土文物又委托中国丝绸博物馆进行保护和修复,在《千缕百衲:敦煌莫高窟出土纺织品的保护与研究》中得以展示[②]。这些织物从材料上看有丝、棉、金线;从织绣品种上看有绫、缎、织金锦、妆金纱、刺绣等;从款式上看则有袍和拼布等。本文拟对该窟所出丝绸文物逐件说明,并对其中若干重要文物谈一些认识。

一、B121 窟出土纺织品综述

B121 窟分前后两室,中有甬道相连。后室在西,约宽 2 米、高 1.8 米、深 1.5 米,但北壁和西壁均有大量坍塌。甬道朝东,约宽 0.7 米(上宽 0.5 米)、高 0.9 米、深 1.6 米(下残长 0.9 米)、中

---

① 彭金章、王建军:《敦煌莫高窟北区石窟第 2 卷》,文物出版社 2004 年版,第 136—146 页。

② 赵丰、罗华庆:《千缕百衲:敦煌莫高窟出土纺织品的保护与研究》,艺纱堂/服饰工作队 2014 年版。

间有一小土墙，宽0.35、高0.30米。前室约宽1.9米、高1米，深不知。我们对 B121 进行了实地考察（图 1），同时也推测还原了洞窟原来的形状（图 2）。

图 1　莫高窟北区 B121 窟

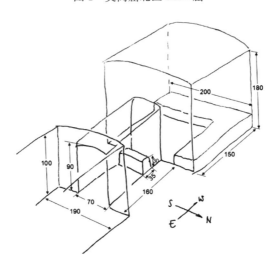

图 2　B121 窟立体示意图

出土遗物在后室的最底层,其中有遗骨(自胸椎以下包括盆骨、下肢等);有汉文、西夏文、回鹘文、蒙文等残文书;还有陶灯一盏、纺织品残片若干。这里的遗骨经鉴定生前为一位 20—22 岁青年女性,纺织品残片基本为该女性服用或使用的服饰,陶灯也应该是她最后的陪伴物,而不同语种的文书只是随葬品,并不表明她能诵读多种语言的文书。

北区考古报告(以下表中简称《报告》)中关于 B121 出土文物约有 40 个编号,其中与纺织品相关者从 5 号始,到 16 号止,其中的 B121∶5、B121∶6、B121∶8 中均有属同一件绫袍者,我们将其归入 B121∶8 号,最后合并后得到 12 个文物编号,一并列表如下(表 1)。

以下我们对这批织物进行更为细致的分析和鉴定。

1. 红色油面绢(B121∶5)

这件绢残片本身并无染色,但在正面涂有一层厚厚的红色颜料,产生了油面效果,但颜料已经开裂并剥落。其背面没有涂层,呈现织物原本的棕色。我们对样品进行了 X 荧光检测,黄色颜料中存在 Pb,可能是黄丹;红色颜料中检测出 Hg 和 S,说明是朱砂。同时,对红绢表面的油面效果进行了红外分析检测,推测表面涂层为淀粉。在这件红绢表面发现淀粉的原因尚不清楚,或许说明红色朱砂颜料是用植物黏合剂进行涂层的(图 3)。

红绢组织结构:

经线:丝,无捻,单根排列,红色,50 根/厘米。

纬线:丝,无捻,单根排列,红色,34 根/厘米。

组织:平纹。

表 1　B121 出土纺织品统计表

编号	名称	尺寸(厘米)	材质	组织	纹样	幅边与幅宽	备注
B121：5	红色油面绢	22×24.5	丝	1/1平纹	素		原 B121：5a
B121：6	莲鱼龙纹绫	8×15	丝		龙、鱼、莲花		保留编号，作为 B121：8-5 缝入 B121：8，《报告》图版12-2
B121：7	细棉布	32.8×22.0	绵	平纹	白素		《报告》图版 62-2
B121：8-1	红色鱼莲龙纹绫	65×80	丝	2/1Z地 1/2Z花	龙、鱼、莲花	2 块拼缝，其一有两侧幅边，幅宽 61 厘米	左侧幅边内侧缀小块本色绢，原 B121：5-1
B121：8-2	红色鱼莲龙纹绫	26×35	丝	2/1Z地 1/2Z花	龙、鱼、莲花	一侧有幅边，0.3 厘米	绫袍残片，褪色严重，原 B121：5-2
B121：8-3	红色鱼莲龙纹绫	15×22	丝	2/1Z地 1/2Z花	龙、鱼、莲花		绫袍残片，原 B121：5-3
B121：8-4	红色鱼莲龙纹绫	10×19	丝	2/1Z地 1/2Z花	龙、鱼、莲花		绫袍残片，褪色严重，原 B121：5-4
B121：8-6A	红色鱼莲龙纹绫	72×61.5	丝	2/1Z地 1/2Z花	水波纹、鱼、雁		ABC 相缝合，原 B121：8-1

续表

编号	名称	尺寸(厘米)	材质	组织	纹样	幅边与幅宽	备注
B121：8-6B	红色水波鱼雁纹绫	60×28	丝	1/1 平纹	水波纹、鱼、雁		褪色为黄色,原 B121：8-1
B121：8-6C	本色棉布	80.5×39	棉	1/1 平纹	白素	一侧幅边	原 B121：8-1
B121：8-7	本色棉布	81×46.5	棉	1/1 平纹	白素	两侧幅边,幅宽 46.5 厘米	有小块续拼缝,原 B121：8-2
B121：8-8	本色棉布	80×10	棉	1/1 平纹	白素	一侧幅边	上有绢,原 B121：8-3
B121：8-9	本色棉布	56×36	棉	1/1 平纹	白素	一侧幅边	原 B121：8-4
B121：8-10	本色棉布	70×47	棉	1/1 平纹	白素	两侧幅边,幅宽 46.3 厘米	原 B121：8-5
B121：8-11	本色棉布	9×24	绵	1/1 平纹	白素	一侧幅边	原 B121：8-6
B121：8-12-20	本色细棉布		棉	1/1 平纹	白素		共 9 小片,从原 B121：8 中分出,应属另外一件文物
B121：9	本色粗棉布	80.5×47.2	棉	平纹	白素		《报告》图版 62-1
B121：10a	红地双头鹰纳石失锦	47.5×3	丝	特结锦	双头鹰		B121：10a 和 b 相缝,《报告》图版 10-1
B121：10b	黑地牡丹纹纳石失锦	47.5×3	丝	特结锦	花卉纹,经向循环 14 厘米		B121：10a 和 b 相缝,《报告》图版 10-1

续表

编号	名称	尺寸（厘米）	材质	组织	纹样	幅边与幅宽	备注
B121：11	红色水波地鱼雁纹绫	22.5×17	丝	绫	水波纹、鱼、雁		《报告》图版13-4
B121：12	红地搭子动物纹妆金纱	5.1×8.5	丝、金	妆金纱	搭子卧兔纹		《报告》图版13-3
B121：13	红地花同翔凤纳石失锦	5.4×5.9	丝、金	特结锦	凤、花卉		《报告》图版13-1
B121：14-1	白色琐子纹缎	67×56	丝	五枚正反缎	循环经向0.8厘米，纬向0.9厘米	一侧有幅边，宽0.4	原B121：10
B121：14-2	白色琐子纹缎	6×20	丝	五枚正反缎	循环经向0.8，纬向0.9		原B121：14，《报告》图版12-3
B121：15	深蓝地柿蒂窠花卉纹绣	33.5×30.5	丝	绫、绢、缎、妆金缎	刺绣：柿蒂窠、花卉		
B121：16a	特白棉布	21.4×29.4	棉	1/1平纹	白素	一侧幅边	
B121：16b	白绢	20×144	丝	1/1平纹	白素		

注：表中大部分织物在《千缕百衲：敦煌莫高窟出土纺织品的保护与研究》中已有介绍。

图 3　红色油面绢

2. 白色琐子纹缎(B121：14)

两块残片，一片长 6 厘米、宽 20 厘米；另一片长 67 厘米、宽 56 厘米。

大小两块白色琐子纹缎残片，形状不规则，应属同一块织物。琐子纹，又称锁甲纹，经向循环约 0.9 厘米、纬向循环约 1 厘米。两块织物的一侧各保留幅边，宽约 0.4 厘米，为正反五枚缎纹(图 4)。琐子纹是宋元时期的常见纹样，宋《营造法式》中的琐文之下有"琐子"纹。敦煌莫高窟北区 B163 出土的琐纹地滴珠窠花卉纹纳石失锦(B163：66)，其地部采用的正是琐子纹样[①]。中国丝绸博物馆也藏有一件琐子纹织金锦(藏品号 2747)，完全用的

①　茅惠伟：《中国古代丝绸设计素材图系·金元卷》，浙江大学出版社 2018 年版，第 55 页，图 45。

是琐子纹样①。

白色琐子纹缎组织结构：

经线：丝，无捻，单根排列，白色，82根/厘米。

纬线：丝，无捻，单根排列，白色，38根/厘米。

组织：正反五枚缎。

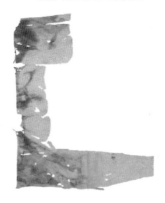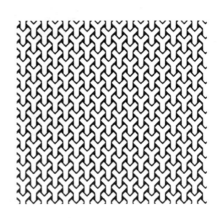

图 4　白色琐子纹缎(B121：14)织物图与纹样复原图

3. 红地花间翔凤纳石失锦(B121：13)

残片，长5.4厘米、宽5.9厘米。

方形织金锦残片，平纹地上以平纹固结组织显花，属纳石失一类。其地经和地纬为红色丝线，纹纬为捻金线，双根排列，纹纬与地纬1：1排列。残留部分图案不完整，有部分花蕾，还能辨认出一个展开的翅膀和半条凤尾，可以判断为凤穿牡丹一类的图案(图5)。此件织物与美国大都会博物馆所藏翔凤纹纳石失锦

---

① 茅惠伟：《中国古代丝绸设计素材图系·金元卷》，浙江大学出版社2018年版，第53页，图44。

(1989.19I)的组织风格十分相似，应该属于同类①。经线色彩相同，地组织均为平纹，固接组织也是平纹，固结经和地经比也都是1∶8。但仔细比较，这里的纬线是单根捻金，图案也有细微差别。如从图案来看，或许与中国丝绸博物馆所藏风穿牡丹织金锦（2290）更为接近②。

图 5　红地花间翔凤纳石失锦（B121∶13）织物图与纹样复原图

组织结构：

地经：丝，Z 捻，单根排列，红色，8 根/厘米。

固接经：丝，无捻，单根排列，本色，64 根/厘米。

地经：固接经＝8∶1。

地纬：丝，无捻，单根排列，本色，18 根/厘米。

纹纬：捻金线，Z 向包缠，单根排列，金色，18 根/厘米。

地纬：纹纬＝1∶1。

---

① James Wattand Anne Wardwell. When Silk was Gold. New York：Metropolitan Museum of Art，1998：150，cat. 40.

② 茅惠伟：《中国古代丝绸设计素材图系·金元卷》，浙江大学出版社2018 年版，第 79 页，图 66。

地组织：平纹。

固接组织：平纹。

4. 红地搭子动物纹妆金纱(B121：12)

残片长5.1厘米、宽8.5厘米。

这件织物的地组织为二经绞纱，以纬浮的形式织入片金线显花，金箔部分脱落，露出底部的纸质。其纹样大小在2.5厘米左右，可以看出是一只小动物，右侧有两条长长的斜线，可能是兔子的耳朵，中间应该是一朵灵芝如意纹，推测可能是元代十分流行的卧兔(图6)。这类卧兔在许多织金中都曾出现，特别是在甘肃漳县汪世显家族墓中有大量发现[1]。

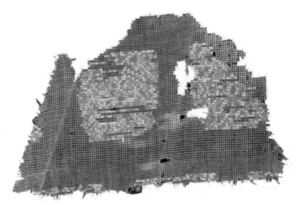

图6 红地搭子动物纹妆金纱(B121：12)

组织结构：

经线：丝，无捻，单根排列，红色，30根/厘米。

地纬：丝，无捻，单根排列，红色，15根/厘米。

---

① 赵丰：《织绣珍品：图说中国丝绸艺术史》，艺纱堂/服饰工作队1999年版，第180页，图06.00a。

纹纬:片金线。

地纬：纹纬＝1∶1。

地组织:二经绞。

妆花组织:纬浮长。

5. 深蓝地柿蒂窠花卉纹绣(B121∶15)

长 33.5 厘米、宽 30.5 厘米。

这件绣品的原形应该很大,最为重要的是中间深蓝地缎地上钉金绣成的柿蒂窠花卉纹。刺绣针法以平绣为主,但有时采用钉针等不同针法,在元代刺绣中十分常见。中心的柿蒂窠内置一朵完整的莲花,四周枝叶散布。柿蒂窠外四角绣有四季花卉,分别为杏花、莲花、菊花和梅花。这种花卉纹应该是宋代"一年景"题材的延续。绣品第二层以橙色为地,是用同一件绣片经剪裁之后拼成的一条装饰带,其中有花卉和飞鸟的翅膀。最外层可能是一个由不同形状和色彩的织物拼成的百衲区(图 7)。

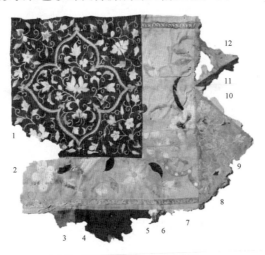

图 7　深蓝地柿蒂窠花卉纹绣(B121∶15)

组织结构：

B121：15-1 蓝色暗花绫

经线:丝,无捻,单根排列,蓝色,74 根/厘米。

纬线:丝,无捻,单根排列,蓝色,33 根/厘米。

组织:2/1Z 斜纹地上以 1/2Z 斜纹显花。

刺绣

绣线:丝,无捻,白色、蓝色、橘红色、绿色、黄色等,圆金线。

针法:平针、锁针、钉针。

B121：15-2 橙色绢

经线:丝,无捻,单根排列,浅土黄色,60 根/厘米。

纬线:丝,无捻,单根排列,浅土黄色,42 根/厘米。

组织:1/1 平纹。

刺绣

绣线:丝,无捻,白色、蓝色、橘红色、绿色、黄色等,片金线。

针法:平针、锁针、钉针。

B121：15-3 绿色暗花缎

经线:丝,无捻,单根排列,绿色,63 根/厘米。

纬线:丝,无捻,单根排列,绿色,28 根/厘米。

组织:正反五枚缎。

B121：15-4 蓝色缎

经线:丝,无捻,单根排列,蓝色,80 根/厘米。

纬线:丝,无捻,单根排列,蓝色,39 根/厘米。

组织:五枚经面缎。

B121：15-5 白色暗花缎

经线:丝,无捻,单根排列,白色,80 根/厘米。

纬线:丝,无捻,单根排列,白色,24 根/厘米。

组织:正反五枚缎。

B121：15-6 绿色暗花缎

同 B121：15-3。

B121：15-7 浅绿色缎

经线：丝,无捻,单根排列,浅绿色,76 根/厘米。

纬线：丝,无捻,单根排列,浅绿色,28 根/厘米。

组织：五枚经面缎。

B121：15-8 红色缎

经线：丝,无捻,单根排列,红色,80 根/厘米。

纬线：丝,无捻,单根排列,红色,40 根/厘米。

组织：五枚正反缎。

B121：15-9 浅蓝色暗花绫

经线：丝,无捻,单根排列,浅蓝色,64 根/厘米。

纬线：丝,无捻,单根排列,浅蓝色,32 根/厘米。

组织：2/1Z 斜纹地上以 1/2Z 斜纹显花。

刺绣

绣线：丝,无捻,白色、蓝色、橘红色、绿色、黄色等,圆金线。

针法：平针、钉针。

B121：15-10 黄绿色暗花绫

经线：丝,无捻,单根排列,黄绿色,40 根/厘米。

纬线：丝,无捻,单根排列,黄绿色,30 根/厘米。

组织：3/1Z 斜纹地上以 1/3S 斜纹显花。

B121：15-11 蓝色缎

同 B121：15-4。

B121：15-12 橘红色妆金绫

经线：丝,无捻,单根排列,橘红色,40 根/厘米。

地纬：丝,无捻,单根排列,橘红色,28 根/厘米。

纹纬：片金线,28 根/厘米。

地纬：纹纬 ＝1∶1。

地组织：2/1Z 斜纹。

妆花固结组织：1/5Z 斜纹。

6. 红色莲鱼龙纹绫袍（B121∶8）

复原后的绫袍通袖长 180 厘米，衣长 126 厘米。

此组残片共 11 片，主要是红色莲鱼龙纹绫，也有相连的绢和棉。其中最大的一片编号为 B121∶5（现编号为 B121∶8-6），长85.5 厘米、宽 80.5 厘米；2/1Z 斜纹地上以 1/2Z 斜纹显花；图案为莲花、鱼和四爪龙。每个单元内包含两枝莲花、两条方向相反的龙和三条鱼。此类题材在元代不多见。池塘莲花和鱼纹或与满池娇相关，龙与元代许多织物上的龙纹类似（图 8）。经检测，红色绫为红花染色而成。另一块褪色严重的红色织物上是水波地鱼雁纹绫，标准的弧形叠成的水波纹上有两个玛瑙窠，一窠内有两只水鸟，应该是两只游水的雁；另一窠内恰好是鱼和水的纹样，但不是很清楚（图 9）。其余还有部分棉织物残片，部分残片与红色莲鱼龙纹绫缝合，可知亦属于同一袍子的衬里（图 10）。从织物材质及几处细节上可以推断出应属同一件服装，形制为上下两截、腰部打褶的红色窄袖绫袍①。

组织结构：

A 红色莲鱼龙纹绫

经线：丝，无捻，单根排列，红色，66 根/厘米。

纬线：丝，无捻，单根排列，红色，40 根/厘米。

组织：2/1Z 斜纹地上以 1/2Z 斜纹显花。

---

① 王淑娟：《敦煌莫高窟北区出土元代红色莲鱼龙纹绫袍的修复与研究》，载赵丰、罗华庆：《千缕百衲：敦煌莫高窟出土纺织品的保护与研究》，艺纱堂/服饰工作队 2014 年版，第 54—62 页。

图 8　红色莲鱼龙纹绫 B121：5 残片与莲鱼龙纹样复原图

图 9　水波纹绫(B121：6)

B 红色波纹绫

经线：丝，无捻，单根排列，红色，74 根/厘米。

纬线：丝，无捻，单根排列，红色，52 根/厘米。

组织：2/1Z 斜纹地上以 1/2Z 斜纹显花。

C 白色棉布

经线：棉，Z 捻，单根排列，白色，12 根/厘米。

纬线：棉，Z 捻，单根排列，白色，6 根/厘米。

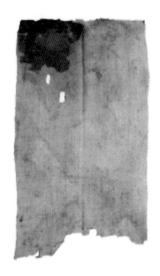

图 10　白色面部（B121：8）

组织：1/1 平纹。

7. 纳石失领袖（B121：10）

长 47.5 厘米、宽 6.4 厘米。

由红地双头鹰纹纳石失锦（B121：10a）、黑地缠枝牡丹纹纳石失锦（B121：10b）缝合而成的长方形织物，正面磨损严重，很可能曾用作领缘。后者在黑地上用捻金线织出菱格地上缠枝牡丹的纹样；前者虽然只是狭长的一小条，但仍可辨认出红地上为卷云纹作地、双头鹰作纹样的一部分（图 11），与 B163：65 的红地鹰纹织金锦相同。经检测，红色地为红花所染，黑色地为单宁类染料所染。同样的织锦在美国克利夫兰艺术博物馆也有收藏。

组织结构：

A 红地鹰纹织金锦

地经：丝，Z 捻，单根排列，红色，72 根/厘米。

固接经：丝，无捻，单根排列，本色，9 根/厘米。

图 11　纳石失领袖残片(B121：10)

地经:固接经＝8：1。

地纬:丝,无捻,单根排列,本色,16 根/厘米。

纹纬:捻金线,Z 向包缠,双根排列,金色,16 双/厘米。

地纬:纹纬＝1 根：1 双。

地组织:平纹。

固接组织:平纹。

B 黑色菱格地花卉纹织金锦

地经:丝,Z 捻,单根排列,黑色,72 根/厘米。

固接经:丝,无捻,单根排列,本色,9 根/厘米。

地经:固接经＝8：1。

地纬：丝，无捻，单根排列，黑色，17 根/厘米。

纹纬：捻金线，Z 向包缠，双根排列，金色，17 双/厘米。

地纬：纹纬＝1 根：1 双。

地组织：平纹。

固接组织：平纹。

二、关于若干织物的探讨

1. 深蓝地柿蒂窠花卉纹刺绣残片（B121：15）

这件绣品已残，无法完全还原原来形状，但可以作一些推测。目前可以看到的部分起码有三层。最中间是一个柿蒂窠刺绣，莲花明显位于柿蒂窠的正中，窠外四角分别绣有杏花、莲花、菊花和梅花等四季花卉。第二层是一圈以橙色为地刺绣，明显是用旧绣片经剪裁拼成而成，只是一条过渡型的装饰带。最外层是一个由不同形状和色彩的织物拼成的百衲区，但四周不完全对称，很值得仔细分析。

右侧，目前可以看到一个完整的浅蓝地绫折枝小花刺绣（B121：15-9），是专为这一拼布制作的。这是一个等腰直角三角形，底边长 15.5 厘米，两腰各长 11 厘米，高 8 厘米。这个三角形是所有三角拼布的基本单元，我们推测这件百衲的基本单元应该都是同一尺寸的三角形。

此外可以看到较残的一件三角形的红地妆金绫（B121：15-12）以及其间的深蓝色（B121：15-11）、黄绿色（B121：15-10）两种拼色，另一侧又是一种红色拼布（B121：15-8）。

这件浅蓝色等腰直角三角形的一个底角恰好隔着橙色的刺绣圈与中间的蓝地柿蒂窠尖正对，另一底角则与橙色一圈的边对齐，说明这一绣片的右侧起码有着一组完整的三角形百衲拼布。

绣品上部已经完全缺失,但下部还残有一边,有绿色(B121:15-3)和蓝色(B121:15-4)两片在直角边处连接,也恰好正对柿蒂窠的窠尖处,因此很可能是两片长方形的织物拼成。而其余部分则可以从背面的结构看到,其实这里是白色(B121:15-5)、绿色(B121:15-6)和浅绿色(B121:15-7)的三块三角形织物拼成的交汇点。而浅绿色一块的长度应该会与右侧的红色织物(B121:15-8)相邻,粗算下来,红色织物三角形长边的剩余长度刚好还与一个三角形的直角边相缝,所以推测这里就是整个百衲的右下方的直角收口。

有了这个收口,从最少添加原则出发,我们可以依照左右上下对称的规律推测这件百衲的总体形状,它很有可能是一个长方形的案垫。居中的蓝地柿蒂窠刺绣是一块专门为这一案垫订制的作品,约 18.5 厘米见方,十分精美。位于中间带的橙地刺绣宽约 7 厘米,应该是从一件较大的刺绣旧料上取下来的,这件旧料从残存图案来看,有可能是一件袍料的肩部。而最外面的拼布部分,料子是旧的,但上面的部分刺绣却是专门为这件案垫特制的,配色讲究,也很有可能是由供养人在制作案垫时临时绣成。拼布的排列设计在长宽两个方向稍有不同,拼布外很有可能再加一个边,推测与内框橙地刺绣同色同宽,也为 7 厘米左右。这样,最后得到的拼布就很像一个案垫,长 78.5 厘米、宽 68.5 厘米,宽窄相仿(图 12)。当然,如果再要添加,也不排除原来的百衲面积更大,甚至还有可能在四周边上有下垂的边,类似在莫高窟北区 B222 出土的北朝时期的锦彩百衲[1]。

---

① 杨汝林:《敦煌莫高窟北区出土锦彩百衲的修复与研究》,载赵丰、罗华庆《千缕百衲:敦煌莫高窟出土纺织品的保护与研究》,艺纱堂/服饰工作队 2014 年版,第 39—47 页。

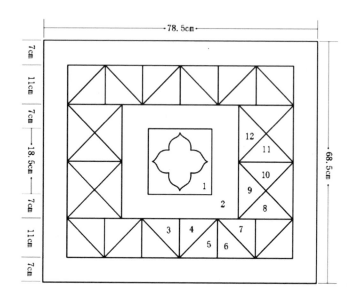

图 12　刺绣案垫款式与尺寸推测图

2. 纳石失领袖上的织锦图案比较

B121：10 是一件纳石失领袖残片，其上的红地双头鹰纹纳石失锦（B121：10a）和另一件同出自北区的红地鹰纹织金锦（B163：65）残片（图 13），虽然出土场地不同，品相也不同，一件已用旧，一件还很新，但两件织锦却是同样的用途。同时，这两件织锦与美国克利夫兰艺术博物馆所藏红地双头鹰纹纳石失锦（1996.297）织法和图案均相同，颇为神奇[①]。红地双头鹰纹纳石失锦（B121：10a）残片上有一个左侧鹰头局部和同一鹰左侧的尾翼局部，而红地鹰纹织金锦（B163：65）残片上则包括了一个鹰的左侧翅膀和下一鹰的右侧首的局部（图 14），非常有趣。

---

① James Watt and Anne Wardwell. When Silk was Gold. New York：Metropolitan Museum of Art，1998：144，cat. 36.

图 13　北区
B163：65 的
红地鹰纹纳
石失锦

图 14　美国克里夫兰博物馆藏红地鹰纹纳石失锦
(1996.297)及与敦煌北区出土红地鹰纹纳石失锦的比较

　　织锦的图案主题是双头鹰，正面展开，两排之间两两错排，背部是极为致密的满地云纹。这一图案基于中国和伊斯兰元素，但经过转换之后却成为既非中国亦非伊斯兰的中亚新元素，其特征是脚上的铃、头上的耳、胸前的花。最有意思的是鹰尾侧有一羽上伸出一个龙头，龙头折上咬住鹰爪。这一图案在好几件中亚的纳石失织金锦上都有出现。

　　纳石失领袖残片上的另一件织物是黑地缠枝牡丹纹纳石失

锦(B121：10b)，它的图案很明显是一种几何地缠枝牡丹纹样，黑色丝线为地，捻金线起花(图 15)。类似的图案在同一时期多有所见，特别是在日本名物裂中有十分相似的保存，可以看出其原来的图案的大约风格与面貌。如东京国立博物馆所藏套菱地牡丹纹织金锦(TI-320)，以丝、片金线织成织金锦(图 16)。此锦原属江户时代封建领主加贺藩前田家族的藏品之一，织造于元明时期，日本茶人将这些已经被裁成小片或制成小袋子的织物珍藏起来①。此外，日本京都三秀院收藏的二重蔓牡丹唐草文金地金

图 15　敦煌黑地缠枝牡丹纹纳石失锦(B121：10b)复原图

---

① 　赵丰：《锦绣世界：国际丝绸艺术精品集》，东华大学出版社 2019 年版，第 40 页，图 13。

襕九条袈裟,传为佛照慈明禅师所用,年代约为 14—15 世纪①,其图案结构也与此件织物比较相似(图 17)。国内目前没有特别合适的织金锦类的织物可以比较,但在苏州元末曹氏墓出土的缠枝牡丹纹缎等的图案②,应该是较为接近的实例。

图 16　东京国立博物馆藏菱地牡丹纹织金锦图案

---

① 佐藤留实:《鸿池家专来之仕覆解袋》,小笠原小枝:《名物裂之研究》,国书刊行会 2018 年版。

② 茅惠伟:《中国古代丝绸设计素材图系·金元卷》,浙江大学出版社 2018 年版,第 113 页,图 97。

图 17　日本三秀院藏二重蔓牡丹唐草文金地襕图案

三、红色莲鱼龙纹绫袍的款式探讨

　　绫袍是莫高窟北区出土的最大一件文物，所涉及 11 块残片形状大小不同，我们已经做了修复，并从织物材质及几处细节上可以推断其形制为上衣下裳相连、腰部打褶的红色绫袍。但从研究的角度看，其形制还有可以考虑的余地。

这组织物大约共有 11 块残片，根据这些残片的各自特点，我们进行了拼合和修复。修复前对这件绫袍的款式进行了研究和考虑，主要有以下几点：

其一，从 B121：8-6、121：8-7 和 121：8-8 三件残片出发，可以初步断定这一组残片从属于同一件服装，且应为上装，以绫为面料，用绢和粗棉布为衬里。

其二，B121：8-6 应为服装右襟，又因其面料由两种绫拼合而成，且波纹绫更是由多块大小不一的织物拼合而成，一般情况下拼合的部分都会隐藏在里面，可以推断应为里襟，从而可知此件服装为右衽。

其三，B121：8-8 残留有绫、绢及棉布三种织物。与棉布衬里缝在一起的有两层莲鱼纹绫织物，从缝制规律可知，上层绫应为上衣部分面料，下层绫应为下裳部分面料，并有残留褶裥，宽约1.5 厘米。可知该服装为上衣下裳相连、交领右衽、腰部打褶的绫袍。这种款式元代称为贴里。

其四，参考中国丝绸博物馆藏黄色卍字纹绫袍（文物号3586，图 18），其下裳为两片相拼而成，即左片与右片分开，在后背交叠，绫袍所存信息与此袍极为吻合，故下裳按两片制。最后，绘制绫袍复原形制图（图 19）。根据对本件绫袍残片的病害调查，可知织物的牢度尚可承受针线穿缝力度，所以选用传统的针线缝合加固法进行修复。修复时，选用厚型电力纺作为绫袍面料的背衬织物，选用粗平纹绸为衬里的背衬织物，染色后平整，并根据裁剪图，剪裁出绫袍各部位。将衬布分别衬于清洗平整后的文物下方，各残片按位置分布摆好，采用相应的针法分别对面料及衬里的各残片进行修复加固。最后，依绫袍形制将修复后的面料及衬里各部位拼合成一件交领窄袖贴里绫袍（图 20）。

图 18　中国丝绸博物馆藏元代黄色卍字纹绫袍

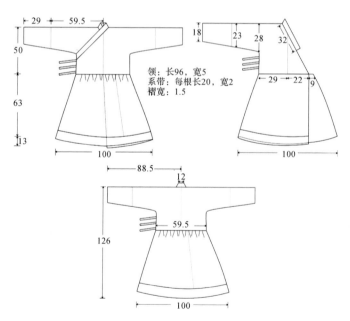

领：长96，宽5
系带：每根长20，宽2
褶宽：1.5

图 19　绫袍复原形制图（正面、右襟、背面）

图 20　修复完成后的绫袍外形

三、结　论

　　总体来看,B121 窟埋葬的年轻女性应该是身穿元代十分典型的红色鱼莲龙纹绫贴里袍(B121∶8),品质较高,图案时尚,说明她应该有一定的身份地位。另一件刺绣百衲也初步可以复原成为一个案垫,以蓝缎地上绣有四季花图案,周边有绫、缎、织金绫、绢等三角形小片拼缝成百衲,长宽可达 68 厘米×78 厘米左右,也是极其精美的。同窟所出还有不少丝绸残片,虽然较小,但也都很时尚,有着典型的元代丝绸织绣品的特征。因此我们也可以知道,元代的敦煌不仅佛教依然流行,还是丝绸贸易兴盛和时尚流行的重要城市。

　　致谢:感谢敦煌研究院罗华庆、王建军、何明阳等在考古发掘及提供资料中的支持。感谢中国丝绸博物馆技术部周旸和刘剑对织物纤维和染料进行分析检测以及修复师楼淑琦、戴惠兰、王晓斐、徐青青、姚思敏、戴华丽、李君等在文物修复中给予的协助。

（本文由赵丰与王淑娟、王乐合作完成，原载《敦煌研究》2021年第 4 期）

汉晋刺绣与双头鸟纹样

近年来,不少汉晋时期的墓葬中都出土了十分精美的刺绣作品,其中部分绣品中还绣有双头鸟及相关纹样。这些绣品最初出现在中原内地,但后来又出现在丝绸之路沿途,北在蒙古国的诺因乌拉,西到河西走廊以及塔克拉玛干沙漠一带。事实上,这一时期带有双头鸟纹样的艺术作品还不止于此,在青瓷、画像石、马具饰品甚至稍晚的佛教壁画上都有。但关于双头鸟形象的来历和含义一直众说纷纭,而双头鸟纹样与其载体之间的关系也不甚清晰。由于同类资料分布较散,笔者在此只能对其进行初步的整理,并对双头鸟纹样的含义和传播提出一些粗浅的看法。

一、汉代绣被及其图案

1983 年,连云港东海尹湾汉墓 M2 墓主身上覆盖着"缯绣衾被"二件(二层)。第一层残长 138 厘米、宽头 44 厘米、窄头 38 厘米、中间 32 厘米;第二层残长 154 厘米、宽头 47 厘米、窄头 38 厘米、中宽 38 厘米。后一件经修复后残长 154 厘米、宽 54.4 厘米。两件大幅刺绣图案精美,工艺一致。其中第二层中绣有似幢的图案,其间还有云气纹、三足鸟、羽人和禽兽等[①]。据发掘者研究,

---

① 武可荣:《试析东海尹湾汉墓缯绣的内容与工艺》,《文物》1996 年第 10 期。

M2 中因出土有货泉、大泉五十钱币，其时代应在新莽时期或稍晚①。

2002 年春，山东省文物考古研究所发掘了日照海曲汉墓群，墓群位于日照市西郊西十里堡村附近的汉代海曲县城故址，其中保存最为完好的 125 号墓中的北棺被运回室内清理，棺内表面覆盖有丝织品。这是目前山东发现保存最好的汉代丝织品，上有精美的刺绣图案。同墓随葬品十分丰富，其中竹简上有武帝"天汉二年（前 99）"的明确年号，可能与历谱有关。据发掘者判断，此墓的年代可能在西汉早期到东汉之间②。应山东省文物考古研究所之邀，我和王厉冰对 M125 出土的丝织品文物进行了鉴定，其中刺绣一件长 260 厘米、宽 84 厘米，其中刺绣部分长 183 厘米、残宽 44 厘米（图 1），如经复原，应为 50 厘米，并详细复原了其中的刺绣图案③（图 2）。

2000 年 9 月，北京老山汉墓出土了一件丝绸刺绣，经过较长时间的保护，这件作品终于在首都博物馆展出，长约 180 厘米、宽约 50 厘米，从其云纹以及四周的三角形边饰等精美图案来看，其原貌也应是与上述两件相类似的刺绣④。

这三件刺绣由于保存相对较为完好，可以看其大致形状，呈长方形，宽约 50 厘米、长约 180 厘米。其大小尺寸与棺内部的尺

---

① 连云港市博物馆：《江苏东海县尹湾汉墓群发掘简报》，《文物》1996 年第 8 期。

② 郑同修：《北方最美的 500 件漆器——山东日照海曲汉墓》，《文物天地》2003 年第 3 期。

③ 赵丰、王厉冰：《山东日照海曲汉墓出土丝织品鉴定报告》，报告尚未发表。

④ 原物陈列于首都博物馆，局部照片发表于北京市文物局，载《北京文物精粹大系》编委会：《北京文物精粹大系——织绣卷》，北京出版社 2001 年版，第 51 页。

图1　山东日照海曲汉墓出土刺绣

寸基本一致。由于老山汉墓早年被盗，尸体亦已被移动，因此，刺绣的出土位置已不一定是其原来位置。但另外两墓的刺绣均出自棺内，并盖在尸体身上，当作被衾之类，因此，连云港的简报中也称其为"缯绣衾被"，武可荣则直接称其为"缯绣"。但事实上，M2伴出有木牍一枚，内容为随葬衣物疏，只是当时没有发表。不过从同一墓地M6出土的衣物疏木牍（12号）"君兄衣物疏"来看，上面提到了"绣被二领"，因此这一绣品在当时应该被称为绣被。

　　绣被也常见于汉代文献。《汉书》卷六十八《霍光传》："光薨，……赐金钱、缯絮、绣被百领。"这里的绣被正是被用于葬礼的，它不同于平时的衾。《说文》："被，寝衣，长一身有半。"《论语·乡党》："必有寝衣，长一身有半。"孔安国注："今之被也。"郑玄注：

图 2 山东日照海曲汉墓出土刺绣部分图案复原

"今小卧被是也。"《说文》也有衾条："衾，大被。"《释名》中释衾："衾，广也，其下广大如厂受人也。"段玉裁说："寝衣为小被，则衾是大被。"这里说得非常明确，被窄而衾宽。因此，墓中所出也应是绣被。但后来被的意义也变得广泛，较宽的被子也可以称为被。南北朝梁刘缓《左右新婚诗》："小吏如初日，得妇美行云。琴声妄曾听，桃子婿经分。蛾眉参意画，绣被共笼薰。"这种要供新婚夫妇使用的无疑是较宽的被子。

除此之外，与此相关的汉代刺绣最重要的出土是在蒙古诺因乌拉匈奴墓地。这种墓很大，当地称为 Kurgan，其中也出土了大量的中国丝绸和刺绣，而最为重要的残片有四片：

1. MP-1004：长约 40 厘米、宽约 30 厘米，由三块残片拼成，现陈列于爱米塔什博物馆展厅，上有大型心形云纹和右侧的鸟纹及璧翣纹（图 3）；

图 3 诺因乌拉匈奴墓出土刺绣（MP-1004）

2. MP-1862：长约 35 厘米、宽约 25 厘米,呈菱形,上有羽葆和悬幢纹,原来可能位于绣被的左侧（图 4）；

图 4 诺因乌拉匈奴墓出土刺绣（MP-1862）

3. MP-995：长约 40 厘米、宽约 15 厘米,呈三角形,也可以看到羽葆、碟和璜的一部分；

4. MP-1335：呈梯形,可以看到一有翼应龙的纹样,龙朝右侧,位于绣被的右下角（图 5）。

由此,我们可以复原得到其整件绣被的图案（图 6）。

结合以上几件绣被,我们可以看到这种绣被的图案极为相

图 5　诺因乌拉匈奴墓出土刺绣（MP-1335）

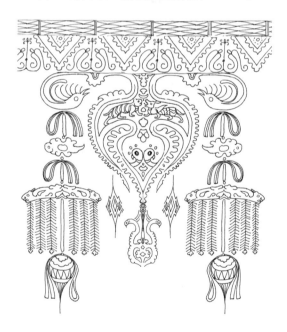

图 6　诺因乌拉匈奴墓出土刺绣图案复原

似。诺因乌拉的刺绣相对而言在顶部较为完整，而海曲的刺绣在上部和中下部较为完整。但在底部，两者可以相互补充。首先它们四周有一圈三角纹边饰。整个刺绣以长寿绣为地，上面再布以主题纹样。这种长寿绣与马王堆一号汉墓出土的长寿绣[①]、广州南越王墓出土的长寿绣及江苏高邮神居山二号墓出土的长寿绣[②]十分一致，可以推测，另几件长寿绣也可以用作类似的用途。

主题纹样的正中都是一个较大的心形云。诺因乌拉的心形纹中共分为两层，上层里面有左虎右龙一对纹样，下层的中间是一对面对面的鸟首。这一心形纹下还连有一小型云纹，云头有一对相背的鸟首。不过，海曲的心形云已缺失，只能看到一个尾巴，但下面的鸟首是一对面对面的双头鸟，鸟身下连着长长的羽毛，下面再是羽葆。

诺因乌拉的绣品显示，在心形云纹的两边是由鸟首衔起的由玉器和流苏结成的玉饰羽葆，最上面是一丝结，然后连着玉碟形器，再是一丝结，下有一兽头璜，璜下是六条羽毛，中间再有一丝结，下连一悬幢。

所有这些器物都可以从汉代的艺术品中找到相似的实物。特别是中间的碟形玉饰件，在汉代常见，而中间的璜，两端兽头，较为圆钝，更显出这是西汉接近新莽时期的风格。这种结玉悬苏的实物幢的形象据孙机考证为《礼记·明堂位》所称之"璧翣"，按照郑玄的注："画缯为翣，戴以璧，垂五彩羽于其下。"在汉代的漆器彩绘与画像石中，常常见到以环、珩、羽葆等物组成的垂饰，应

---

① 湖南省博物馆、中国科学院考古研究所：《长沙马王堆一号汉墓》，文物出版社 1973 年版，第 57—58 页。

② 黎忠义：《绢地长寿绣残片纹样及色彩复原》，《东南文化》1996 年第 1 期。

为此物①。但是孙机所列璧翣的图像，大多只是用璧（环）、磬（珩）和羽葆（悬幢），而这几件绣被上的羽葆，应就是缨穗，穗顶还可以看到柿蒂花作的柄，但穗末并拢，与汉画中的羽葆稍有区别，但依然可以称为羽葆。

绣被的底部两角应该分别有两个动物，海曲的左下角留了一个，应该是虎纹，而右下角的纹样则以诺因乌拉的保存完好，是一行走的应龙。虽然两者风格不完全相同，但题材应该还是左虎右龙。至于尹湾的刺绣较为特殊，中间有不少神仙似的纹样题材，老山的刺绣上面只有心形云，未见其他动物纹样。

二、西北地区出土的魏晋刺绣

近年来，西北地区又出现了一组纹样较为相似的刺绣，其年代约在公元4—5世纪，刺绣的中心位置上都有一只双头鸟。

最早发现的实例是吐鲁番阿斯塔那382号墓出土的红绢地双头鸟纹绣（南北朝早期，420—589）②，长34厘米、宽23厘米，现藏新疆维吾尔自治区博物馆（图7）。在红色绢地上，用蓝、绿、黄、黑色丝线，以锁针法绣出一只两头一体的双头鸟，两侧及上方有四条游动着的龙，山、鸟、花草树木布满其间③。事隔多年，阿斯塔那墓地又出土一件红绢地双头鸟纹绣，与此十分相似，保存

---

① 孙机：《汉代物质文化资料图说》，文物出版社1991年版，第225—227页。

② 新疆吐鲁番地区文管所：《吐鲁番出土十六国时期的文书——吐鲁番阿斯塔那382号墓清理简报》，《文物》1983年第1期。发表时称其为鸟龙卷草纹刺绣。

③ 李萧主编：《吐鲁番文物精粹》，上海辞书出版社2006年版，第94页。

更为完好。长 38、宽 26 厘米（尺寸比例似有误），在红色绢地上，用蓝、绿、黄、褐丝线，用锁针法绣出一只两头一体的双头鸟，两侧上方有两条龙[①]。现藏吐鲁番博物馆（图 8）。

图 7　吐鲁番阿斯塔那 382 号墓出土红绢地双头鸟纹绣

1996 年，扎滚鲁克一号墓地第三期文物的墓葬中出土了鸟纹刺绣一件（M49∶9），原为一件三角形的残织品，有些像鸡鸣枕的尾角，现已展开，呈长方形，长 36.5 厘米、宽 32 厘米。在绿色绢地上，用红、原白两色丝线，以锁绣针法绣出连体双头的双头鸟和花草纹饰[②]（图 9）。

2002 年，甘肃省玉门花海毕家滩 M26 中出土一具女尸及丝绸服饰若干。据出土衣服疏记载，墓主人为东晋时"大女孙狗女"，死于升平十四年（370）九月十四日。其中出土一条绯绣裤

①　李萧：《吐鲁番文物精粹》，上海辞书出版社 2006 年版，第 95 页。
②　新疆维吾尔自治区博物馆、巴音郭楞蒙古族自治州文管所、且末省文管所：《新疆且末扎滚鲁克一号墓地》，《新疆文物》1998 年第 4 期。

图 8　阿斯塔那墓地新出土红绢地双头鸟纹绣

图 9　且末扎滚鲁克一号墓地出土绿绢地双头鸟纹绣

（以下称呼时写作裤）主要残存有三片，其中一片可见部分裤腰及裤片。制为两层，面由湖蓝色绢和绯色地刺绣绢接缝而成，中纳丝绵，里衬白绢。出土时，绣片覆于死者腿部，推测为裤筒。绯绣以绯色绢为地，红、黄、蓝、白各色丝线锁绣而成。两只裤腿的刺绣图案可以局部复原。原绣中间应该是一只双头鸟，旁边是云纹和类似于火焰的纹样①（图10）。

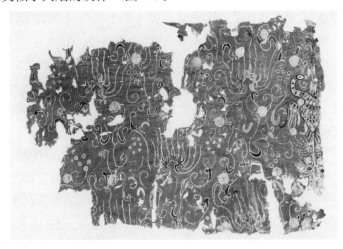

图10　花海毕家滩东晋墓出土绯绢地双头鸟纹绣

此外，还有一些同一时期的刺绣残片曾在西北地区的丝绸之路沿途发现。甘肃省博物馆曾出土一件绣成三角纹的带，应为某一刺绣上的残片，很有可能就是同类刺绣的边饰②。伦敦私人收藏中也有一件刺绣以三角纹为边饰，绣出卷云纹和骑兽仙人之类

①　赵丰、王辉、万芳：《甘肃花海毕家滩26号墓出土的丝绸服饰》，载赵丰：《西北风格 汉晋织物》，艺纱堂/服饰工作队2008年版，第94—113页。
②　甘肃省博物馆：《丝绸之路：甘肃文物精华》，1994年，图68。

的纹样，也应与此相似①。

综合以上几件绣品来看，特别是吐鲁番、扎滚鲁克和花海的四件刺绣，我们可以总结得出这些魏晋刺绣的几个特点：

1. 其年代当在 4 世纪末到 5 世纪初。吐鲁番阿斯塔那 382 号墓的年代当在 5 世纪初，而花海有明确的纪年是在 377 年。扎滚鲁克 49 号的年代也比较晚，报告认为：墓中同出的玻璃杯与斯坦因 20 世纪初在楼兰 LK 遗址墓葬中出土的两件相似（该杯年代推测为 5—6 世纪），墓中所出木案，在吐鲁番 M389 中也有发现，与阿斯塔那晋墓 M13 中发现的纸绘地主生活图中的木案图案也很相似。另外，墓中出土的木案与耳杯都与南京象山东晋早期墓（4 世纪）M7 的相似。其他各件绣品上的云气风格虽然继承了汉代长寿绣的构图和造型，但风格明显较晚。

2. 所有各件绣品在出土时似与原用途相异。花海的绯绣用作裤筒，上面的双头鸟被剪开，并被横置，上与裤身相连，明显不是原来的用途。扎滚鲁克所出刺绣在出土时被折起来作枕头，也非原用。吐鲁番的两件基本保证了双头鸟局部的完整性，被做成方片。但 382 号墓出土时已被盗，因此原物用途不得而知。另一件吐鲁番出土的刺绣无详细报道。

3. 同类的刺绣有两种尺寸。一种较大，如花海出土绯绣裤，如将其原图案复原的话，其横向可能要达到 100 厘米、高度约为 30 厘米。另一种则较小，如阿斯塔那和扎滚鲁克所出。这几件的宽度均在 30 厘米左右，扎滚鲁克一件上见顶，有三角形边饰，两侧则直框，下端缺绣，图案的外轮廓已较为明显。但阿斯塔那的两件上可见顶，有三角形饰，但两侧和下部均未到边，一时还无法断定其图案的原尺寸。

———

① 赵丰：《中国丝绸通史》，苏州大学出版社 2005 年版。

4. 刺绣图案题材也颇费考证。阿斯塔那的两件上两侧分别有兽纹,原报告均称为龙。但事实上,通过仔细观察可以发现,382号墓中的一件左侧为虎,右侧为龙,两者四足朝外,均向上行。此虎身上有斑纹,头部较为简单,而龙的头部明显较为复杂,斑纹也不相同。此龙造型多少与诺因乌拉出土的刺绣下角部分的龙相似。在双头鸟的顶部两侧也有两只相对行走的兽,两者也有区别,右侧的头部较为复杂些,左侧的较为简单,我们推测也应是左虎右龙。但阿斯塔那新发现的一件上的两兽纹造型基本一致,均与龙相似。

阿斯塔那的两件上还有不少鸟纹。382号墓所出一件上共有两对四只鸟纹,另一件上则有一对两只鸟纹。这类鸟纹应即一般的凤鸟之类。

扎滚鲁克和花海所出两件刺绣上除双头鸟之外并无其他的兽鸟纹样,但遍地皆为火焰状及点状纹样,这种纹样亦见于吐鲁番出土的两件。这种火焰状的纹样魏晋时期十分流行,在敦煌壁画上也常见,从汉代刺绣纹样的演变来看,应该还是一种云气纹,而圆点纹有可能象征天象的星星之类,整个地纹或可以称作星云纹。

三、双头鸟纹样的类型

综合上述汉晋刺绣与其他艺术品中的双头鸟来看,我们可以将其粗略地分为六种类型。

1. 出现在汉代绣被上的双头鸟造型可以算作是第一种类型。其特点是双头明显,相对而视,极具装饰效果。而鸟身往往不很显眼,甚至是鸟身成为云纹或其他纹样的一部分。

2. 双头鸟纹样除在刺绣上出现之外,还在汉代画像石中出

图11　山东嘉祥武梁祠画像石上的比翼鸟

现。山东嘉祥县武梁祠屋顶画像石上祥瑞征兆图像被雕刻成行，每幅图像边还有榜题。其中第三行中有榜题"比翼鸟，王者德及高远则至。"而比翼鸟正是一只双头鸟，不过它的姿态是行走的鸟，其双头也较为写实化（图11）。除此之外，还有两个榜题和图像与此有关："比肩兽，王者德及（鳏）寡则至"。"比目鱼，王（者）明无不（衡则）至。"①从图像来看，这两种动物也都是双头同身，比肩兽为双头兽，比目鱼为双头鱼，另外，从其榜题来看，它是王者仁德所至的结果。这种双头鸟也见于陕西绥德黄家塔七号汉墓（辽东太守墓）出土画像石②，在其后室口上的画像中有一双头鸟，其造型与武梁祠者相似（图12）。这种写实的双头鸟可以看作第二种类型。

　　3. 第三种类型是西北地区出土刺绣上的双头鸟，但与此相

　　①　巫鸿著，柳杨、岑河译：《武梁祠——中国古代画像艺术的思想性》，生活・读书・新知三联书店2006年版，第258—260页。

　　②　李贵龙、王建勤：《绥德汉代画像石》，陕西人民美术出版社2001年版，第38页。

图 12　陕西绥德黄家塔七号汉墓出土画像石中的比翼鸟

似的双头鸟形象也出现在东晋时期的铜马具饰上。1974 年，社科院考古研究所在河南安阳孝民屯发掘了五座东晋时期鲜卑族的墓，其中有不少铜饰片，共有 10 件上刻有双头鸟的纹样。其中74AGM154 中出土了一套较为完整的晋代鎏金铜马具，计有垂饰 7 片，上窄下宽，束腰式，形似银铤。上端平直，有横穿，下端近似弧方形。其中三件（24、26、90）的大小、形制及图实大致相同，约长 10 厘米、上宽 4 厘米、下宽 5 厘米。周缘先用细线阴刻双环纹，其间填以水波纹。正中细线阴刻双头鸟纹，鸟头相对，胸两旁为展翅飞翔的双翼，其下为简化的鸟身、尾及爪（图 13）。其他几件虽然器形不同，但所刻的双头鸟纹风格完全一致。此外，195号墓中也出土了类似的饰物。最为重要的是颊骨上有鸡心形饰片一件，内有双头鸟形图案。还有铜饰片一件，纹样与 M154 中所出相似[①]。

　　所有铜饰的纹样有一个共同的特点，即中心纹样是一只双头鸟，它与西北发现的刺绣之间的相似性不仅在于双头鸟本身，而且还在于双头之间的器物，两者极为相似，均为三角形状，这应该

①　中国社会科学院考古所安阳工作队：《安阳孝民屯晋墓发掘报告》，《考古》1983 年第 6 期。

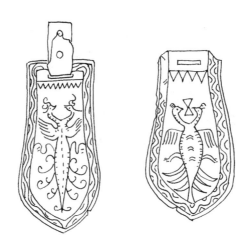

图 13　河南安阳孝民屯东晋墓出土的双头鸟纹铜饰片图案

是当时作为妇女头饰的胜花。

4. 双头鸟在东晋时期南方出土的大量堆塑罐上也有发现。浙江湖州市博物馆收藏的一件魂瓶系 20 世纪 70 年代征集所得，上面就有双头鸟的贴塑①。虽然该瓶在发表时并没有提及双头鸟，但目前该瓶正在湖州市博物馆展厅陈列，面向观众的一面正好有一只双头鸟（图 14、图 15）。此外，在南京魏晋墓里出土的青瓷中也有大量的双头鸟装饰，如 1995 年上坊吴凤凰元年（272）墓出土的青釉堆塑人物楼阙瓷魂瓶，肩以上部分堆塑各种饰物，颈作四方形状，口沿作廊庑状，四角各置一角楼，颈上部三面作胜形和三角形镂空。颈壁连四小罐，罐上贴佛像、比翼鸟（应即双头鸟）。另一件青瓷堆塑瓶的腹部也贴有双头鸟②（图 16、图 17）。同时，南京雨花台区西晋墓出土的青瓷罐和大行宫出土的青瓷盘

①　潘林荣：《湖州博物馆藏"魂瓶"及佛饰双耳罐》，《东南文化》1991 年第 5 期。

②　南京市博物馆：《六朝风采》，文物出版社 2004 年版。

图 14　湖州市博物馆收藏的青瓷魂瓶

图 15　湖州市博物馆收藏的青瓷魂瓶中双头鸟装饰

口壶上也有双头鸟的形象。这种双头鸟与第三类双头鸟造型比较相似，但由于它出现在带有佛教影响的南方魂瓶上，而且双头之间没有戴胜的图像，我们将它归入第四种类型。

图 16　南京市上坊吴凤凰元年墓出土的青瓷堆塑瓶

图 17　南京市上坊吴凤凰元年墓出土的青瓷堆塑瓶双头鸟装饰

5. 双头鸟的形象还大量出现在新疆拜城克孜尔千佛洞和库车库木吐拉千佛洞的壁画中，基本上都出现在表现天象的洞窟顶部的壁画中。据考证，一般都称其为金翅鸟（Garuda），有时一头，有时双头，但其造型与其他几件双头鸟有所不同，双头如鹰，鹰头相背,鹰喙朝外①(图 18)。这可以称为第五种类型,此类须有专文进行探讨②。

图 18　克孜尔第 72 窟中的金翅鸟图案

　　6. 双头鸟在唐宋时期还有出现,但此鸟头实为人头,双头共身。1955 年在河南西峡县出土的一件唐代鎏金铜造像,两头一鸟身,正属此类③。《营造法式》卷 33"彩画作制度图样"中也有同

　　① 张爱红绘:《克孜尔石窟壁画精选——动物画》,新疆人民出版社 2006 年版,图 96。
　　② 苗利辉:《龟兹石窟中的风神和金翅鸟》,《新疆文物》2005 年第 2 期。
　　③ 文物参考资料编辑委员会:《文物参考资料》1956 年第 4 期,封面图版。

类形象，当时称作共命鸟（图 19）①。此为第六种类型。

图 19 《营造法式》中的共命鸟

四、双头鸟的来源和含义

在中国文献上与双头鸟相关的文献并不很多，通常提及的有比翼鸟、同心鸟、共命鸟、共鸣鸟等说法。

武梁祠画像石上的双头鸟旁有一榜题，直接将双头鸟称作比翼鸟，并说："比翼鸟，王者德及高远则至。"这是我们所知唯一的一件将双头鸟和文献直接相对应的实物资料，不过，其含义却只

---

① 李诚：《营造法式》卷 33"彩画作制度图样上"之"飞仙及飞走等第三"。

与"王者德仁"相关。

史料上的同心鸟或许也是一种双头鸟。晋人杨方《合欢诗五首》第一首云："我情与子亲,譬如影追躯。食共同根穗,饮共连理杯。衣共双丝绢,寝共无缝裯。居原接膝坐,行愿携手趋。子静我不动,子游我不留。齐彼同心鸟,譬彼比目鱼。情至断金石,胶漆未为牢。但原长无别,合形作一躯。"这里讲的是夫妇相好,《乐府解题》曰:"《合欢诗》,晋杨方所作也。言妇人谓虎啸风起,龙跃云浮,磁石引针,阳燧取火,皆以同声相应,同气相求,我与君情,亦犹形影宫商之不离也","如鸟同翼,如鱼比目,利断金石,密逾胶漆也"。这里是说,同心鸟就是比翼鸟,而比目鱼正是其形象当如"合影作一躯",其意义已远离"王者仁德"了。

汉代绣被上出现的双头鸟虽然也可以称为比翼鸟,但从造型上来看其实还与战国刺绣上的凤纹较为相似。从江陵马山楚墓出土的刺绣来看,这种关系已经隐约可见。其中的飞凤纹绣见于对凤对龙纹绣浅黄绢面衾(N7)内缘,以浅黄绢作绣地,绘墨稿,绣线棕、黄绿和淡黄色。图案主题是一只展翅而飞的凤鸟的俯视图,凤鸟头上有一对凤冠,向两侧弯曲。双翅左右展开,双脚外张,凤尾的中部向后分支,与下排凤鸟的花冠相交。图案长 64 厘米、宽 31 厘米。这一凤鸟的两翅弯曲处已与双头鸟非常接近,而其鸟身和尾羽与双头鸟的身子更为相似[1](图 20)。另一件凤鸟花卉纹绣(N10 袍面,俗称三头凤)上的凤翅与双头鸟的造型已无区别,此凤鸟一头正视,但另两翅作双鸟头状[2],正可以看作汉代刺绣双头鸟的雏形(图 21)。

---

① 湖北省荆州地区博物馆:《江陵马山一号楚墓》,文物出版社 1985 年版,第 63—64 页,图 51。
② 湖北省荆州地区博物馆:《江陵马山一号楚墓》,文物出版社 1985 年版,第 68 页,图 56。

图 20　江陵马山一号楚墓出土的飞凤纹绣图案

　　西北地区所出双头鸟纹样刺绣，考古学家通常称其为共命鸟。共命鸟是佛经中常提到的故事，《杂宝藏经》中有"共命鸟缘"一节，即《法苑珠林》中提到的二头鸟。不过，这里的二头鸟是迦楼荼（金翅鸟）和忧波迦楼荼："往昔久远世时，于雪山下有二头鸟，同共一身，在于彼住。一头名曰迦楼荼鸟，一头名忧波迦楼荼鸟。而彼二鸟，一头若睡一头便寤。"[1]事实上，从《营造法式》所举共命鸟的形象来看，完全是另外一种形式，为两人面共一鸟身。

<hr />

①　（唐）道世：《法苑珠林》卷 51《恶友篇》。

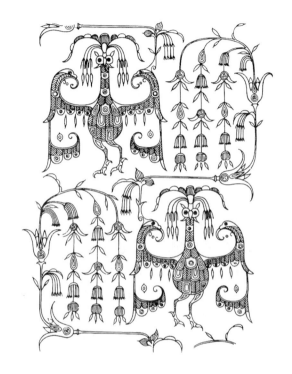

图 21　江陵马山一号楚墓出土的凤鸟花卉纹绣图案

《阿弥陀经》中称："彼国常有种种奇妙杂色之鸟：白鹤、孔雀、鹦鹉、舍利、迦陵频伽、共命之鸟。是诸众鸟，昼夜六时，出和雅音，其音演畅，五根、五力、七菩提分、八圣道分，如是等法。其土众生，闻是音已，皆悉念佛、念法、念僧。"[①]唐人窥基《阿弥陀经通赞疏》："共命者亦云'命命'，美音演法，迅羽轻飞，人面禽形，一身两首，故云共命也。"[②]可见这种共命鸟是一种配合佛说法时奏乐的鸟，因此经常出现在佛教风格的装饰场合。

---

① 　（前秦）鸠摩罗什译：《佛说阿弥陀经》。

② 　（唐）窥基：《阿弥陀经通赞疏》。

　　由此看来，用共命鸟来解释西北地区出土魏晋时期刺绣上的双头鸟并不贴切，而当我们注意到双鸟头之间的一个三角形装饰物时，就会产生另一种联想。在扎滚鲁克所出的一件刺绣品上是上下两个三角形相对，在吐鲁番新入藏的刺绣品上两个鸟头之间有一工字形器物，在花海出土的两鸟头之间则有一垂直长轴，上下各有一对相对的三角形。其实，这应该就是当时的胜。关于胜的解释，人们多采用《释名·释首饰》之说："华胜，华象草木华也，胜言人正等一，人著之则胜，蔽发前为饰也。"其实这已离原意甚远，王序的考证更为合理①。胜的原意是縢，即织机上的经轴。经轴是固定经丝之轴，当时称为胜或縢，《说文》的解释是"机持缯者"，《梓人遗制》中仍称为"縢子"。经轴位于斜平面的顶端，通常是一根圆木加上两头的定位装置，这种装置通常被称为胜，其形式有所不同。汉画石上最为常见的是两片式胜，武梁祠画像石上的玉胜是两片式(图22)，江苏泗洪曹庄出土的纺织画像石上织

图22　武梁祠画像石上的玉胜

①　王孖：《八角星纹与史前织机》，载王孖：《王孖与纺织考古》，艺纱堂/服饰工作队2001年版，第38—45页。

机用的经轴正是两片式（图23），而大量画像石、铜镜等上的西王母戴的胜也都是两片式（图24），因为织是女性的工作，而西王母戴胜正是女性的象征。四片式的较为少见，但它在后世用得十分普遍，一般称为羊角。

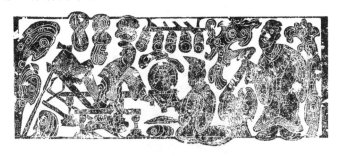

图23　江苏泗洪曹庄出土纺织画像石上的织机

关于西王母的形象，较早而且较为详细的记载是《山海经》。书中有三处提到西王母的形象，《西山经》载："西王母其状如人，豹尾虎齿而善啸，蓬发戴胜，是司天之厉及五残。"《大荒西经》也说："（昆仑之丘）有人戴胜，虎齿，豹尾，穴处，名曰西王母。"《海内北经》称："西王母梯几而戴胜杖，其南有三青鸟，为西王母取食。"三处记载都提及西王母戴胜。但是，胜的纹样出现在双头鸟之中十分罕见。从史料来看，比翼鸟或双头鸟与中国西王母的传说并无直接的关系。《山海经》卷六"海外南经"虽然提到了比翼鸟，但未提及与西王母的任何关系。

但在对于西王母的描述中，确实也有些鸟与西王母有着一定的关系。一种是青鸟，前述《海内北经》中提到了有三青鸟为西王母取食。此外，可能成书于六朝时期的《神异经》还记载了一种大鸟，称为希有："昆仑有铜柱焉，其高入天，所谓天柱也。围三千里，圆周如削，下有回屋，仙人九府治。上有大鸟，名曰希有，南向，张左翼覆东王公，右翼覆西王母。背上小处无羽，万九千里，

图 24　山东沂南北寨村画像石墓中的西王母像

西王母岁登翼上，之东王公也。"这种希有鸟，在这里是作为西王母的坐骑，带着西王母去见东王公。因此，这里图像中所见的双头鸟有可能正是希有鸟，衔着象征西王母的戴胜或胜，或许正是希有鸟和西王母的关系。

　　西王母是汉代人们崇奉的诸神中最重要的一位。西王母的传说最早见于记载者为《竹书纪年》《穆天子传》《山海经》等书。其信仰至晚在战国时期已经形成。传世文献和出土实物特别是汉画像石足以表明，汉代是西王母信仰的最鼎盛时期。《太平御览·礼仪部》引《汉旧仪》说："祭西王母于石室皆有所，二千石、令、长奉祀。"而在民间,西王母更是人们信仰的主神之一,被尊称金母、王母、西姥、王母娘娘。那时中国民间百姓心中的西王母就像西方的救世主一样具有神圣的力量。西汉末年哀帝建平四年(前3)爆发了一场大规模的几乎是席卷全国的崇拜西王母运动。《汉书》对这场运动有三处记载,其中《哀帝纪》载:"(建平)四年春,大旱。关东民传行西王母筹,经历郡国,西入关至京师。民又会聚祠西王母,或夜持火上屋,击鼓号呼相惊恐。"

五、小　结

本文从汉晋时期出土的刺绣双头鸟纹样出发,结合大量汉代画像石、魏晋青瓷堆塑罐、晋代铜马饰等资料,对当时出现的双头鸟纹样进行初步的梳理和研究,并将双头鸟纹样分成六个类型,得出若干粗浅看法:

1. 汉代绣被通常以长寿绣为地,上面布置各种通天的灵物,双头鸟也是其中一种。其造型很可能是楚汉刺绣中凤鸟纹的延续和变化。

2. 汉画像石上的双头鸟通常较为写实,为一站立的双头鸟,根据武梁祠的题记可以确定为比翼鸟。但这种比翼鸟最初是为了表达"王者德仁"的希望,后来成为夫妻恩爱的象征。

3. 西北地区出土的魏晋刺绣以及安阳孝民屯出土的东晋铜饰上的双头鸟之间均有三角形的胜纹,我们推测这可能与西王母崇拜在汉魏之际的兴起相关。这种鸟或与六朝时传说中西王母的坐骑希有鸟有关。

4. 江南青瓷堆塑罐上也有不少双头鸟的形象。由于这些罐上均有佛像造型,推测上面的鸟也可能多与佛教题材相关,此时的双头鸟有可能是杂色奇妙之鸟之一的共命鸟。这种共命鸟后来多以人面鸟身形象出现。

5. 至于龟兹壁画中的双头鸟应该就是金翅鸟迦楼荼，它有时只以一头出现，有时则以双头出现。以双头出现时也可以称为共命鸟，不过，那是雪山下的迦楼荼和忧波迦楼荼双头鸟了，它在被佛点化之后成为奏乐的共命鸟。

致谢：本文在写作过程中承蒙扬之水老师指点并提供大量画像石、青瓷及铜马具上的双头鸟相关资料，特致谢意。同时也向新疆维吾尔自治区博物馆、甘肃省文物考古研究所、山东省文物考古研究所、吐鲁番文管所、圣彼得堡爱米塔什博物馆等提供资料和观摩机会的单位致谢。

（原载赵丰主编《丝绸之路：艺术与生活》论文集，艺纱堂/服饰工作队 2007 年版，第 100—109 页）

汉晋新疆织绣所见中原影响

  随着新疆地区的考古事业的发展、大量资料的发表和公布，我们对新疆当地生产纺织品的研究也同时走向深入。有道是"男耕女织"，不仅在中原地区，在新疆也一样。新疆有着丰富的纺织原料，3—4世纪时生产有毛有丝，同时也有可能已经种植棉、麻。这样，不可能仅是从东方或是西方进口纺织品，一定会自己生产。虽然一直有不少人从不同角度谈到过新疆当地的纺织品生产，但我所记得专门从实物角度谈新疆当地纺织品生产较早而且较细的还是贾应逸的两篇文章《略谈尼雅遗址出土的毛织品》[①]《新疆丝织技艺的起源及其特点》[②]。武敏在《织绣》一书中也有专门一节"高昌地产织锦"写过相关的内容[③]。不过，我们现在可以走得更远一些，看得更广一些，特别是通过近年的一些展览和本期刊物的编辑，我们可以对新疆地产织物与中原因素的关系有一个新的认识。一方面，我们可以从新疆地产织物来判断中原的技术影响；另一方面，我们也可以从具有中原因素的角度来判定哪些织物有可能是新疆生产的。

---

① 贾应逸：《略谈尼雅遗址出土的毛织品》，《文物》1980年第3期。
② 贾应逸：《新疆丝织技艺的起源及其特点》，《考古》1985年第2期。
③ 武敏：《织绣》，幼狮文化事业公司1992年版，第111—113页。

一、绵线锦绦

绵线锦绦是极为典型的新疆地产纺织品[①]。最初由贝格曼在楼兰小河 6 号墓地发现过一些织锦带残片[②]。从其后来发表的照片及描述来看，都属绵线锦绦之类[③]。此后的发现主要集中在营盘。1989 年，考古人员发现一件龙纹锦带（M10：15）[④]。1995 年，营盘 15 号墓出土的淡黄色绢袍（M15：12）领口上也发现镶有几何纹的锦带，并贴饰两道金箔片[⑤]。1999 年，考古人员再一次对营盘进行全面发掘，又出土了大量同类织物。其中有动物纹锦绦，由加 Z 向强捻的经纬绵线以 1：1 平纹经重组织制成，在幅宽 2.5 厘米的范围内，将红和浅棕、黄和绿、绛紫和浅棕绵线分区排列，织造时纹地色彩互换，形成整齐的长方格骨架，格内主题为奔走的动物（图 1）。还有造型较为简单的方格变形动物纹锦绦，宽 1.5 厘米，1：1 平纹经重组织显花，共分三个图案色区，黄和棕、黄和绿、红和棕，其间再隔以棕色的素区（图 2）。此外还有两种几何纹锦绦，其中的图案和色彩更为简洁[⑥]。

---

① 赵丰：《新疆地产绵线织锦研究》，《西域研究》2005 年第 1 期。

② （瑞士）贝格曼（Folke Bergman）著，王安洪译：《新疆考古记》，新疆人民出版社 1997 年版，第 138 页，图 pl. 16-1。

③ Vivi Sylwan：Investigation of Silk from Edson-Gol and Lop-Nor，Stockholm，1949，p. 154.

④ 新疆文物考古研究所：《新疆尉犁县因半古墓调查》，《文物》1994 年第 10 期。

⑤ 新疆文物考古研究所：《新疆尉犁县营盘墓地 15 号墓发掘简报》，《文物》1999 年第 1 期。

⑥ 赵丰：《纺织品考古新发现》，艺纱堂/服饰工作队 2002 年版，第 62、65、67 页。

图1　营盘出土镶动物纹　　　图2　营盘出土方格变形动物纹锦绦
　　　　锦绦衣袖

　　这类锦绦的共性非常明显。一是其纱线用的是加有 Z 向强捻的绵线；二是组织结构采用的是中原地区传统的平纹经锦结构，一般的纹经和地经比均为 1∶1，但通常通过换区变色使得锦绦的色彩更为丰富(图3)；三是织物规格，其幅宽通常极窄，只有几个厘米，而且一个织幅内通常有三个纹样的循环；四是织物纹样，有着纬向的循环而无经向的循环[①]。在这些特点中，采用丝线的中原因素自然不必说，而最为重要的是采用了中原传统的平纹经重结构。这种结构在中原地区最早出现在西周，到春秋战国时期已经非常流行，汉晋时期成为中国织锦的典型代表[②](图4)。而且这类织锦在这一时期大量输入新疆地区，它对新疆绵线锦绦

----

① 赵丰：《新疆地产绵线织锦研究》，《西域研究》2005 年第 1 期。
② 赵丰：《中国丝绸艺术史》，文物出版社 2005 年版，第 68 页。

的影响显而易见。

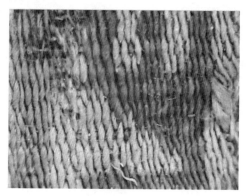

图 3　绵线平纹经锦绦组织

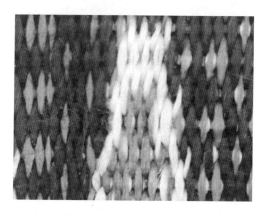

图 4　汉晋时期平纹经锦组织

　　在汉晋新疆地区的同时期墓地中，这种类型的织物基本上仅发现于营盘地区，而未见于尼雅、山普拉、楼兰、扎滚鲁克及吐鲁番等，说明这种绵线锦绦的生产具有极为明显的地域特点，有可能正是营盘所产。不过，这种技术在此后仍可以找到踪迹。吐鲁番哈拉和卓墓90号墓出土的《高昌永康(?)十年用绵作锦绦残文书》:"须绵三斤半,作锦绦"①,这里的锦绦有可能与营盘发现的锦绦相似。近来重看斯坦因在米兰地区发现的唐代毛织物中有一种动物纹罽,用的竟然也是经重结构,虽然其表面组织已采用变化斜纹,有时还加入绞编织法,但其中的一段蓝地白花的动物纹看起来却与营盘的龙纹锦绦如此接近(图5、图6)②。

图5 动物纹编织毛罽

图6 动物纹编织毛罽局部

① 唐长孺:《吐鲁番出土文书》(二),文物出版社1981年版,第7页。

② Aural Stein, *Serindia*, Oxford at the Clarendon Press, 1921, Vol. 4, XLIX.

二、绵线平纹纬锦

　　绵线平纹纬锦已为不少人论述系新疆当地产品[①]。其中最为知名的要数吐鲁番阿斯塔那 313 号墓出土的红地瑞兽纹锦，其中带有明显的幅边，同墓出土的衣物疏证明这件锦可能生产于公元 548 年前后（图 7）。出土于吐鲁番阿斯塔那 309 墓的几何纹锦也属于同类，年代相近，这件织物也可以看到幅边处纬丝回梭形

图 7　新疆吐鲁番出土红地瑞兽纹锦

　　① 贾应逸：《新疆丝织技艺的起源及其特点》，《考古》1985 年第 2 期；武敏：《织绣》，幼狮文化事业公司 1992 年版，第 111—113 页。

成的圈①。后来,在营盘的考古中也有同类织物的发现。如8号墓出土的锦缘棉袍上的龙纹纬锦锦缘,以红色为地,浅褐和白作花,1∶2的平纹纬二重,其中可以看到有翼应龙的形象,以及田字形和云纹骨架(图8)②。另一件人物兽面鸟树纹锦的纹样构成更为复杂,由上而下为一伞盖状物,盖下悬有灯或钟状物,两伞柄之间为一人物,两脚之侧各有一只小鸟,鸟下为一大树,两树之间为一兽面。由于采用对称连续布局,整体纹样仍显得比较规整③(图9)。而更为重要的是本论文集中发表的几处遗存。

图8　新疆营盘出土红地龙纹纬锦

首先是扎滚鲁克的遗存,它保存的数量极大,但由于出土时均为残件,又由于其经向图案不循环,因此很难判断其原来应为几件,只是暂时能分出六种:白地红花草纹锦、白地红几何纹锦、白地红条纹锦、胭脂红地植物纹锦、胭脂红地狩猎纹锦和胭脂红

---

①　沙比提:《从考古发掘资料看新疆古代的棉花种植和纺织》,《文物》1973年第10期。其中提到的丝绵织锦应是此类。

②　赵丰:《纺织品考古新发现》,艺纱堂/服饰工作队2002年版,第58—61页。

③　赵丰:《中国丝绸通史》,苏州大学出版社2005年版,第159页。

图 9　新疆营盘出土人物兽面鸟树纹锦

地龙纹锦①。其次就是甘肃玉门关花海墓地，其中的 M26 中出土一条碧裤，其中一部分织物为红地云气鸟兽纹纬锦，与营盘和扎滚鲁克绵线平纹纬锦的风格完全一致。由于 M26 的年代为升平十四年（370），因此，它是我们目前所知同类织物中最早有纪年的

---

① 王明芳：《三至六世纪扎滚鲁克织锦和刺绣》，载赵丰《西北风格 汉晋织物》，艺纱堂／服饰工作队 2008 年版，第 18—39 页。

实物①。

这类织锦的共同特点：一是织物的经纬线均由手工纺成的丝绵线承担，其加捻均为 Z 向，常见色彩有白、红、灰、黄四种；二是织物的组织为平纹纬锦，明经通常为一根，而夹经则一般成双；三是其织物门幅通常较大，为张的规格，从吐鲁番出土文书中看，当时一张的规格为长 180.4—216.1 厘米，宽 95.2—107.1 厘米，其长约为宽的一倍；四是其图案的加工方法采用挑花，因此可以保持在纬向的循环，在经向却并不循环②。最能说明它与中原关系的是其织物的图案和结构，其常见的简化云气动物纹图案可以认为是对中原传统汉式云气动物纹经锦的模仿，通常是以简化了的云气纹或是波纹作基本骨架，上面布置飞禽瑞兽纹样，甚至是田字或目字状纹的装饰纹样，这也应该是对汉式织锦中汉字铭文的模仿。而其组织结构的原理也完全来自汉式平纹经锦，只是新疆当地织工将经纬线的方向作了 90 度的调整，将其变成了平纹纬锦。

事实上，这种来自中原的汉式经重组织也影响到毛织物。新疆尼雅和营盘等地均出土过若干数量的毛织罽，如 1959 年尼雅出土的人物葡萄纹罽和龟甲四瓣花纹罽③，1995 年尼雅出土的几何纹罽④（94MNN2：1），营盘出土的两件罽，一件是四瓣花纹

① 赵丰、王辉、万芳：《甘肃花海毕家滩 26 号墓出土的丝绸服饰》，载赵丰《西北风格 汉晋织物》，艺纱堂／服饰工作队 2008 年版，第 94—113 页。

② 赵丰：《新疆地产绵线织锦研究》，《西域研究》2005 年第 1 期。

③ 新疆博物馆出土文物展览小组：《丝绸之路——汉唐织物》，文物出版社 1972 年版，图 14、15。

④ 赵丰、于志勇：《沙漠王子遗宝：丝绸之路尼雅遗址出土文物》，艺纱堂／服饰工作队 2000 年版，第 78—79 页。

罽①(99BYYM18：19)，另一件是营盘 15 号墓主身上所穿的红地对人兽树纹罽袍上的一个三角形卷藤花树纹罽②。还有一件传为营盘出土的鹰蛇葡萄纹罽在不同地方有收藏，类似织物中最好的一件现藏于瑞士阿贝格基金会③。所有这些毛织纹罽采用的组织结构都是平纹纬重组织，除材料用毛之外，其他所有的织造特点也与绵线纬锦基本相符。虽然我们还难以确定这些毛织纹罽的产地何在，以及这些毛织纹罽的生产年代究竟是早于还是晚于绵线纬锦，但有一点可以肯定的是，这些毛织纹罽与绵线纬锦一样受到了汉式经锦的强烈影响。正是在汉式经锦的影响下，其生产技术及组织结构才得以产生，并且其图案风格才自成一派。

三、锁　绣

刺绣是人类最早采用的织物装饰方法之一，但不同文化区域所采用的绣法并不一致。从目前所知中国周边地区来看，早期巴泽雷克墓葬中发现的毛毡上大量采用的是贴绣④，在新疆地区哈

---

① 赵丰：《纺织品考古新发现》，艺纱堂/服饰工作队 2002 年版，第50—51 页。

② 新疆文物物考古研究所：《新疆尉犁县营盘墓地 15 号墓发掘简报》，《文物》1999 年第 1 期。

③ 钱伯泉：《从新疆发现的有翼人像看希腊、罗马文化的东传》，《丝绸之路》1995 年第 5 期；Emma C. Bunker, Late Antique Motifs on a Textile from Xinjiang Reveal Startling Burial Beliefs, Orientations, May 2004, pp. 30-36.

④ S. I. Ludenko, *Culture of Residence on Mountain Altar during Cythian Period*, Academy NAUK CCCP, 1953.

密五堡、且末扎滚鲁克等地发现的刺绣则主要是平针①。相比之下，中原商周时期的丝绣则较早地采用了锁绣。

锁绣是一种较为特殊的针法，以圈的形式绕行形成线条。与直针绣相比，这样的线条面积较大，而且较有变化。中原地区最早的锁绣可能出现在商代，在商代青铜器上就已发现有锁绣的痕迹。到西周和春秋战国时期，锁绣的应用则更为广泛。山西绛县横水一号墓中出土了西周时期的刺绣荒帷②，平纹绢上以朱砂染红作地，再施以刺绣。从保存的痕迹来看，当时采用的无疑是锁针绣。这里的锁针其实起着勾边的作用，因为刺绣的主体很有可能是贴羽毛，在贴羽的边上，再用锁绣勾边。这种羽毛贴绣与《周礼·考工记》中的"钟氏染羽"记载相吻合："钟氏染羽：以朱湛丹秫，三月而炽之，淳而渍之。"这种方法一直到汉代仍见使用，马王堆一号汉墓出土的锦饰内棺盖板表面纹饰，采用的正是菱格纹的"菱花贴毛锦"③，不过此绣并未用锁绣进行勾边。此后，锁绣在丝织品装饰中占有绝对的地位，湖北江陵马山一号墓中出土了大量刺绣，除极少打籽和平绣外，几乎都是锁绣。这种情况一直保持到汉代，马王堆等大量西汉墓中出土的几乎无一不是锁绣。

在汉晋之际，新疆地区也出土了一批锁绣作品，可以分为几组。第一组是洛甫山普拉墓地出土的毛绣，如蔓草纹靴面（92LS II M6：c6）（图 10）、菱格十字纹刺绣编织毛缘（84LS I M01：371）（图 11）、四叶纹刺绣裙毛缘（84LS I M01：306）等，通常是

---

① 武敏：《织绣》，幼狮文化事业公司 1992 年版，第 36—41 页。

② 山西省考古研究所、运城市文物工作站、绛县文化局：《山西绛县横水西周墓发掘简报》，《文物》2006 年第 8 期。

③ 湖南省博物馆，中国科学院考古研究所：《长沙马王堆一号汉墓·下》，文物出版社 1973 年版，第 99 页，图 116。

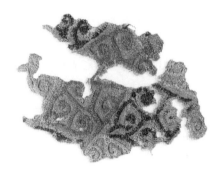

图 10　蔓草纹靴面　　　　图 11　菱格十字纹刺绣编织毛绦

在红地的毛织物（有斜纹也有平纹）上以黄色毛线绣出卷云状纹样①。如与楚汉时期的中原刺绣比较，特别是与中国传统的回形纹样比较②，我们可以发现这些纹样带有较为明显的内地风格。第二组是营盘出土的绵线锁绣，较为重要的有两件：一是营盘 15 号墓男尸身上的所穿裤子，是在紫色的绵绸地上用绵线绣出菱格联珠十字花卉纹样（图 12），这种纹样具有一定的西来风格③；二是红色绵绸地上刺绣水波纹（图 13），原用作枕头外套④，这种花卉纹也常见于当时新疆出土的汉锦。第三组是在平纹绢上进行的锁绣，相对较为细腻。这在尼雅、山普拉等墓葬中也有大量发现，如 1959 年尼雅一号墓中出土几件绿地刺绣花卉纹绢裤，其中

———

　　① 新疆维吾尔自治区博物馆、新疆文物考古研究所：《中国新疆山普拉》，新疆人民出版社 2001 年版，第 161、170、190—191 页。

　　② 雷圭元：《中国图案作法初探》，上海人民美术出版社 1979 年版，第 71—75 页。

　　③ 新疆文物物考古研究所：《新疆尉犁县营盘墓地 15 号墓发掘简报》，《文物》1999 年第 1 期。

　　④ 赵丰：《纺织品考古新发现》，艺纱堂/服饰工作队 2002 年版，第 56—57 页。

图 12　菱格联珠十字花卉纹样

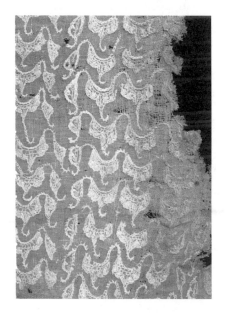

图 13　营盘出土红地水波纹刺绣

用了朱萸纹图案[①]，另有刺绣云纹粉袋和刺绣云纹袜带则用了类

似于云纹的图案①。山普拉出土的刺绣中也有同类实例，如卷草联珠纹刺绣缘绢衣残片(84LSⅠM49∶75b)、蔓草纹刺绣护领罩A型(84LSⅠM01∶210)和蔓草纹刺绣护领罩B型(84LSⅠM49∶65-1)等②。本书介绍且末扎滚鲁克墓葬和甘肃花海墓葬中也有不少出土锁绣作品出土，其中最为典型的是有双头鸟形象的刺绣。

在以上三组锁绣作品中，前两组可以较为明确地认为是新疆当地的产品，其中第一类毛绣的纹样明显受到中原刺绣纹样的影响，与楚地漆器和丝织品上的图案极为相似，但毛的材料无疑是新疆当地的产品。第二类刺绣的质地起初均被考古学家看作毛褐，但经中国丝绸博物馆和浙江理工大学检测，所有面料和绣线均为丝质③。因此，其织物应为绵绸，而且所有丝线均加有Z向强捻，无疑也是新疆当地的织物。但其刺绣图案则有多种来历，紫地联珠十样花卉绣的风格明显有着较强的西方风格，但水波纹刺绣似乎与汉式织锦中的图案关系更为密切。第三类刺绣虽然其绢织物来自中原，但从其刺绣的品质和纹样来看，远比中原所产各种绣品来得粗犷和简练，特别是卷草联珠纹刺绣缘上的卷草叶纹图案和联珠纹以及与其相连的心形纹，更带有西域的艺术风格，因此，很有可能是在中原生产的丝织物上进行的新疆刺绣。

---

① 新疆博物馆出土文物展览小组：《丝绸之路——汉唐织物》，文物出版社1972年版，图7、8。

② 新疆维吾尔自治区博物馆、新疆文物考古研究所：《中国新疆山普拉》，新疆人民出版社2001年版，第226—227页。

③ 中国丝绸博物馆刘剑在检测营盘15号墓男尸绣裤时发现所有材料均为丝质，后笔者将红地水波纹毛绣送浙江理工大学吴子婴检测，也发现均为丝质。

四、斜编织物

斜编织法是以两组经线交叉编织的方法。斜编法中最为简单的是平纹斜编法,这种编织法相当原始而应用广泛,在许多新石器时期遗址中出土的席纹就是用这种方法编织的,还有今天女孩的辫子编法亦属于这一类型。目前所知最早的斜编丝织物是出土于浙江吴兴钱山漾的丝带,距今约 4750 年。这件丝带宽为 4.44—5.85 毫米,编织的方法犹如编辫子①。

从战国时期开始,斜编织物流行表里换层的双层组织结构,采用这一新结构的目的可能是让斜编织物增加图案。湖北江陵马山一号楚墓出土了 10 件双层组织结构的斜编织物组带,它们均为双层,但大多数没有图案,只有帽系一对(8-5B)用紫、土黄两色丝线编成三角纹、雷纹和横带纹等简单的几何形图案。此外,湖南长沙马王堆一号汉墓中亦曾出土多种斜编组带,其中最著名的是由白、绛红、黑三色丝线编成的千金绦带。据分析,千金绦带外形宽度为 9 毫米,幅内分成左、中、右三行,各宽 3 毫米,编带密度为 60 根/厘米,左右两行各由 32 根绛红色丝和 32 根白色丝编出雷纹,中间一行由 19 根黑色丝、18 根绛红色丝与 37 根白色丝编出"千金"篆字和折波纹,正面共呈现全白、全红、全黑及红黑交织四种色块,其构思设计极为巧妙②。

汉晋时期,这类双层斜编织物也出现在新疆地区。目前所知的发现主要有两件:一件是营盘 22 号墓出土的一个香囊上的装

---

① 浙江省文物管理委员会等:《吴兴钱山漾遗址第一、二次发掘报告》,《考古学报》1960 年第 2 期。

② 上海市纺织科学研究院等:《长沙马王堆一号汉墓出土纺织品的研究》,文物出版社 1980 年版,第 29—33 页。

饰带，另一条是尼雅出土的围巾。香囊长约 8 厘米，其中的装饰组带宽约 2 厘米，纵向循环约 1.3 厘米，沿横向共有三条装饰带，每条各由不同的丝线色彩织成，中间是蓝和土黄，一侧为红和白（已返黄），另一侧是蓝和白，每一方格中织出动物纹样。这种动物很难说出一种特定的名称，应该是对汉式织锦中瑞兽纹或辟邪纹的模仿。将这一纹样设计与营盘出土的大量绵线锦绦相比较可以发现，两者的设计非常类同，不仅是辟邪纹的造型，连辟邪纹横向排列的数量及辟邪纹方格之间的变换，均十分相似。由于营盘所出绵线锦绦是典型的当地产品，因此我们有理由相信，新疆当地有可能会生产这种斜编的辟邪纹绦。但与绵线锦绦不同的是，斜编绦所用的丝线是中原生产的丝线，其编织技法也来自中原。另一件斜编织物是尼雅出土的红蓝色菱格纹丝头巾，它的保存极为完好，由红、蓝两色丝线间隔排列斜编而成，其图案为类似涡状的卷云纹、三角纹及直线，这一图案与马山楚墓所出的组带几乎完全相同。马山楚墓与尼雅遗址的年代相距在 400 年左右，它们是否均为中国内地所产呢？也很难说，因为类似的图案同时也在楼兰地区发现。斯坦因曾找到一件缂毛织物（LC. v. 01）其中有一段纹样也与此十分类似，也有直线、三角纹（图 14）①。稍有不同的是，这里的涡云纹十分清晰明确，而尼雅头巾上的这一部分更像一个方格纹。由于缂毛技术在当时只用于西域地区，所以我们完全有理由说这种图案曾在西北地区流行，此时我们也很难完全否认这件几何纹斜编长巾在当地生产的可能性了。

这种构思巧妙的斜编双层组织，在编织时确是十分费劲，而其中的显花原理也与当时流行的暗夹型经锦相去甚远。结合营

---

① Aural Stein，*Innermost Asia*，Oxford at the Clarendon Press，1928，Vol. 3，XXXI.

图 14　楼兰出土缂毛织物

盘 15 号墓男尸身上所着红地对人兽树纹罽袍和山普拉出土的葡萄纹罽和菱格麦穗纹罽残片上所用的双层组织[1]，由于我们至今无法找到双层毛罽组织的来源，我们不妨推测，这种斜编双层织物正是毛织物上双层组织的启蒙也未可知。

　　汉代以后这种双层结构的编织法就很少使用了。倒是较多地变换丝线色彩，以求用简单的结构来达到华丽的效果。在唐代就有这样的例子，用蓝、绿、黄、红等一个晕色色阶的彩丝相邻进行斜编，结果就得到菱形的图案，简单而华丽[2]。

---

　　① 新疆维吾尔自治区博物馆、新疆文物考古研究所：《中国新疆山普拉》，新疆人民出版社 2001 年版，第 127—328 页。

　　② Roderick Whitfield, *The Art of Central Asia：The Stein Collection in the British Museum*, Tokyo，1985.

五、绞编丝履

　　绞编法是一种古老的编织技法，在许多篱笆、竹筐等制作中常采用这种编法。它采用一组平行、一组相互绞转的两个系统的丝线进行编织，往往是经线平行而纬线呈绞转状。两根纬线经过一根经丝就绞转一次的结构就是一个基本的组织单元，此时，位于经线两侧的纬线相互交换位置，其色彩也随之变换。如果这两根纬线在此时连续绞转两次，则两侧的色彩保持不变。多根色彩不同的纬线也可以用同样的方法编织出更多色彩的织物。

　　这种结构在织物上出现的年代也很早，河南荥阳青台村出土的距今约 5630 年的一件丝织罗，采用的有可能就是这类结构①。这种结构初看起来与绞经织物相似，所不同的是绞转的一组丝线永远向着一个方向转，因此不可能由绞经机构织出。

　　较为成型的绞编结构出现在战国秦汉时期。山东临淄郎家庄出土有一织物残片，原为一双丝履鞋帮的部分，所用即为绞编结构，时属春秋末至战国初②。同样的丝履在湖南长沙马王堆一号汉墓中也有出土，其中一双青丝履的鞋帮和鞋底采用的都是同样的绞编法③。这也应该就是秦代史料中所称的锦履。《睡虎地秦墓竹简》"法律问答"云："毋敢履锦履。履锦履之状何如？律所谓者，以丝杂织履，履有文，乃为锦履，以锦缦履不为，然而行事比

---

　　① 高汉玉、张松林：《河南青台村遗址出土的丝麻织品与古代氏族社会纺织业的发展》，《古今丝绸》1995 年第 1 期。

　　② 山东省博物馆：《临淄郎家庄一号东周殉人墓》，《考古学报》1977 年第 1 期。

　　③ 湖南省博物馆、中国社会科学院考古研究所：《长沙马王堆一号汉墓·下》，文物出版社 1974 年版，第 92 页，图 108。

矣。"这里的锦履不是用织成的锦包覆上去的,而应该是直接编成的,因此极有可能就是以绞编法绞成的履①。这样的锦履应该与前后时期的织成履编法相同。

新疆地区曾出土大量的织成履。斯坦因曾在敦煌烽燧遗址发现很多汉代的麻鞋,如 MAS783(T. XIV. a. 001s)、MAS810 和 MAS811(T. XIV. a. 002)②,它们虽然粗犷,但无论鞋帮和鞋底用的都是绞编法(图 15、图 16)。这些绞编而成的鞋子确实是中国

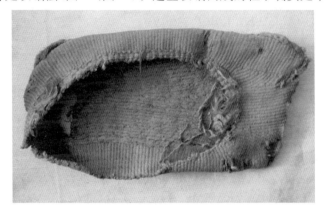

图 15　斯坦因在敦煌烽燧遗址发现的汉代麻鞋

的传统,但我们很难想象,这全都是士兵们从内地带来的鞋子,更有可能的是士兵们在当地自己编织或购买的麻鞋,因此,这种绞编技法在汉晋时期传至中国西部是完全可能的。更令人惊奇的是在新疆各地出土的带有极美丽纹样的丝履也都是采用绞编法编成的。这类鞋子的代表有斯坦因在楼兰地区发现的丝履 MAS717(LH. 04),圆头,平口,以绞编法制成,鞋头图案自上而

① 赵丰:《秦代丝绸科技初探》,《浙丝科技》1983 年第 3 期。

② Aural Stein, *Serindia*, Oxford at the Clarendon Press, 1921, Vol. 4, LIV.

图 16 斯坦因在敦煌烽燧遗址发现的汉代麻鞋局部

下分为三部分，最上端为红地上显白色几何纹样，中间为白色地上以紫、蓝、浅蓝、黄等色显花，包括朵花纹、王字纹等，最下端亦为红地上显白色几何纹样，鞋帮部分则在黄色地上显白色曲线图案，鞋底以麻线绕编而成①。营盘地区出土的大量丝履的质量和风格与此类似，如 22 号墓出土的一双丝履，亦用黄、红色丝线相互绞编而成，纹样有几何纹和对兽纹，还有汉字"宜孙宜"等（图17）②。还有一件最为著名的是吐鲁番阿斯塔那 39 号墓出土的一件织有"富且昌、宜侯王、天延命长"字样的织成履，根据同墓出土的文书可知其年代约在公元 367—370 年前后。此鞋正面织有红地白花的口沿、白地红蓝黄三色的铭文"富且昌、宜侯王、天延命长"、红地蓝点纹和白地蓝色夒纹，在鞋侧面则是三条不同色彩

① Aural Stein, *Innermost Asia*, Oxford at the Clarendon Press, 1928, Vol. 3, XLII, LXXXVIII.

② 赵丰：《纺织品考古新发现》，艺纱堂/服饰工作队 2002 年版，第70—71 页。

的茱萸纹色带,上下两条是蓝地上以红白黄显示花纹,中间是黄地上以蓝白红显花①(图18)。编织这些丝履所用的丝线虽然来自中原,但其编织则很有可能在当地进行,特别是看鞋面上的辟邪纹,更是与前述绵线锦绦和斜编绦上的辟邪纹基本一致。

图 17　营盘出土织成履

以上我们列举了五种新疆地区出土的时属汉晋的织绣及编织技法,其中前面三种我们已有确凿证据证明它们为新疆当地之技术,后面两种也很有可能为新疆当地所采用。不过无论如何,这五种类型的织物中均带有极强的中原丝绸织绣编技法的传统,中原纺织技术对丝绸之路沿途的影响显而易见。研究中国纺织

_____

① 新疆博物馆出土文物展览小组:《丝绸之路——汉唐织物》,文物出版社1972年版,图22。

图18　吐鲁番阿斯塔那39号墓出土丝履

技术传播的过程和步骤，将会对研究丝绸之路上东西方纺织技术的交流起到极为重要的作用。

（原载赵丰主编《西北风格　汉晋织物》，艺纱堂/服饰工作队2008年版，第76—93页）

新疆地产绵线织锦研究

　　所谓绵线织锦,即用丝绵纺线作经纬而织成的多彩重织物,这类织锦被许多学者认为是新疆当地的产品。论及这一问题的最早应该是 Vivi Sylwan,她指出楼兰小河墓地部分出土的织物有可能是东突厥斯坦(指今日新疆地区)的产品[①]。20 世纪 80 年代,当新疆吐鲁番文书被整理发表后,又有不少学者把吐鲁番出土的绵经绵纬的织锦与文书中提及的丘慈锦、高昌所出丘慈锦及疏勒锦等相联系,其中著名的学者包括唐长孺[②]、贾应逸[③]、吴震[④]和武敏[⑤]等。在国外,日本的横张和子[⑥]等也有相类似的看法。近年来,在新疆营盘和甘肃花海等地的发掘中又有同类织物的发现,使我们有可能对此类织锦进行更为详细的研究。

---

　　①　Vivi Sylwan：*Investigation of Silk from Edson-Gol and Lop-Nor*,Stockholm,1949,pp. 147-154.

　　②　唐长孺:《吐鲁番文书中所见丝织手工业技术在西域各地的传播》,文化部文物事业管理局、古文献研究室:《出土文献研究》,文物出版社 1985 年版,第 146—151 页。

　　③　贾应逸:《新疆丝织技艺的起源及其特点》,《考古》1985 年第 2 期。

　　④　吴震:《吐鲁番出土文书中的丝织品考辨》,载新疆维吾尔自治区博物馆、奈良丝绸之路学研究中心:《吐鲁番地域与出土绢织物》,2000 年版,第 84—103 页。

　　⑤　武敏:《织绣》,幼狮文化事业公司 1992 年版,第 111—113 页。

　　⑥　横张和子:《吐鲁番出土文书に见ぇる丘慈锦と疏勒锦について》,古代オリエント博物館,卷 XIII,1992 年版,第 167—183 页。

一、绵线织锦的提出

关于用绵线进行丝绸生产的记载在吐鲁番文书中并不多,仅有的几条已为学者们所熟悉,均出自哈拉和卓墓葬群。其中包括90号墓出土的《高昌永康(?)十年用绵作锦缘残文书》:"须绵三斤半,作锦缘"①。哈拉和卓99号墓道中混入的一件《某家失火烧损财物账》中记载了该户因"家人不慎失火烧家"损失的财物中"绵经纬二斤"②。而最为重要的是88号墓中出土的《北凉承平五年(447?)道人法安弟阿奴举锦券》:"阿奴从翟绍远举高昌所作黄地丘慈中锦一张,绵经绵纬,长九尺五寸,广四尺五寸"③。与此文书相关的还有99号墓中出土的《北凉承平八年(450?)翟绍远买婢券》,根据举锦券上"要到前年二月卅日,偿锦一张半"的规定,三年后,因阿奴无力偿还,只得以婢绍女抵偿,因此,在买婢券中,已有"翟绍远从石阿奴买婢一人,字绍女,年廿五,交与丘慈锦三张半"的记录④。

上述几件文书提及新疆当地曾用丝绵纺成的绵线来生产锦缘和丘慈锦,其中锦缘是五彩的织锦带,在新疆楼兰小河及营盘等地有大量发现,从技术分析来看,它们确是用绵线织成的五彩锦缘。而高昌所作丘慈锦是经纬均采用绵线的织锦,这里明确说明了当时的吐鲁番多采用绵线织锦,而丘慈锦的原产地龟兹所用的技术也应该与此一致。

事实上,用丝绵作经纬线进行丝织品的生产不仅仅限于塔里

---

① 唐长孺:《吐鲁番出土文书》(二),文物出版社1981年版,第7页。

② 唐长孺:《吐鲁番出土文书》(一),文物出版社1981年版,第195页。

③ 唐长孺:《吐鲁番出土文书》(一),文物出版社1981年版,第181页。

④ 唐长孺:《吐鲁番出土文书》(一),文物出版社1981年版,第187页。

木盆地北道,而且在南疆更有明确的记载。最有意思的是斯坦因在和阗附近丹丹乌里克遗址发现的传丝公主画版,用绘画的形式记录了当地丝绸业起源及发展的故事(图1)。其所据的典故在《大唐西域记》中有着详细的记载:"昔者此国未知桑蚕,闻东国有也,命使以求。时东国君密而不赐,严敕关防,无令桑蚕种出也。瞿萨旦那王乃卑辞下礼,求婚东国。国君有怀远之志,遂允其请。瞿萨旦那王命使迎妇,而诚曰:尔致辞东国君女,我国素无丝绵桑蚕之种,可以持来,自为裳服。女闻其言,密求其种,以桑蚕之子,置帽絮中。既至关防,主者遍索,唯王女帽不敢以验。遂入瞿萨旦那国,止麻射伽蓝故地,方备礼仪,奉迎入宫,以桑蚕种留于此地。"[①]正因为蚕种的来之不易和蚕种本身的稀少,再加上新疆一带信奉佛教不肯杀生的传统,因此,新疆当时没有像内地一样煮茧缲丝以抽取长长的丝线,而是任凭蚕蛹在化蛾之后破茧而出,只是采集蛾口茧进行纺丝织绸。"王妃乃刻石为制,不令伤杀,蚕蛾飞尽,乃得制茧。敢有违犯,神明不佑。"[11]

图1 传丝公主画版

(新疆丹丹乌里克出土,现藏大英博物馆、编号 OA1907.11-11.73)

这一传统还得到了其他出土文物的证实。一是蛾口茧的发

---

① 玄奘、辩机原著,季羡林等注释:《大唐西域记》,中华书局1985年版,第1021—1022页。

现，在新疆共有两例：一例在尼雅遗址，年代应为汉晋之际[1]；另一例在巴楚脱库孜沙来，时属唐宋之际[2]。说明这一传统延续甚久。二是纺砖的发现，在尼雅、营盘等许多遗址和墓地均有发现。还有一个例子是传为新疆和田地区出土的一件丝织机神画版，现藏俄罗斯圣彼得堡爱米塔什博物馆。在这件画版上共有五个人像，分为三层，上为一神像，中间一层有两女子，左边的似在穿综，右边的则一手持剪，一手持绸，似在剪绸。左下角人像缺损严重，但可看清一手持梭，应在织绸，而右下角的女子正用丝绵进行捻线[3]。这一图像显然也是对采用绵线进行织造的新疆当地生产工艺的真实描绘（图2）。

然而，可以证实新疆当地织物用丝绵纺线进行织造最为重要的实物证据是织物本身。从目前所知的考古发现来看，这类织物包括锦缘和平纹纬锦两大类，本文将给予较详细的讨论。

二、绵线平纹纬锦

目前所知绵线所制平纹纬锦中最为知名的要数吐鲁番阿斯塔那313号墓出土的红地瑞兽纹锦，由于同墓出土《高昌章和十八年缺名衣物疏》，说明这件锦可能生产于公元548年前后。此件织锦的经纬线均加有极强的Z捻，正是纺丝而成的绵线，织物带有明显的织边，因此可以确定为平纹纬重组织。经线本色，纬线有红、黄、白三种色彩，红和黄互相替换，即每一区域中只有两

---

① 赵丰、于志勇主编：《沙漠王子遗宝：丝绸之路尼雅遗址出土文物》，艺纱堂/服饰工作队2000年版，第44页。

② 新疆博物馆出土文物展览小组：《丝绸之路——汉唐织物》，文物出版社1972年版，图63。

③ 东京国立博物馆等：《シルクレドの遗宝》，1985年版，图103。

图 2　丝织机神画版
（新疆和田出土，现藏俄罗斯爱米塔什博物馆）

种色彩的纬线，是为 1∶1 的平纹纬二重。织物图案以楼堞形为
基本骨架，饰有瑞兽和小几何纹，其骨架与汉式织锦中的某些图

案如"续世锦"有相似之处，但其方向却刚好相差 90 度^①（图 3）。

图 3　新疆吐鲁番出土红地瑞兽纹锦

出土于吐鲁番阿斯塔那 309 墓的几何纹锦也属于同类，其经线为红色绵线，纬线有红、灰、白三种色彩，均为 Z 向加捻的绵线。但每一区域内均以两种色彩的绵线作纬，形成 1∶1 的平纹纬二重组织，即不同区域内有红地白花、红地灰花或是灰地白花等变化。这件织物也可以看到幅边处纬丝回梭形成的圈（实物陈列于新疆维吾尔自治区博物馆展厅）。

第二处极为重要的出土地点是新疆营盘。迄今为止，营盘已有多件同类织物出土，虽然均为衣服边饰之类，但它们对研究此类织物的技术极有益处。营盘 8 号墓出土的锦缘棉袍上的龙纹纬锦锦缘，以红色为地，浅褐和白作花，1∶2 的平纹纬二重，其中可以看到有翼应龙的形象，以及田字形和云纹骨架（图 4）。另一

---

① 贾应逸：《新疆丝织技艺的起源及其特点》，《考古》1985 年第 2 期。

件绢襦的边缘也是由同类织锦织成,但其图案更残,似为小几何纹构成①。营盘的发现事实上更多,另有一件为人物兽面鸟树纹锦,纹样构成更为复杂,由上而下为一伞盖状物,盖下悬有灯或钟状物,两伞柄之间为一人物,两脚之侧各有一只小鸟,鸟下为一大树,两树之间为一兽面。由于采用对称连续布局,整体纹样仍显得比较规整(图5)。

图4　新疆营盘出土红地龙纹纬锦

　　同类织物在最东部的发现是在甘肃花海墓地。墓地出土一件红地云气鸟兽纹纬锦,图案为较为规矩的云气纹带,可以看到每一空间中各有一种动物,一兽右行如虎,一兽左行,一雁飞翔,每一空间中均有田、目之类的方格装饰。由于这一墓地出土墓志年代在公元4世纪末,因此,这可能是目前所知同类织物中最早的实物(图6)。

　　① 赵丰:《纺织品考古新发现》,艺纱堂/服饰工作队2002年版,第58—61页。

图 5　新疆营盘出土人物兽面鸟树纹锦图案

　　斯文·赫定和斯坦因也可能发现过同类织物。斯文·赫定在楼兰小河 7 号墓曾发现过一些织物残片，从图案和组织结构来看与绵线平纹纬锦都十分相似，不过，由于西尔凡的分析中对丝线是否为绵线并无特别说明，因此无法确定它们就是属于绵经绵

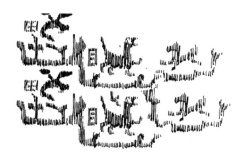

图 6　云气鸟兽纹锦图案

纬的平纹纬锦[1]。稍后的斯坦因也在楼兰和吐鲁番发现了类似的织物，他在楼兰 L. M. 发现有两件类似的织物，其中 L. M. 1. 026 则有较局部的放大照片，可以基本确定为绵经绵纬的平纹纬锦[2]。

　　此外，近年国外私人收藏中也偶然出现过同类织物，均为残片，其中有云气瑞兽纹锦，也有一件葡萄人物纹锦，以红、黄为主要色彩。其中间主要部分为一葡萄树，树两旁各有一人，人下各有一鸟，鸟下又为葡萄叶，叶下似有伞盖状物（图 7）。

　　上述绵线平纹纬锦基本出自公元 4 世纪晚期至 6 世纪早期，主要集中在 4—5 世纪。而从技术和图案来看，则有以下几个特点。

　　其一，织物的经纬线均由手工纺成的丝绵线承担。从表观来看，其绵线的加工较为任意，粗细不一。最粗处可达 0. 8—0. 9 毫米，细处只有 0. 2—0. 3 毫米。其加捻均为 Z 向，常见色彩有白、

　　① Vivi Sylwan：Investigation of Silk from Edson-Gol and Lop-Nor，Stockholm，1949，pp. 147-154.

　　② Krishna Riboud, Further Indication of Changing Techniques in Figured Silk of the Past-Han Period（AD4th to 6th century），Bulletin de Liaison du CIETA, no. 41-42，1975-Ⅱ，pp. 13-40.

图7　伦敦私人收藏葡萄人物纹锦

红、灰、黄四种，其中红、白最为常用，灰和黄均作为第三种色彩出现在平纹纬锦上。

其二，织物的组织为平纹纬锦，有两件织物保存有幅边，因此可以确认它是纬锦。平纹纬锦的经线有两组，明经和夹经，明经通常为一根，而夹经则一般成双。其局部组织大多是1∶1的平纹纬二重，但总体色彩通常是三色。

其三，这类织物的图案可以分为三类：第一类是几何纹样，并无定式；第二类是仿汉式织锦的图案，一般有简化了的云气纹或是波纹作基本骨架，上面布置飞禽瑞兽纹样，甚至是田字或目字状纹的装饰纹样，这应该是对汉式织锦中汉字的模仿，如营盘出土的龙纹纬锦和花海出土的云气鸟兽纹锦上的图案,其纹样的方向均与纬线方向相同;第三类图案较为复杂,题材多样化,有人物、动物、各种树和树叶,甚至还有器物等造型,纹样的方向一般与经线方向相同,但经常出现左右对称的情况。其实例为营盘出土的人物兽面鸟树纹锦和伦敦私人藏家的葡萄人物纹锦。

其四,这些平纹纬锦的织物规格应为张。吐鲁番出土文书中有关地毯、波斯锦、丘慈锦等新疆当地织锦均以"张"作单位。《义熙五年(409)道人弘度举锦券》[①]和前述《北凉承平五年(447?)道人法安第阿奴举锦券》中,均记载了这一规格(表1)。当时一张的规格为长 180.4—216.1 厘米,宽 95.2—107.1 厘米,其长约为宽的一倍。

表1　吐鲁番出土文书中织锦单位

锦名	年代	大小	规格(寸)		合今之规格(厘米)		文书番号
			长	广	长	广	
西向白地锦	409 年	半张	40	40	95.2	95.2	75TKM99：6(b)
黄地丘慈中锦	506 年	一张	95	45	216.1	107.1	75TKM88：1(b)

三、绵线锦绦

最早在新疆一带发现绵线锦绦织物的应该是斯文·赫定,他在楼兰小河 6 号墓地发现过一些织锦带残片。从其发表的照片及简单的描述来看,都属锦绦之类。其中 6.A：1 可称为几何纹锦绦,"丝带边缘为红色,中间是暗黄色和褪了色的绿色构成的图

---

① 唐长孺:《吐鲁番出土文书》(一),文物出版社 1981 年版,第 189 页。

案,包括交替出现的格纹及各种装饰图案,每组图案之间留有空隙"①,而 6.B：5 则可称为狮纹锦绦,宽 4 厘米,"为经重平组织,丝带沿长度方向分成深浅不同的暗黄色平行带,每条平行带中分长方格,格内有一狮,狮纹与背景互换色,丝带最靠外侧的平行带最为清晰,因为此处的颜色为红白二色"②。根据西尔凡的分析和推测,其中的经纬线均加有极强的 Z 捻,"更有可能手工纺成的绵线而不像是只加有强捻的丝线"③。

此后的发现基本集中在营盘。在 1989 年的调查中,考古人员发现了一件龙纹锦带(M10：15),已残为两段,各长 25 厘米、宽 2.7 厘米,织群龙夹几何图案。每一级图案均以彩条相隔,形成长方形格子。一般锦的正面龙纹为米色,底色为姜黄、绿及红色,锦的背面为姜黄、绿及红色,底色为米色④。1995 年,考古人员又深入营盘进行了发掘,其中 15 号墓出土的穿有红色毛织物的男尸的淡黄色绢袍(M15：12)领口也镶有几何纹的锦带,其上贴饰两道金箔片⑤。1999 年,新疆文物研究所考古人员再一次对营盘进行发掘,又出土了大量同类织物,部分织物已经发表⑥。

---

① （瑞典）贝格曼著、王安洪译：《新疆考古记》,新疆人民出版社 1997 年版,第 143 页,图 pl. 16-5。

② （瑞典）贝格曼著、王安洪译：《新疆考古记》,新疆人民出版社 1997 年版,第 138 页,图 pl. 16-1。

③ Vivi Sylwan：Investigation of Silk from Edson-Gol and Lop-Nor, Stockholm, 1949, p. 154.

④ 新疆文物考古研究所：《新疆尉犁县因半古墓调查》,《文物》1994 年第 10 期。

⑤ 新疆文物考古研究所：《新疆尉犁县营盘墓地 15 号墓发掘简报》,《文物》1999 年第 1 期。

⑥ 赵丰：《纺织品考古新发现》,艺纱堂/服饰工作队 2002 年版,第 62、65、67 页。

其中有动物纹锦绦,此锦绦由加 Z 向强捻的经纬绵线以 1∶1 平
纹经重组织制成,在幅宽 2.5 厘米的范围内,将红和浅棕、黄和
绿、绛紫和浅棕绵线分区排列,织造时纹地色彩互换,形成整齐的
长方格骨架,格内主题为奔走的动物(图 8)。还有造型较为简单
的方格变形动物纹锦绦,宽 1.5 厘米,1∶1 平纹经重组织显花,
共分三个图案色区,黄和棕、黄和绿、红和棕,其间再隔以棕色的
素区(图 9)。还有两种几何纹锦绦,其中的图案和色彩更为
简洁。

图 8　新疆营盘出土龙纹锦绦

图 9　新疆营盘出土方格变形动物纹锦绦

这类动物纹锦绦在国外也有收藏,其中藏于伦敦私人画廊的
一件色彩保存完好。此件锦绦其宽仅 3.7 厘米,组织与其他同类
锦绦相同。其经线按色彩分成三个区域,各由红和白、紫和白、浅
米和白配合,在经线方向则每隔 2.5 厘米后花地色彩互换,因此
形成方格纹样。方格中的主题纹为奔走的动物,这类动物纹在当

时非常流行,但时而生翅,时而无翅(图 10)①。

图 10　伦敦私人收藏动物纹锦绦

综上所述,这类锦绦也有一些共性:一是其纱线,用的也是加有 Z 向强捻的绵线,但与上述平纹纬锦相比较,显得较为精细和均匀,光泽更佳;二是组织结构,采用的是中国内地传统的平纹经二重结构,一般的纹经和地经比均为 1∶1,但通常也是三色至多色通过换区使得色彩更为丰富;三是织物规格,其幅宽通常极窄,只有几厘米,而且一个织幅内通常有三个纹样的循环。关于织物纹样,由于锦绦织幅极窄,纹样的变化空间不大,目前发现只是一种极简单的几何纹和造型相近的瑞兽纹,无论人们称其为狮或龙,事实上都是同一造型,时而有翅,时而无翅,也有稍加变形的。

四、新疆地产绵线织锦的地位

根据绵经绵纬这一基本特点,我们可以将绵线纬锦和绵线锦绦都看作新疆当地的丝织产品。这样,研究这两类丝织品种的织造技术,就可以掌握当时新疆地区丝绸产品的一些特点,并由此了解丝绸之路上丝绸技术传播和交流的过程。因此,我们关注的技术要素有三个方面:织物组织、提花方式和图案风格。

---

① Zhao Feng, Evolution of Textiles Along the Silk Road, China: Dawn of A Golden Age, the Metropolitan Museum of Art, 2004.

绵线纬锦和绵线锦绦的组织虽然各不相同,但它同属于暗夹型重组织①,前者是平纹纬二重,后者是平纹经二重,两者的显花原理相同,只是方向相差 90 度而已。如将平纹经二重的方向调转 90 度,将原来的经线看作纬线,将原来的纬线看作经线,平纹经二重就变成了平纹纬二重。从时间上看,普通的平纹经二重丝织物在中国内地的西周时期已经出现,而绵线的平纹经二重和绵线的平纹纬二重在西域地区均出现于魏晋时期,年代上明显晚于中国内地。显然,新疆当地生产的平纹经二重锦绦是对中原平纹经二重织锦的直接模仿,而平纹纬二重组织应该是对平纹经二重互换经纬线之后的一种模仿。但这种模仿只是对于织物表观的模仿,而不完全是织机及织造方法等深层次的模仿。

关于新疆当时所用的织机资料,目前所知只有上述的两块画版,上面所绘均为双轴平织机②,与中原地区的提花机相差甚远。近年来,我们对丝绸之路沿途的丝织提花技术进行了较为深入的研究,发现东西方之间有着极大的差别。直到公元 6 世纪为止,中亚西亚一带的提花织物还是没有经向循环,只有纬向循环,而中国的传统是有经向循环而无纬向循环③,这一情况在中亚西亚直到 9 世纪尚无改变。这一规律同样可以在新疆出土的绵线织锦上找到。所有的绵线平纹纬锦图案在纬向的循环均很小,约在20 对夹经上下,为 2—3 厘米,在经向却无严格循环。一些仿汉式织锦的云气鸟兽纹锦等在经向保存都不很长,无法看到循环,

①　赵丰:《丝绸艺术史》,浙江美术学院出版社 1992 年版。书中将古代织锦组织分为三大类型,其一是暗夹型,包括以前所认识的经锦和纬锦,这两者的显花原理是一致的。

②　赵丰:《〈姜敬说织〉与双轴织机》,《中国科技史料》1991 年第 1 期。

③　Zhao Feng, Evolution of Textiles Along the Silk Road, China: Dawn of A Golden Age, the Metropolitan Museum of Art, 2004.

而经向保存较长的人物兽面鸟树纹锦和葡萄人物纹锦亦不见循环。而对绵线锦缘而言，虽然我们看到的兽纹或几何纹在经向似有很小的循环，但事实上它也不是技术意义上的严格循环，只是外形相像而已。其最为明显的例子是有两件兽纹锦缘，一部分兽身上有翅膀，另一部分则没有翅膀，说明织物的图案可以随着织造任意改变。对于绵线纬锦的提花方法，我们已经作了复原研究，它使用的非常可能是一种立式的宽幅织机，织机上装造有一种称为 1-N 的起花装置，其效果类似于后世织机上的多把吊装置，同时通过挑花来控制起花装置。这样，织物的经线方向的图案是由挑花形成的，但这只是挑了 20 余根花本线，但 1-N 的起花装置却可以使它在纬向出现很多的循环①（图 11）。而对于绵线锦缘而言，由于其织幅极窄，更有可能是在水平的双轴织机上再适当安装挑花和起花装置进行织造的。这两种织花方法均与中亚西亚织花方法相一致。

再看图案设计的风格，除几何纹之外，当地的绵线织锦也明确可以分为两个类型。一如云气鸟兽纹或兽纹明显来自汉式织锦，鸟兽纹中的云气纹或波纹骨架显然来自汉式织锦，甚至与北朝时期的一些经锦依然十分相似②，鸟兽纹的造型甚至是田字或目字格均是对有汉字的云气动物纹锦的模仿。其图案的排列也一如汉式织锦，一个方向上不循环，而另一方向上顺向循环。而图案采用对称形式的平纹纬锦则与此不同，其图案形式更与营盘出土的一些毛织物相似。特别是传为新疆营盘出土的蓝地葡萄

---

① Zhao Feng. Weaving Methods for Western-style Samit from the Silk Road in Northwestern China, Central Asian Textiles and Their Contexts in the Early Middle Ages, Riggisberg Berichte 9, Reggisberg, Forthcoming.

② 赵丰：《云气动物锦纹的系谱》，《浙江丝绸工学院学报》1989 年第 3 期。

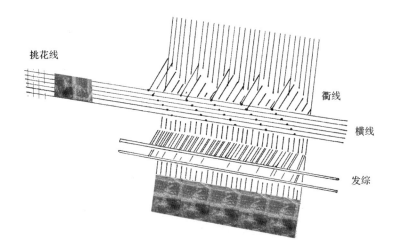

挑花线

衢线

横线

发综

图 11　新疆地区织制纬锦起花装置

人物鹰蛇纹毛织锦,无论其葡萄和人物题材的选用,以及对称的构图等,都说明这类图案在形式上更多地模仿新疆以西地区的纺织产品。可以说,新疆地产的绵线织锦在设计上都借鉴了东西双方的艺术风格。

　　这样,新疆地产绵线织锦的地位逐渐可以界定。随着蚕桑技术传入新疆,当地人民也开始学习织造丝绸特别是提花织锦的方法。绵线锦绦应该是他们最初的产品,这一产品采用了与中原完全一致的平纹经重组织以及风格接近的动物造型,不过提花方法则是一种挑花的方法。绵线纬锦应该是更进一步的模仿,织工使用了与后世中亚纬锦机基本一致的大型织机,在织机上安装了挑花和 1-N 起花系统,模仿的图案有东方的汉式织锦,也有更西方的织物图案。后来中亚的织工们也正是在这一基础上,才创造出质量更为精制、图案更为华丽的斜纹纬锦,包括著名的粟特锦和波斯锦之类。

　　丝绸之路上丝绸技术的传播和纺织文化的交流是一个过程,

不是一个简单的结果。如丝绸技术向西的传播就应该分为丝绸产品的传播、蚕桑生产技术及蚕种的传播、丝织技术的交流和提高等几个步骤。其中，要弄清何种织物产于何地十分困难，但新疆地产绵线织锦的确定，有助于其他新疆产品的确定，并有助于区分新疆之东和新疆之西不同的产品。因此，我们可以由此出发，把丝绸之路上丝绸和纺织文化交流的研究向前推进一步。

（原载《西域研究》2005 年第 1 期，后收录于赵丰、周旸、刘剑等著《中国纺织考古与科学研究》，上海科学技术出版社 2018 年版，第 203—211 页）

新疆吐鲁番出土的三件丝织品

20世纪六七十年代,新疆吐鲁番出土了大量的纺织品文物,但由于学者们总体较少有机会去接触这些纺织品实物,几十年以来相关的研究不够深入。幸运的是,Dayton艺术学院曾在"丝路荣耀:中国古代艺术"的展览中包含大约十件吐鲁番的纺织品文物,借此可以进行深入研究和发展新的思路。本文将对其中三件纺织品文物进行较为详细的分析:兽鸟纹锦、联珠鹿纹锦和凤蝶纹丝带。

一、兽鸟纹斜纹经锦

401年,匈奴人沮渠蒙逊在凉州(今甘肃武威)建立北凉政权,后被北魏(386—534)在439年所灭。后来在442年和460年之间,他的两个儿子占领了新疆东部,包括高昌郡(今吐鲁番)。455年,高昌郡丞相沮渠封戴死后葬在阿斯塔那墓地[①]。此墓(TAM177)于1972年进行考古发掘,出土和发现了许多丝织品,包括长袍、裤子、被子和褥子以及平纹经锦。这是在阿斯塔那古墓群发现的年代最早的斜纹经锦。

这种经线显花的丝织品采用斜纹作为地部组织,图案设计主

---

① 新疆社会科学院考古研究所:《新疆考古三十年》,新疆人民出版社1983年版,第1—24页。

要在暗蓝色地上加以红黄色轮廓，虽然某些部分是绿色。图 1 和图 2 描述的几个碎片出土于同一个墓葬，可以拼合重建一个完整的纹样图（图 3）。它主要由柱形纹样和拱桥纹样形成四层网格的图案构成。在网格之间填满了神鸟和神兽。纹样还包含了云气纹样，在第一层和第二层中制作了一个兽面变形纹样。第一层有四对面面相对的神兽，经线方向上是三个站立的龙、獬豸和牡鹿，以及一对纬线方向上的骆驼。第二层出现了灯树和对鸟。第三层位于拱门下方有经线方向的龙和纬线方向的一对骆驼。第四层中的动物纹样和第一层相同，最后一段的循环是和第二层一样的灯树纹样。

将图 1、图 2 所示两件丝织品与最近新疆营盘遗址出土的一件蓝地显黄花、带有兽面拱门图案的兽面纹锦相比较（图 4），明显可以看到，营盘丝织品有一种早期的面具图案风格[①]。圆柱纹样两侧有类似于腿的纹样附属，这也和吐鲁番出土的羊树纹锦非常相似。另一件相关织物是敦煌 K17 藏经洞发现的（图 5）。这块丝织品具有清晰和简单的纹样，只包括柱形、拱门与对龙、虎、凤的纹样。这种纹样构成是北朝时期（386—581）的典型风格[②]。整个门幅内用三排拱门分隔，约有 14 个动物被安置其中，包括凤、龙、虎、骆驼、獬豸和鸟，而且，所有这些动物的排布在对称轴的两侧并不都是方向一致的，其中中间有部分是颠倒的。"楼堞锦"是隋朝（581—618）文书中出现的专业术语，我认为可能就是指这类拱形纹样的纺织品，虽然从字面上翻译，"堞"不是拱门，而是中国城墙的城垛，但从设计来看，它们之间有一定的相似性。

---

① 赵丰：《纺织考古新发现》，艺纱堂/服饰工作队 2002 年版，第 44—45、169 页。

② 赵丰：《织绣珍品：图说中国丝绸艺术史》，艺纱堂/服饰工作队 1999 年版，第 84—85 页。

图 1　TAM177 号墓出土纺织品 1

这种纹样很可能是受到罗马帝国的设计及中亚地区的影响，因为这种拱形的图案出现在较早的西方纺织品上，如图 6 所示。同时，这些例子中的涡状云纹似乎也显示了一些来自西方的影响。不过，这件织物的织造技艺无疑是中国的，大概是从我国中原地区的魏地生产的，因为同一时期的阿斯塔那出土文书中曾提到魏锦，这可能是当时数量最多的织锦类纺织品的产地。

图 2　TAM177 号墓出土纺织品 2

图 3　TAM177 号墓出土纺织品
拼接示意图

图 4　新疆营盘遗址出土兽面纹锦残片

图 5　敦煌藏经洞 17 窟出土楼堞龙凤虎纹锦

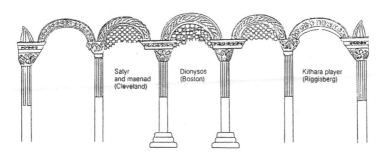

图 6　4 世纪罗马毛织物上的拱形造型图案

二、联珠鹿纹锦

斜纹纬锦又称 Samite，通常出土于吐鲁番和青海都兰的唐代

（618—906）墓葬。在唐代斜纹纬锦有两种类型，一是中式纬锦，通常是团花和动物图案，也被称为"陵阳公样"，即团花有时（但不总是）含有动物图案。二是西式纬锦，一般被认为产于中亚地区，图案通常是联珠动物纹。

鹿的图案在阿斯塔那墓葬出土的纺织品中非常常见。代顿博物馆的展览中有两件 1966 年阿斯塔那出土的大鹿纹样的斜纹纬锦（图 7）。一件出自 1960 年 332 墓，值得注意的不仅是黄地上深蓝与白色轮廓的联珠大鹿纹样，而且还有织造时的幅边，可以看出巨大的图案循环（图 8）。另外一件出自 330 墓，为联珠对鹿纹样，在文书中对应的年代是公元 672 和 674 年（图 9）。这件织物主要的颜色是棕色和黄色地上加以白色的联珠和轮廓，但在联珠的中间和外部一带以淡蓝色代替棕色。

图 7　鹿纹纬锦　　　　　图 8　联珠鹿纹锦

如果细致地观察这种类型的联珠大鹿纹锦，我们可以看到大鹿纹样的胸部区域是由两种颜色混合构成的，是 332 墓中一个深蓝色和红色的组合、深蓝色和黄色组合的混合构成，以及 330 墓

图 9　联珠对鹿纹锦

图 10　联珠鹿纹锦局部

中棕色和黄色的组合(图 10)。不同于普通的正面单根纬线和反面两根纬线的织物,这一片是正面两根纬线而反面一根纬线。直接的目的是在颜色混合运用时可以更微妙地描绘动物胸口的毛发，或丰富此图像中的颜色。西式纬锦中类似的技术在其他斜纹纬锦上也有运用，例如晚唐时期的 TAM77[①]。前面的这一块，其中描述了一匹马和猎人，两种不同的颜色交替使用，一个白色纬线和另一个蓝色纬线。

这种技术也曾在一些早期纺织品中使用。在最近发掘的 3 至 4 世纪的营盘遗址，考古学家发现一件朵花平纹纬锦（在纺织术语中称 taquete），蓝色和白色两组纬线在同一梭口中交替织造（图 11）。羊毛织造中的这种技术是属于中亚地区或可能属于西

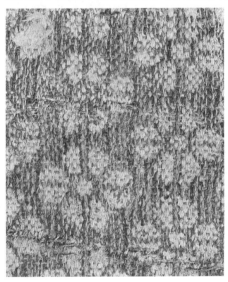

图 11　营盘织物局部

① Kazuko Sakamoto，Introduction to Textiles Excavated from Tulufan (Turpan)，Tulufan Basin and Paleo Silk Textile，edited by Xinjiang Uigur Autonomous Region Museum and the Research Center for Silk Roadology，Published by the Nara International Foundation，2000，Nara，pp. 117-142.

亚地区。另外一件阿斯塔那发现现藏于吐鲁番博物院的 6 世纪木纹锦，也揭示了一些有趣的证据。它用白色纬线与白色和蓝色的经线交织成平纹（图 12）[①]。因为在中国中部地区没有类似的例子，这也可能是一个当地或西方的产品。

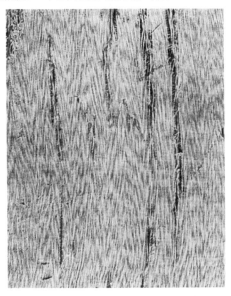

图 12　阿斯塔那出土木纹锦局部

　　在唐代这项技术也被中国织工采用，还可以在晚唐的一件辽式纬锦上见到。然而中国中原风格的唐代纺织品没有发现含有混合纱线。出土于内蒙古阿鲁科尔沁的耶律羽之墓和代钦塔拉另一个墓葬的著名的雁衔绶带辽式纬锦，展示了相同的证据：在大雁的胸部混合了两种不同颜色的纬线，绿色和浅棕色，所以七种颜色的纬线显示了共八种颜色（图 13）[②]。这是一个很好的方

①　高汉玉：《中国历代织染绣图录》，商务印书馆 1986 年版，第 209 页。
②　赵丰：《雁衔绶带锦袍研究》，《文物》2004 年第 4 期。

法，它能增加织锦的色彩数量而不会增加更多的纬纱。即使在今天，设计师也可以用此方法，以有限数量的纬线设计出更多美丽的纺织品。

图 13　雁衔绶带辽式纬锦局部

三、凤蝶纹丝带

第三件纺织品是一个红色的丝绸袋子，里面包裹着舍利（佛教文物），在很多展览中展出，但很少被研究（图 14）。它是在吐鲁番东面 38 千米处胜金口 2 号房址附近山坡发现的，被放置在一个涂有黄色和绿色纹饰的红色漆盒内。袋内有烧过的骨头，袋口用丝绸缎带扎紧，应当属于某个和尚[①]。

---

① 　Shabiti，Cultural Relics Excavated at the Buddhist Temple Site Near Shengjinkou，Turpan，Wenwu，No. 5，1960.

图 14　凤蝶纹丝带

　　考古学家最初将这个丝绸袋子定年为不迟于 13 世纪，一些最近的出版物中把它被定为晚唐至五代时期（907—960），即最晚至 9—10 世纪后期①。

　　丝绸袋子的经纬纱线以五上一下左斜纹作为地部组织。然后用一套黄色的花部纬线形成贯穿整件纺织品的凤凰、蝴蝶、云气、绶带等纹样（图 15）。此外，绿色、粉红色和白色的纬纱织成一个圆形图案，织物只有纬浮长而没有任何幅边。在辽代（907—1125），尤其是 11 世纪前后的纺织品中，也常用这种技术。一个例子是内蒙古哲里木盟（今通辽市）一个墓地出土的丝绸残片，它有着类似的组织结构，花部纬线浮于 3/1S 斜纹的基础地部组织上，形成飞鸟围绕在团窠孔雀纹周围的纹样（图 16、图 17）。另一

────────────

　　①　武敏：《织绣》，幼狮文化事业公司 1992 年版。

个例子是在内蒙古巴林右旗庆州白塔发现公元 1049 年的丝织品，也有类似的结构，但是有更多的颜色。另一方面，地络类固结技术从晚唐时期开始使用，直到辽代晚期（甚至更晚）。

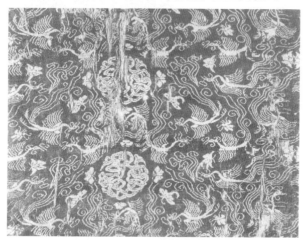

图 15　凤蝶纹丝带局部纹样

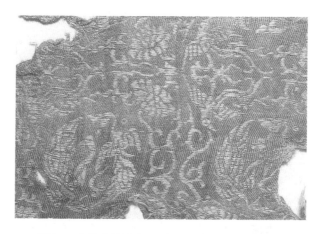

图 16　内蒙古哲里木盟（今通辽市）出土丝绸残片

在辽代的纺织品文物上，经常发现包含灵芝状云气纹、绶带

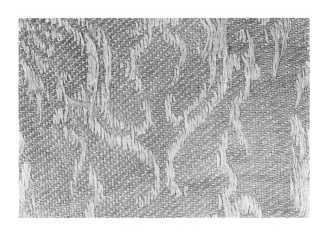

图 17 内蒙古哲里木盟(今通辽市)出土丝绸残片局部

纹和蝴蝶纹。但这件晚唐五代时期的织物我们可以找到两个不同的特点。一个是身体和尾巴都特别长的凤凰,类似的图案布局我们也许可以找出河北隆化出土的元代(1279—1368)鸾凤穿枝牡丹莲纹锦被面(图18)。但其中的凤凰造型与其他元代凤凰很不相同,这些不寻常的外观可能是由于织造技术的原因。另一个不寻常的特征是丝绸袋子上的纹样重复的方式。纹样的循环在纬向大约是 10 厘米,但从经向来看似乎超过 40 厘米。再通过仔细检查,我们可以找到一对蝴蝶纹样是对称循环

图 18 鸾凤穿枝牡丹莲纹锦被面

的。这样的话，纹样在经向上的长度约 80 厘米，由此我们可以还原出纹样的完整结构（图 19）。它有两个中心：一条绶带包围三个凤凰和一对飞行的团窠凤凰。这个图案在唐代至元代的纺织品中是极不寻常的，尤其是在唐代，当纹样是对称的时候，有一个单独的中心单元。因此我的建议是把这件织物归于回鹘时期，约 11—12 世纪。

图 19　凤蝶纹丝带对称结构示意图

（原载赵丰、周旸、刘剑等著《中国纺织考古与科学研究》，上海科学技术出版社 2018 年版，第 26—31 页）

TAM170 出土丝织品的分析研究

TAM170 位于吐鲁番阿斯塔那墓地北区中部,与 TAM169、TAM171 及 TAM186 三墓相邻。1972 年末,由新疆博物馆考古队和吐鲁番县文物保管所共同组成的考古工作队对其进行了清理发掘,李征、岑云飞、林福才、吴震、阿吉、王明哲和梁礼波等考古学家参加了此次发掘,最后由李征登录整理了出土文物。2005年,在新疆博物馆王博的帮助下,对 TAM170 墓中出土的部分丝织品和服饰进行了整理和研究。由于我们的工作距发掘已有 30多年,部分资料无法一一对应,当年的发掘人员也无法记忆,甚为可惜。

一、TAM170 丝织品的出土情况

1. TAM170 的墓葬情况

· 鲁礼鹏在《吐鲁番阿斯塔那古墓群发掘墓葬登记表》[①]中,对 TAM170 的墓葬形制略有提及。该墓为麹氏高昌时期斜坡墓道洞室墓,墓室平面为方形,长 3.5 米、宽 3 米,墓底距地面深 1.5米。墓室中葬有一男二女,三人皆仰身直肢。

TAM170 虽遭严重盗扰,但仍出土了一批颇具研究价值的

[①] 新疆文物考古研究所:《吐鲁番阿斯塔那古墓群发掘墓葬登记表》,《新疆文物》2000 年第 3、4 期。

文物，包括墓表、文书、丝织品及少量日用器物等。其中，两方墓表及三份衣物疏保存较完好，为我们提供了墓葬纪年及墓主身份的准确信息。

据墓表及相应衣物疏，TAM170 最早入葬者为张洪妻焦氏，死于高昌章和十三年（543）。焦氏墓表为灰砖，黑地刻格刻字填朱，5 行，长 36 厘米、宽 36 厘米、厚 4.5 厘米。对照伴出《高昌章和十三年孝姿随葬衣物疏》，知张洪妻焦氏生前信佛，法名孝姿。焦氏死后 5 年，即高昌章和十八年（548），张洪的第二任妻子光妃亦同葬此墓。最后入葬者为张洪，死于高昌延昌二年（562），后追赠振武将军。其墓表为灰砖蓝地朱书，8 行，长 42 厘米、宽 42 厘米、厚 4 厘米。对照高昌延昌二年（562）长史孝寅随葬衣物疏，知张洪生前亦信佛，并有佛名孝寅。

2. 出土丝织品和文书材料的刊布

虽然吐鲁番的考古报告一直没有正式出版，但 TAM170 墓中的部分文物已见于不同的出版物并在不同的场合进行展出，包括天青色幡纹绮（TAM170：20）[①]、树叶纹锦（TAM170：38）[②]

:

---

① 最早的《新疆出土文物》中名为"几何纹填花绮"，后来武敏的《织绣》和《吐鲁番地域与出土绢织物》中称为"天青色幡纹绮"。新疆维吾尔自治区博物馆：《新疆出土文物》，文物出版社 1975 年，第 48 页。武敏：《织绣》，幼狮文化事业公司 1992 年版，第 108 页；新疆维吾尔自治区博物馆、日本奈良丝绸之路学研究中心：《吐鲁番地域与出土绢织物》，2000 年版，图版 104。

② 树叶纹锦原称"树纹锦"，后来逐渐被改称"树叶纹锦"。新疆博物馆出土文物展览工作组：《丝绸之路——汉唐织物》，文物出版社 1972 年版，图 23。武敏：《织绣》，幼狮文化事业公司 1992 年版，第 104 页；新疆维吾尔自治区博物馆、日本奈良丝绸之路学研究中心：《吐鲁番地域与出土绢织物》，图版 79、81。

以及对羊纹锦覆面(TAM170：66)①三件文物，但定名略有不同。其中的对羊纹锦覆面还参加了美国大都会博物馆举办的"走向盛唐"展览。

除了出土丝织品之外，非常重要的是 TAM170 墓中还出土了三件衣服疏，均已全文刊布②，并已有部分学者对此进行了研究③。较为全面的 TAM170 墓考古发掘材料发表于《吐鲁番阿斯塔那第十次发掘简报(1972—1973 年)》④(以下简称《简报》)中。《简报》正文重点介绍了绿地对羊纹锦复面(TAM170：66)、红地

---

① 《新疆出土文物》称"对羊纹锦覆面"，《吐鲁番地域与出土绢织物》称"对羊树锦覆面"，《丝路考古珍品》称"对羊树锦覆面"。新疆维吾尔自治区博物馆：《新疆出土文物》，文物出版社 1975 年版，第 54 页；新疆维吾尔自治区博物馆、日本奈良丝绸之路学研究中心：《吐鲁番地域与出土绢织物》，图版 104；上海博物馆、新疆维吾尔自治区文物局：《丝路考古珍品》，上海译文出版社 1998 年版，第 128 页。

② 唐长孺：《吐鲁番出土文书》(一)，文物出版社 1992 年版；侯灿：《吐鲁番晋—唐古墓出土随葬衣物疏》，《新疆文物》1988 年第 4 期。

③ 《吐鲁番出土魏晋南北朝时期的随葬衣物疏研究》一文，论述了 TAM170 出《高昌章和十三年(543)孝姿随葬衣物疏》中所见"面衣""绣罗当""少衫""中衣""脚躁""绣靴""丑衣"等名物。《吐鲁番出土文书中的丝织品考辨》一文，对"魏锦""钵(波)斯锦""丘慈(龟兹)锦"的风格及产地进行了推测，又就"树叶锦""合蠡纹锦""阳(羊)树锦"的名称及纹样进行了考证。此外，《吐鲁番出土文书词语考释》《敦煌吐鲁番所出随葬衣物疏中"脚躁"新探》等文亦涉及 TAM170 衣物疏的名物考证。

钱伯泉：《吐鲁番出土魏晋南北朝时期的随葬衣物疏研究》，《吐鲁番学研究》2001 年第 1 期；吴霞：《吐鲁番出土文书中的丝织品考辨》，载新疆维吾尔族自治区博物馆、奈良丝绸之路学研究中心：《吐鲁番地域与出土绢织物》，2000 年版，第 84—103 页；王启涛：《吐鲁番出土文书词语考释》，巴蜀书社 2005 年版；彭金章：《敦煌吐鲁番所出随葬衣物疏中"脚躁"新探》，《敦煌研究》2002 年第 6 期。

④ 新疆文物考古研究所：《吐鲁番阿斯塔那第十次发掘简报(1972—1973 年)，《新疆文物》1990 年第 1 期。

人面鸟兽纹锦裤（TAM170：60）、树叶纹锦复面（包括其中的吹奏人物纹锦残片 TAM170：11）、鸡鸣锦枕（TAM170：25）、绛紫色幡纹嵌对凤立人兽面纹绮（TAM170：59）、绛色大联珠对狮纹绮（TAM170：59）和黄色龟甲填花绮（TAM170：A）。此外，《简报》的附表二中刊布了同墓出土的更多的丝织品信息。

3. 出土丝织品的记录材料

为了更好地整理 TAM170 出土的丝织品，我们查阅了当年考古学家的原始登记表和墓葬平面图记录（登记表中有部分编号为空格，但在墓葬平面图上有出土实物的名称，我们将其合并为一表，本文中称为 A），并对照了《简报》中正文以及附录中的报道（本文中称为 B）①，将它们与我们所看到的出土实物核对，重新整理 TAM170 出土丝织品的总体情况如下（表 1）。需要指出的是，我们并没有看到原始登记表上的所有丝织品。

表 1　TAM170 出土丝织品的相关记录

文物号	A（原始登录）	B(《简报》报道)	相关形态描述（单位/厘米）	本文采用命名
TAM170：11	树叶纹锦复面	树叶纹锦复面	AB 相同：单层白细罗边	树叶纹锦复面
TAM170：12	树叶纹锦复面	树叶纹锦复面	AB 同：上紫荷叶边，下本色白细罗紫荷叶边，内有丝絮	树叶纹锦复面
TAM170：14	绿地宝塔纹锦	绿地对鸟对羊灯树纹锦	AB 相同：8×36（B名有误）	未见
TAM170：15	白绢	无记录		未见
TAM170：16	白纱	无记录		未见

① 本文所指"原始记录"，为李征先生于发掘时所绘制、登记原稿。

文物号	A（原始登录）	B（《简报》报道）	相关形态描述 （单位/厘米）	本文采用命名
TAM170：20	天青绮	天青绮	AB相同：70×51.6 （A原名"绿绢"）	天青色楼堞纹绮
TAM170：22	绢褥	绢褥	A多B少：长164，幅宽46.5；麻布里，深天青色绢面，用麻线缝制	未见
TAM170：23	白绢	无记录		未见
TAM170：24	鸡鸣锦枕	表无，正文有，彩版有照	A原记录为黄绮	彩条花卉纹锦鸡鸣枕
TAM170：25	黄绮	无记录	A原记录为锦枕	黄色联珠石柱纹绮
TAM170：30	树纹锦	无记录		未见
TAM170：31	绛绢	无记录		未见
TAM170：34	握木	无记录	A：上有树叶纹锦	未见
TAM170：35	白纱	无记录		未见
TAM170：36	白绢	无记录		未见
TAM170：38	树叶纹锦复面	树叶纹锦复面	AB同：19.5×22.4，有白绢边	未见
TAM170：39	手套	无记录		未见
TAM170：40	手套	无记录		未见
TAM170：41	兽纹锦领口	兽纹锦领口		对波云珠龙凤纹锦领口
TAM170：42	握木	无记录	A：上缠树叶纹锦紫绢边	未见
TAM170：45	树叶纹锦手套	树叶纹锦手套	A：1只；B：18×11	树叶纹锦手套
TAM170：50	树叶纹锦手套	树叶纹锦手套	A：1只	树叶纹锦手套
TAM170：51	握木	无记录	A：有花纹对兽纹	未见

续表

文物号	A（原始登录）	B（《简报》报道）	相关形态描述（单位/厘米）	本文采用命名
TAM170：56	宝塔纹锦	宝塔纹锦	AB 同：36×7.5，麻布里	绿地几何花卉纹锦腰带
TAM170：58	树叶纹锦裙	树叶纹锦裙		树叶纹锦裤
TAM170：59	绛色绮	绛色绮		褐色大窠联珠狮纹绮
TAM170：60	朱红地对鸟对兽纹锦裤	朱红地对鸟对兽纹锦裤		红地人面鸟兽纹锦裤
TAM170：61	绛绮衣	绛绮衣	AB 同：白纱里	紫色楼堞立人对龙纹绮上衣
TAM170：66	绿地对羊纹锦复面	绿地对羊纹锦复面	B 多 A 少：26×34；13×22；绢荷叶边 6.5	绿地对羊纹锦复面
TAM170：68	绢衣	无记录		未见
TAM170：69	树叶纹锦复面	树叶纹锦复面	A 多 B 少：锦心 20×15.5；紫绢边 5.5；紫荷叶边，里白绢，荷叶边中夹丝絮	未见
TAM170：74	锦针囊	锦囊	B；12.5×11	未见
TAM170：76	绢	无记录		未见
TAM170：81	麻布	无记录		未见
TAM170：82	绿鸡鸣枕	鸡鸣枕	AB 同：麻布里，内充草灰	未见
TAM170：83	绢枕	绢枕	AB 同：长方形麻布里	未见
TAM170：85	树叶纹锦边绢褡	树叶纹锦边绢褡	AB 同：104×36；麻布里，蓝绢面，锦边宽下 7.5（B 漏绢字）	树叶纹锦缘蓝绢褡
TAM170：87	握木	无记录	A；缠有树叶纹锦	未见

文物号	A (原始登录)	B(《简报》报道)	相关形态描述 (单位/厘米)	本文采用命名
TAM170：98	蓝绢	无记录		未见
TAM170：99	黄绫	黄绮	AB同：幅宽51；白纱里（A原作"黄绮"）	黄色龟背纹绮裙
TAM170：104	绛纱被单	绛纱被单	AB同：长130、幅宽52，由三幅缝成	未见
TAM170：105	白绢衣	无记录		未见
TAM170：106	镶锦边麻布	镶锦边麻布		绿地几何花卉纹锦腰带
TAM170：107	红绢衣	无记录		未见

注：件数均为一，其中手套为一只；材质如不注明，即为丝质。"B少"意为内容与A同，但字数较少。

原始登记表与《简报》附录二中均有部分与文物不完全相符，部分文物卡片上没有编号。但通过核对，我们基本判定了其原来的编号，并最后校正、总结如下：

（1）实物中有一件带紫色绢裙腰、黄色龟背纹绮作面、白纱作里的裙残件，卡片上没有编号，只写（TAM170：），似有待编号，但写明为黄绫裙。另有一片黄色龟背填花绮残片，编号特殊（TAM170：A）。经比对研究，应为原登记表A中的TAM170：99，原记作"黄绮"，后改为"黄绫"，与卡片上的"黄绫裙"相合。而且，当时登记表A中的描述为："幅宽51厘米，白纱里"，也与此相吻合。

（2）原TAM170：99的卡片上依然写着"黄绮"，目前与TAM170：25的卡片放在一起，这也是一件写着"黄绮"的卡片，实为联珠石柱纹绮，风格外貌与龟背纹绮非常相似。推测当时刚发掘时不易分辨而混淆。

（3）登记表 A 中的 TAM170：59 为绛色绮，经核对应为联珠纹团窠对狮纹绮，此件原无相应卡片，目前的色彩已褪为褐色。

（4）登记表 A 中的 TAM170：61 为绛绮衣，其面料经核对应为紫色楼堞立人对龙纹绮。此件在卡片上称为"紫绫衣"，亦无编号（TAM170：）。另有一件相同残片编号为 TAM170：59，原定名为绛紫色幡纹嵌对凤立人对兽纹绮，现将它们编在一起，统一用 TAM170：61 的编号。

这样，虽然我们没有看到在登记表 A 中出现的所有纺织品实物，但凡是我们所看到的实物均与登记表 A 中的编号及载录一一对应起来了。

4. 死者与丝织品的出土位置

以上，我们整理了 TAM170 出土丝织品的相关记录，核对了所有编号，了解了丝织品的整体保存情况。在此基础上，我们有必要比对丝织品出土位置及衣物疏中相关信息，借此确定疏主与墓主的关系，这也有助于我们后面的丝绸服饰品的描述与分析。

据原发掘者记录，此墓曾遭盗扰。有一女尸身首异处，男尸口中有木棍撬断，部分丝织品已移位，不再覆于身上，而所出衣物疏三件，也多移位。凡此种种，均是盗扰的证据。其中，高昌章和十三年（543）孝姿衣物疏（TAM170：9），基本完整，共 17 行，出土时位于墓室中部；高昌章和十八年（548）光妃衣物疏（TAM170：77），残存 14 行，出土时位于男尸左侧；高昌延昌二年（562）长史孝寅随葬衣物疏（TAM170：88），共 16 行，出土时位于男尸头部右侧。①

三件衣物疏中，较易与墓中尸体对应的是高昌延昌二年

---

① 唐长孺：《吐鲁番出土文书》（一），文物出版社 1981 年版。三件衣物疏录文均参见。

(562)衣物疏。对照同为延昌二年的墓表,可知 TAM170 的男尸
即高昌国长史令、振武将军张洪,孝寅可能是他的法名。孝姿及
光妃衣物疏均未置于尸身上,其对应关系需要名物的比对。最为
直接的资料是墓中发现的相对完好的红地人面鸟兽纹锦裤
(TAM170:60),这条锦裤出土时位于尸体较为完好的女尸的腿
部。对照两封衣物疏中与裤相关的载录仅有两条,一为孝姿衣物
疏上的"合蠡文锦裤一枚",二是光妃衣物疏上所列"树叶锦裤一
枚"。由于树叶纹锦在同墓出土甚多,其外观十分明确,因此,我
们可以认定红地人面鸟兽纹锦裤就是孝姿衣物疏上载录的合蠡
文锦裤,同时,我们也可以认定,这一女尸即为死于 543 年的孝
姿,而另一个身首异处的女尸应为死于 548 年的光妃。由此,我
们可以画出三具尸体与出土丝织品的位置(图 1)[①],也可以初步
判定出土丝织品与其所属者之间的关系。图中所标的 11—31,
99—104 不能判定,34—35,45—56 应属光妃,38—42,58—61 应
属孝姿,66—98 应属孝寅。

二、TAM170 出土的丝织品服饰

墓中出土的丝织品原均应该有形状,部分体形较小的包括覆
面、褥、手套、握木等保存比较完好,但体形较大的除合蠡文锦裤
之外均十分残破,大部分需修复整理之后才能辨认款式和量得较
为准确的尺寸。本文只描述经我们重新核对并进行简单测绘的
丝织品服饰共 15 件,以下按其款式类型加以分述[②]。

---

① 据李征原始平面图绘,图中编号为原始编号。

② 部分内容在《简报》中已有所述,本文则不避烦琐,重新合成综述。

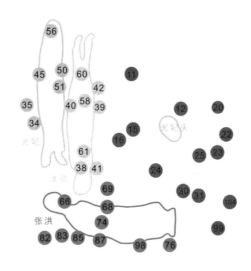

图 1　TAM170 丝织品出土位置

1. 覆面

1.1　红地树叶纹锦覆面（TAM170：11）

该覆面由绢边和锦芯组成，出土时散落于墓室中部，靠近光妃头侧。整体残长 24 厘米、宽 27.3 厘米。其中，白绢边宽 8.5 厘米，残损严重。锦芯总长 23 厘米、宽 24 厘米，由两种面料拼合而成，主要是红地树叶纹锦，长 21 厘米、宽 17.5 厘米。与此相拼缝的是一块吹奏人物纹锦，长 23 厘米、宽 6.5 厘米（图 2）。

1.2　红地树叶纹锦覆面（TAM170：12）

该覆面出土时，散落于墓室中部，光妃头侧。整体残长 25 厘米、宽 35 厘米。覆面以红地树叶纹锦为芯，锦芯长 17 厘米、宽 20.3 厘米，背衬相同大小的白色纱，中填绵絮，由于时间，尚未测试是棉絮或是丝绵。锦芯四周缘宽约 6.5 厘米的紫色绮边，绢边压褶缝，呈荷叶状。背后衬白色纱，亦作荷叶边，宽约 7.8 厘米（图 3）。

图2　红地树叶纹锦覆面(TAM170：11)

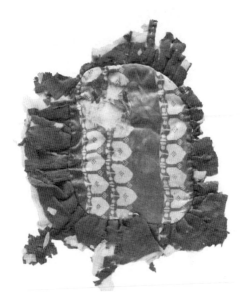

图3　红地树叶纹锦覆面(TAM170：12)

1.3 绿地对羊纹锦覆面(TAM170：66)

覆面出土时居张洪头部,保存相对较好,应即其衣物疏中所指"右面衣一颜"。覆面以绿地对羊纹锦为芯,长 35 厘米、宽 27 厘米。四周以白绢作荷叶边,部分已残,边宽 11—13 厘米(图 4)。

图 4　绿地对羊纹锦覆面

TAM170 共出覆面 5 件,除上述三件外,我们未见编号为 TAM170：38、69 的另外两件。但其原始记载中对它们有着较为明确的描述。

树叶纹锦覆面(TAM170：38)出土时覆于孝姿面部,该覆面残长 19.5 厘米、宽 22.4 厘米,以树叶纹锦为锦芯,四周以白绢作边。此件树叶纹锦覆面的出土位置、基本特征均可与孝姿衣物疏中所列"树叶面衣"相对应。

树叶纹锦覆面(TAM170：69)亦出自孝姿头侧,其锦心长

20 厘米、宽 15.5 厘米,紫绢作荷叶边,边宽 5.5 厘米,衬里白绢,荷叶边中夹有丝絮。

2. 上衣

2.1 对波云珠龙凤纹锦领口(TAM170：41)

原始记录中的原名为"兽纹锦领口"。出土时居孝姿脖颈处,残作三片。领口制为双层,内外缘仍见缝头折边。净宽 2.8 厘米,内有白绢里,内缘残长 17 厘米。内外领口线为圆顺弧线,弧度较大,基本可排除原为交领的可能性。孝姿衣物疏中明确以锦制作的衣类名目有"锦襦""锦褶",两条均无纹样描述。参照花海毕家滩 M26 墓的衣物疏及出土实物,当知"襦"的基本形制为长袖交领短衣。① 而褶也是一种外衣,其形如袍。由此推测,这件对波云珠龙凤纹锦领口原为一件"锦褶"的领口,同时也可以说明,当时的褶已采用了圆领(图 5)。

图 5 对波云珠龙凤纹锦领口(TAM170：41)

① 赵丰、王辉、万芳:《甘肃花海毕家滩 26 号墓出土的丝绸服饰》,载赵丰:《西北风格——汉晋织物》,艺纱堂/服饰工作队 2008 年版,第 94—113 页。

2.2　紫色楼堞立人对龙纹绮上衣（TAM170：61）

此衣在原始记录和《简报》附表中均称为"绛绮衣，白纱里"，未提及尺寸。核对实物，该衣存有大量残片，有些残片可以看到缝线，有些残片尚存完整幅宽。出土时位于孝姿上身，查孝姿衣物疏中有"紫绫褶二枚"，此外没有紫色织物的名称，所以，紫色楼堞立人对龙纹绮上衣应该就是衣物疏中的紫绫褶（图6）。

图6　紫色楼堞立人对龙纹绮上衣（TAM170：61）

3. 裙、裤

3.1　黄色龟背纹绮裙（TAM170：99）

此件在原始登记表和卡片中曾被写作"黄绮""黄绫"和"黄绫裙"之名，残作数片。其中一片较大的保留有宽约为5厘米的紫绢裙腰，与裙腰缝合的黄色龟背纹绮裙面，残长37、残宽30厘米。裙面背衬有白纱作里，现其残存大小与裙面相当（图7）。此外，另有一片黄色龟背纹绮残长30厘米左右，保存有完整的幅边，幅宽48.5厘米，此片也应是裙残片（图8）。TAM170：99出土时散落于墓室一隅，而孝姿及光妃衣物疏均列有"黄绫裙"条目，故此裙原属人难以确定。

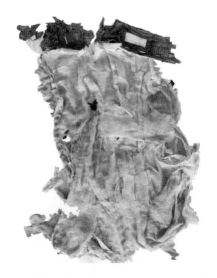

图 7　黄色龟背纹绮裙(TAM170：99)(背面)

图 8　黄色龟背纹绮裙裙片(TAM170：99)局部

3.2　树叶纹锦裤(TAM170：58)

此件出土时位于孝姿腰臀处,原始记录中定名为"树叶纹锦裙"。现残作数条,裙形难辨,且触手即碎,尺寸无法测量。从孝姿和光妃的衣物疏来看,仅有光妃的衣物疏中提到有"树叶锦袴一枚",由于孝姿与光妃两具尸体紧紧相邻,而且裤、裙在此状态下很难区分,因此,我们推测此件很有可能是原属光妃的树叶纹锦裤(图9)。

图9 树叶纹锦裤(TAM170：58)

3.3 红地人面鸟兽纹锦裤(TAM170：60)

红地人面鸟兽纹锦裤是墓中保存最为完好的一件大型服装,此裤出土时位于孝姿腿部,无疑即是孝姿衣物疏中所录的"合蠡文锦袴"(图10)。因为衣物疏中关于裤的记载仅有两条,一是孝姿衣物疏中的"合蠡文锦袴一枚",二是光妃衣物疏中的"树叶锦袴一枚"①。

红地人面鸟兽纹锦的纹样题材为人面(或兽面)、对鸟、对狮、对鹿、花瓶等,②显然与树叶纹锦的描述相去甚远,而且吴震认为

---

① 随葬衣物疏的记载中用的是"袴"字。袴,本意指无裆的套裤,即古人套在有裆裤的外面的下裳,现通"裤"。本文按照今人的阅读习惯,将"袴"作"裤"。

② 新疆文物考古研究所:《吐鲁番阿斯塔那第十次发掘简报(1972—1973年)》,《新疆文物》1990年第1期。

图 10　红地人面鸟兽纹锦裤(TAM170：60)

"合蠚"即"合离"，与红地人面鸟兽纹锦中鸟兽对称出现的形式较为相关。[①] 对于此裤的款式，王乐已进行过较为详细的复原研究。[②] 其裤长 104 厘米，裤腰高 5.7 厘米，残长 38 厘米，直裆长约 36 厘米，开裆。裤腿宽约 32 厘米，下部收口，宽约 24 厘米。裤的主要面料是红地人面鸟兽纹锦（即合蠚纹锦），裤裆处由蓝绢、绿色几何纹绮以及团窠卷云对兽对凤纹锦相间形成褶裥。裤腰外层用团窠卷云对兽对凤纹锦和绿地几何花卉纹锦拼缝，中夹白

---

①　吴震：《吐鲁番出土文书中的丝织品考辨》，载中国新疆维吾尔自治区博物馆、日本奈良丝绸之路学研究中心：《吐鲁番地域与出土绢织物》，2000 年版。

②　王乐：《合蠚纹锦裤复原研究》，载包铭新：《西域异服：丝绸之路出土古代服饰艺术复原研究》，东华大学出版社 2007 年版，第 109—115 页。

色麻布作衬。整条裤子内衬白纱。

　　需要指出的是原始记录中有三件狭长织物残片。一件TAM170：14称为"宝塔纹锦"，记录中尺寸为宽8厘米、长36厘米，此件我们未见。第二件TAM170：56亦称为"宝塔纹锦"，残宽7.5厘米、长36厘米，麻布作里（图11、图12）。第三件TAM170：106称为"镶锦边麻布"，实测宽度亦在7.5厘米，但上面的织锦基本不存（图13）。这两件残片上的织锦纹样均与红地人面鸟兽纹锦裤腰部的绿地几何花卉纹锦相同，其残片的宽度及制作方法亦与裤子腰部相同，因此，我们推测知这两件残片很有可能原属于这件锦裤的裤腰，或者可能是另一条裤子的裤腰。

图11　TAM170：56 正面

图12　TAM170：56 反面

图13　TAM170：106 背面

4. 手套

树叶纹锦手套(TAM170：45、TAM170：50)出土时分别位于光妃左、右手处。其中 TAM170：45 制为筒形,高 19 厘米、宽 11.5 厘米(图 14);TAM170：50,残损严重,残高 20 厘米、宽 25 厘米,存有部分白绢里(图 15)。原始记录中标明为"手套"的文物还有两件,其编号为 TAM170：39、40,出土时位于孝姿右手、左手处,但没有说明手套所用的织锦。

图 14　树叶纹锦手套(TAM170：45)

图 15　树叶纹锦手套(TAM170：50)

有学者认为，吐鲁番衣物疏中常见词条"手爪囊"，即手套①。TAM170 墓中虽出有手套实物，但伴出衣物疏中未列"手爪囊"一条。而孝姿及光妃衣物疏中，成双出现的名目仅有"绣靴""丑衣""金钏""金钗""履"五种，排除非纺织品的"钏""钗"以及明显为足服的"靴""履"四个名目后，仅剩"丑衣"一条与手套相吻。孝姿衣物疏中是"故树叶锦丑衣二枚"，光妃衣物疏中是"丑衣（两）双"，前者明确指出了所用的织锦是树叶纹锦，起码与光妃的树叶纹锦手套相吻合。

《说文》丑："纽也。十二月，万物动，用事。象手之形。时加丑，亦举手时也。"《后汉书·陈宠传》："十二月阳气上通，雉雊、鸡乳，地以为正，殷以为春。其字象人举手有为，又者手也。"又，《六书正讹》丑："手械也。从又，手也，有物以絷之。象形。因声借为子丑字，十二月之象也。又丑象子初生举手。"因"丑"字象手之形，"丑衣"是为手套名的可能性仍存在②。但查 3—7 世纪吐鲁番及河西出土衣物疏，均未见"丑衣"一词。

5. 枕

橙地彩条花卉大王锦枕（TAM170：24）仅存锦面。枕长 50（两端鸡嘴间距离），高 14.5 厘米。锦地色分区为黄、红色，显花色为绿、绛、白。纹样沿经向呈条状排列，纹样细小。在小方框中填织"大""王"字样除整片锦面外，另有一直径约 2 厘米的圆形紫绢片，原贴于鸡鸣枕鸡眼处（图 16）。出土时散落于墓室中部，光妃头侧。孝姿、光妃衣物疏中均列有鸡鸣枕条目，而 TAM170：24 形态相似者为孝姿衣物疏中"故绯红锦鸡鸣枕一枚"。

---

① 王启涛：《吐鲁番出土文书词语考释》，巴蜀书社 2005 年版。
② 有学者认为"丑衣"是一种褎衣，或称袑衣，缺佐证。参见钱伯泉：《吐鲁番出土魏晋南北朝时期的随葬衣物疏研究》，《吐鲁番学研究》2001 年第 1 期；王启涛：《吐鲁番出土文书词语考释》，巴蜀书社 2005 年版。

图 16　橙地彩条花卉大王锦枕（TAM170：24）

6. 褥

树叶纹锦缘蓝绢褥（TAM170：85）的褥芯面料为蓝色绢，四周缘以红地树叶纹锦，底衬白色棉布。绢褥残长 127 厘米、宽 33 厘米，其中锦缘宽约 5 厘米（图 17）。出土时居男尸张洪腿部右侧，应该就是孝寅衣物疏中"右被辱（褥）一具"所指。

图 17　树叶纹锦缘蓝绢褥（TAM170：85）

此外，原始登记表上还载录了一件绢褥（TAM170：22），长 164 厘米、幅宽 46.5 厘米，麻布里，深天青色绢面，用麻线缝制。表上另有一件原登为绿绢、后改为天青绮的天青色楼堞纹绮（TAM170：20），与此紧邻出土，而此绮残存较大，基本作平面状，整幅不裁，幅宽约为 51 厘米，很有可能正是此件被褥的表面。如是，此件应称天青色楼堞纹绮褥。

三、TAM170 出土丝织品分析

1.平纹经锦

1.1 树叶纹锦

树叶纹锦在此墓中出土最多，目前所见有覆面锦心（TAM170：11、TAM170：12、TAM170：30、TAM170：38、TAM170：69）、缠绕握木（TAM170：34、TAM170：42、TAM170：87）、手套（TAM170：45，TAM170：50）、裙（TAM170：58）；绢裤缘边（TAM170：85）。这件织锦采用的是平纹经二重组织，一组经线为红色，另一组使用蓝、绿、白、黄四色进行交替织造。所以从正面来看，它通常是在红地上作蓝、绿、白、黄色的树叶排列。但在反面，则可以看到是在蓝、绿、白、黄的彩条上排列红色的树叶纹，十分漂亮（图 18）。

图 18　红地树叶纹纹样复原

树叶纹是西域地区以及西方较为常见的装饰题材，在埃及安丁诺曾发现属于 4 至 6 世纪的波斯织物，其中有不少选用植物叶子作主题纹样的情况,它们的造型有点类似扑克牌中的花式造型①。在新疆洛浦县山普拉汉墓群中,也曾发现缂毛的树叶纹坐垫,叶形有些类似葡萄叶②。吐鲁番文书中也屡屡出现树叶锦的记载,其中还有特指明为"柏叶锦"或"大树叶(锦)",说明此类织锦甚多。而且,此处的树叶则明显带上了西域风格的影响,尤其是叶柄上的绶带更是证据。

锦纹为红地上蓝、米白、米黄及绿色树叶纹。经向循环约为1.5厘米,纬向循环约为3.5厘米。其一侧保存有幅边,幅边宽0.3厘米。

1.2 吹奏人物纹锦

此锦原属于树叶纹锦覆面(TAM170:11)中间的一部分,虽然是一片残片,纹样却十分清晰。左侧部分显示出一幢建筑,屋内有三人席地而坐,左侧一人吹箫,中间一人弹奏琵琶,右侧一人拱手而听(图19)。

图 19 吹奏人物纹锦

目前同类的织锦在吐鲁番尚未发现,在国外私人收藏中却有不少保存。伦敦的一件私人收藏保存了更为完整的织物,从中可

---

① Geijer,A,A History of Textile Art,Pasold Resarch Fund, 1979.

② 黄能馥:《中国美术全集·印染织绣》,文物出版社 1986 年版。

以知道这一图案的原貌。织物由许多方块间隔出横向的空间,从幅边到幅边。织物中的人物通常都是向右,这样,纹样从右到左的排列是:忍冬纹起头,一人挑拨浪鼓状物,一人吹笙状乐器,一人举旗,此后是一骑马人物,马后还有一人扛一杆,此后为一众兽拉车纹样。车后有一建筑,即与吐鲁番出土者相似,建筑内也有三人,两人右向,一人左向,均作吹、弹乐状。建筑后还有四人,一人行走,一人摇鼓,一人举旗,一人似为牵马,此人后面有一骑马人物正回身引弓射兽,兽后是一树。这样,整个图案就完成了。从那些较为完整的织锦来看,它们的题材总体是宴乐和车马出行。这一场面气势宏大,早期应多见于汉代画像石及壁画等艺术品中。但在丝织品上的出现已是在北朝时期。

1.3　彩条花卉大王锦

彩条纹大王锦(TAM170：24)属于一类纹样极细小、表观呈现彩条的织锦。它采用1：2的平纹经重组织,从局部保存较好的色彩及复原的图案来看,它以橙色作地,白色勾边,其纹样主体以蓝和褐色交替出现。纹样的题材总体是花卉,有的是正面的朵花,有的是侧面的小花,类似于忍冬花。由于纹样的个体较小,整个图案循环在经向很小,在纬向则是呈左右对称排列,循环约为织幅的一半,同时还有主题纹样上的蓝、褐色交替,所以图案呈现彩条状。同时,图案中还有四个小方框,里面分别两次出现大、王两字。因此,我们称此锦为彩条花卉大王锦(图20)。

图20　彩条花卉大王锦纹样复原

这类彩条效果的织锦在北朝晚期到隋代出现非常频繁,要区分这类织锦的纹样也确实不易。新疆吐鲁番阿斯塔那曾出土过一件天王化生纹锦,锦中织出佛教中的化生形象并有天、王两字[①]。另一件保存极为完好的藏于伦敦私人的吉祥天王锦则有完整的幅边,整个幅宽之中的图案无法完全看清,但已知的内容中包括正面而坐的化生、飞天、凤凰、飞鸟、走兽及各种花卉等。在其经向对称轴上,还间隔织有吉、祥、天、王四字。由此来看,这类彩条纹锦的图案应该与佛教在中国的流行相关,吉祥天王就是最好的例子。而且,TAM170 的这件彩条花卉大王锦中的大王两字,也很有可能就是天王的讹误。

不过,从文书来比较,用这件织锦制成的锦枕应该就是孝姿衣物疏中所提到的"绯红锦枕",因此,这件织锦在当时应该称作绯红锦。绯色一般由红花染成,较易褪色,因此这件织锦的大部分区域都已褪成橙色,但在枕角一端,还可以看到较为鲜艳的红色。由于这类织锦图案很细,而红色的地很大,因此称为绯红锦还是很合适的。

1.4　绿地几何花卉纹锦

这件织锦用于红色织锦裤的裤腰(TAM170：60),另一件是原名为"宝塔纹锦"的一小段腰带(TAM170：56)和一件名为锦缘麻布条的残片(TAM170：106),都很有可能来自同一件裤腰。此件织锦采用的也是平纹经重组织,但在不同的区域分别采用1：1和1：2经线比。总体以绿色作地,白色勾边,褐和黄色作纹样主题。但由于在黄色显花的区域内只是1：1的组织结构(好像是勾边的白线也换作了黄线),整个图案就变得很难释读。但总体依然可以判断为变形的花卉纹,更多地带有几何形装饰风

①　新疆博物馆出土文物展览工作组:《丝绸之路——汉唐织物》,文物出版社 1972 年版,图 26。

格，因此暂称其为绿地几何花卉纹锦（图 21）。

图 21　绿地几何花卉纹锦局部

1.5　对波云珠龙凤纹锦

这件织锦原名兽纹锦，出土时发现于一件残存的锦缘领口（TAM170：41）。此锦采用的是 1：2 的平纹经重组织，总体以深蓝色作地，但在不同的区域分别采用红花白勾、白花黄勾、绿花黄勾等色彩组成（图 22）。整个以卷云纹和联珠纹构成对波形的骨架，主题纹样目前只能复原出对凤和对龙，凤的形象更像站立的朱雀，龙的形象则作行走状，龙凤之下均有忍冬纹构成的平台。与此风格相近的纹样在当时非常多见。同样出土于吐鲁番阿斯塔那墓地的一件对龙对凤纹绮虽然骨架为圆形，但龙凤的造型基本与此相同。敦煌藏经洞发现的楼堞龙凤虎纹锦、都兰吐蕃墓出土的织物中也有大量的联珠对波骨架中的对龙对凤对狮纹样，均可看作与此相同的题材和风格。

图 22 对波云珠龙凤纹锦纹样复原

2. 平纹纬锦

2.1 绿地对羊纹锦

绿地对羊纹锦（TAM170：66）采用的是平纹纬锦的组织结构，绿色为地，对羊的图案以白色显花，其羊身形矫健，四腿修长，头部长有两只弯曲的角，颈部则系有绶带，随风向后飘成三角形。但在羊体上和羊腿上各有三条红色的色带，其中羊体上的红色色带使得这件织锦在局部必须采用纬线 1：2 纬重组织。不过，这种红色的点缀色泽对比强烈，增加了织物的艳丽感（图 23）。

这类平纹纬重组织是典型的西域本地技术，其无骨架的对称排列也被看成是西域一带的织锦图案排列方法，直到唐代中期，大量被认为是中亚织物的斜纹纬锦如对鹰、对饮水马等织锦大多是沿纬向方向展开，左右对称。可以说，这是西方特有的图案循

图 23　绿地对羊纹

环方式，可能是新疆当地的丝织产品[①]。

2.2　红地人面鸟兽纹锦

红地人面鸟兽纹锦是一条同名锦裤（TAM170：60）的主要面料。它采用 1∶1 和 1∶2 的平纹纬重组织，经纬丝线均较粗，夹经双根，加有较强的 Z 捻，其余丝线亦紧，但其捻度与捻向不很明显。织锦通体在红地上以黄色或白色（有时还有紫色）显示纹样。其基本图案在用约 5 厘米的圆角方形线条构成的方格骨架中填以各种纹样，其中主要是人面和鸟兽纹，也有部分其他纹样。从王乐进行的研究来看，本件红地人面鸟兽纹锦的原织物的宽度约在 65 厘米，为幅宽，长度约在 170 厘米。一幅中应有方格 12 列，一列方格就是一个纬向图案循环，经向的长度上约有方格 29

①　赵丰：《中国丝绸艺术史》，文物出版社 2005 年版。

行,各行之间的方格中填入不同的图案,其基本规律是每隔一行就有一行人面(或兽面)的纹样,其余是四行为一个单元,由上至下分别可能是对鹿、对狮、对孔雀和花瓶。但每一对鹿、狮、孔雀和花瓶的造型也各不相同,因此这一图案在经向还是没有循环(图24)[①]。

2.3 团窠卷云对兽对凤纹锦

红地人面鸟兽纹锦裤(TAM170:60)的腰部的正面以及锦裤上部折褶处由一种团窠卷云纹锦作为面料。由于织物较为残破,只能看清其作卷云纹作环形成互不相连的团窠进行排列,团窠之外是四片小叶的十样花纹,团窠之内的纹样不清,较为明显的有对兽纹样和一对残了的对凤纹样。织锦采用1:1的平纹纬重组织,红、白两色纬线互为花地,但在正面看是白地红花(图25)。经纬丝线均无捻,与绿地对羊纹锦的技术特点较为相似。

3. 平纹地显花的绮

3.1 黄色龟背纹绮

黄色龟背纹绮是一件紫绢作腰、黄绮为面、白纱为里的裙子的主要面料(TAM170:99),它以平纹为地、以并丝织法织成的变化斜纹显花。织物以正六边形的联珠或直线作骨架,在六边形的骨架中置以龟背、朵花等其他几何花纹(图26),其中的龟纹据说可能是受了印度文化的影响。这类织物一直到青海都兰热水墓中仍有出土,在日本正仓院中也见保存。

3.2 紫色楼堞立人对龙纹绮

紫色楼堞立人对凤纹绮应是出土紫绫衣(TAM170:61)的面料,它也是以平纹作地、以并丝织法织成的变化斜纹显花。图

---

① 新疆文物考古研究所:《吐鲁番阿斯塔那第十次发掘简报(1972—1973年)》,《新疆文物》1990年第1期。

图 24　红地人面鸟兽纹锦纹样复原

案的主要骨架是两排对称的以三层卷云纹叠成的 S 形楼堞纹，在楼堞之外是对龙纹，楼堞之内各站立有一个立人。而在两立人之间还有一处近似于人面纹的纹样，但不知其原意(图 27)。

楼堞锦一名最早见于《大业拾遗记》，书中曾说周成王时有"楼堞锦"，说其为周成王显然有误，但此书成于隋代，十分有可能就是涡云式云气动物纹锦的反映。而楼堞或层楼的结构设计则可能是受了西方柱式和圈拱建筑造型的影响，这从罗马斗兽场的造型和楼堞纹之间的相似性中就可以看出。

图 25　团窠卷云对兽对凤纹锦纹样复原

图 26　黄色龟背纹绮纹样复原

3.3　天青色楼堞纹绮

可能是某件被褥的面料(TAM170：22)。但事实上,这件织绮的图案骨架也是两排同向的卷云楼堞纹,但这楼堞纹上的卷云只有两层,较上件紫色绮更为简单,骨架里面看不清有具体种类的动物或植物(图 28)。

3.4　褐色大窠联珠狮纹绮

褐色大窠联珠狮纹绮(TAM170：59)是北朝时期十分难得一见的大窠图案,它用平纹作地,也是变化斜纹起花。织物的幅

图 27　紫色楼堞立人对龙纹绮纹样复原

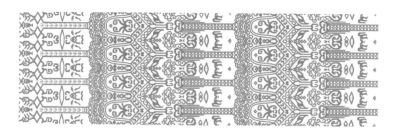

图 28　天青色楼堞纹绮纹样复原

宽约为 50 厘米，其团窠图案的直径也应该在 50 厘米左右。团窠环分为内外两层，里环由莲花瓣组成，外层环是联珠纹。与一般团窠不同的是，这一图案在团窠内还有联珠柱将其分为四个区域。在靠近幅边的两个区域中，布置的是两个对狮纹样（图 29）。这狮子的纹样不是很清楚，较难复原。其他的地方也存在着同样的问题。

3.5　黄色联珠石柱纹绮

此绮原来未被重视（TAM170∶25），直到后来才从龟背纹绮中区别开来。虽然简单，但很有研究价值。此绮的图案在长方形的框架内连续排列多处联珠，与楼堞图案中作为柱子的部分十分接近，也与唐代初期团窠双珠对龙纹绮中间的石柱十分接近，因

图 29　褐色大窠联珠狮纹绮纹样复原

此,我们推测这很有可能就是孝姿衣物疏中提到的"石柱小绫"
(图 30)。

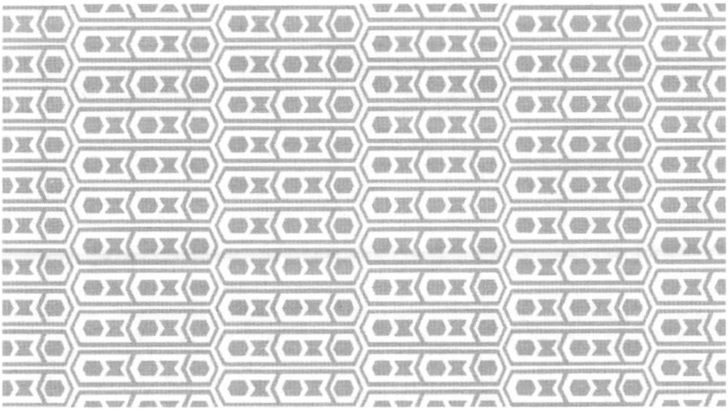

图 30　黄色联珠石柱纹绮纹样复原

3.6　绿色几何纹绮

是属于锦裤(TAM170:60)腰部上面侧部的一种绿色面料,
只有几何格子纹出现(图 31)。

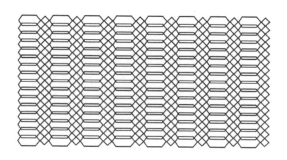

图31 绿色几何纹绮纹样复原

四、小　结

经过以上我们对吐鲁番阿斯塔那 TAM170 墓出土丝织品考古发掘原始档案的整理、对目前我们所能见到出土丝织品的分析研究以及对于同出衣物疏的比较研究,我们得出以下结论:

其一,TAM170 的原始发掘记录还是比较完整的,可以作为将来整理吐鲁番阿斯塔那墓地出土报告的主要依据。但与实物之间的比较核对,还需要较大的工作量才能完成。我们通过比对形成了一份与原始记录基本吻合的清单,并纠正了其中的一些笔误,标明了我们看到的实物,并对进行了重新定名。

其二,TAM170 中出土的丝织品原状好于我们的预测,其中大部分可以判断其原来的款式,如覆面、褥、手套、握木、上衣、裤、裙、枕、褥等等,其中大部分可以通过保护修复后得到较为完整的形状与尺寸。这对吐鲁番出土丝织品的修复保护具有很大的指导意义。

其三,TAM170 中出土的丝织品种类也十分丰富,其中包括平纹经锦、平纹纬锦、绮、纱、绢等。特别是锦绮的图案相当复杂,其中不仅可以发现大量的树叶纹锦,同时还有吹奏人物纹锦、彩条纹花卉大王锦、几何花卉纹锦、对波云珠龙凤纹锦、红地人面鸟兽纹锦、团窠卷云对兽对凤纹锦、绿地对羊纹锦等平时出现不多的织锦,此外还有一些平时连图案也不很清楚的黄色石柱联珠纹绮、天青色楼堞纹绮、褐色大窠联珠狮纹绮、紫色楼堞立人对龙纹绮和黄色龟背纹绮等图案。

其四,通过 TAM170 出土丝织品与同墓出土衣物的疏的对比研究,我们发现其中有不少名物可以对照起来。如丑衣就是手套、合蠡纹锦裤就是红地人面对鸟兽纹锦裤、绯红锦就是彩条花卉大王锦、石柱小绫就是石柱联珠纹绮等。从出土实物与文书的比对,常常可以获得最为真实的文书研究结果。

(本文由赵丰与万芳、王乐、王博合作完成,原载新疆吐鲁番学研究院编《吐鲁番学研究——第三届吐鲁番学暨欧亚游牧民族的起源与迁徙国际学术研讨会论文集》,上海古籍出版社 2010 年版,第 242—267 页)

魏唐织锦中的异域神祇

汉魏至隋唐之际,丝绸之路将中国与西方紧密相连。中国的锦绫刺绣源不断地流传异域,刺激了丝路沿途蚕桑、丝绸业的发生和发展。同时,异域的文化也反向传入中国,影响了中原丝绸艺术的风格。这种影响不仅体现在纤维加工方法、织物组织结构等技术方面,而且体现在丝绸图案采用了天马、羚羊、狮象、骆驼、野猪、鹰鸷、葡萄、石榴、忍冬等异域题材和套环、簇四、对波、团窠、缠枝等带有异域风格的构图骨架。其中最能反映当时中外文化交流的广度和深度的,莫过于出现在东方织锦上的异域神祇了。

一、琐罗亚士德教的神祇

公元224—652年,萨珊王朝控制波斯,相当于中国的魏晋南北朝及初唐时期。在这期间,萨珊艺术极大地影响了中国的丝绸图案。新疆吐鲁番文书《高昌章和十三年(543)孝姿随葬衣物疏》[①]和《高昌延寿十年(633)元儿随葬衣物疏》[②]中均出现了波斯锦的记载,说明公元6世纪前后波斯锦已经传入中国。高昌是我

---

① 中国文物研究所等:《吐鲁番出土文书》(二),文物出版社1981年版。

② 中国文物研究所等:《吐鲁番出土文书》(三),文物出版社1981年版。

国通往波斯之路的要塞，接触波斯锦自然会早于内地，而内地知道波斯锦可能要迟到公元7世纪初。《隋书·何稠传》载：隋大业间，"波斯尝献金绵绵袍，组织殊丽，上命稠为之，稠锦既成，逾所献者"。波斯所献的金锦袍，可能就是用绵经绵纬再加以金线织成的，这在西域十分常见，何稠以其少府监织染署的雄厚技术力量才织得"逾所献者"，说明波斯锦曾给中国丝绸生产者和消费者们予以非常强烈的刺激。

波斯锦的名称在中国史料中反复出现，但波斯只是一个地名，无法直接判断其图案风格究竟如何。目前较为一致的看法是：那些具有团窠或簇四、簇二骨架的联珠动物纹是较为正宗的波斯风格。

中国西北地区曾出土大量的联珠纹织锦，常见主题为狮、凤、孔雀、野猪头、马、羊、鹿、含绶鸟等。如出自吐鲁番阿斯塔那墓群中的联珠对狮对凤锦、联珠对头号锦、联珠对马锦、联珠对绶鸟锦、贵字联珠对孔雀锦、花树对鹿锦等，特别引人注目的还有联珠猪头纹锦。猪头纹锦在阿斯塔那至少已经出土过三件。第一次由斯坦因（A. Stein）发掘得到，轰动一时[①]。后来新疆博物馆又分别在 TAM325 和 TAM138 两墓中发掘到两件[②]（图1、图2）。此外，苏联乌兹别克共和国的巴拉雷克壁画和阿夫拉西阿卜壁画中亦有猪头纹样的服饰图案[③]，在萨珊波斯的核心地区塔克博斯坦（Taq-Bostan）的石刻中，亦有代表服饰图案的联珠猪头纹[④]，

---

① 斯坦因：《斯坦因西域考古记》，中华书局1936年版。

② 夏鼐：《考古学和科技史》，科学出版社1979年版。

③ 弗鲁姆金（G. Krumkin）：《苏联中亚考古》，新疆博物馆1981年译印。

④ P. O. Harper, The Royal Hunter, Asia House Gallery Publication，1978.

说明了这类织物的分布面或传播性。据研究，这些动物主题中至少有狮、马、野猪等直接与琐罗亚士德教有关。

图1 黄地联珠猪头纹锦

　　琐罗亚士德教（Zoroastrian）即祆教，由于其崇拜的主要特点是在露天的祭坛上燃起圣火，故又称拜火教。祆教中的善神之首是阿帮拉·玛兹达（Ahura-Mazda），主神之下有无数圣灵，即所谓的耶泽陀（Yazata），其中主要的是火神阿塔尔（Altar），被称为阿胡拉·玛兹达之子；其他还有密特拉（Mithra），信约之神，他是阿胡拉·玛兹达的主要侍从；更有伟力特拉格纳（Verethraghna，后为巴拉姆 Bahram）和梯希特雷亚（Tishtrya），前者乃是胜利之神，成为勇敢和力量的象征。据苏联著名亚洲文化史专家鲁科金（G. Lukonin）的研究，除阿塔尔用火代表之外，狮子代表密特拉神，马代表梯希特雷亚神，而野猪则是伟力特拉格纳神的化身①。

---

　　① V. G. Lukonin, Persiall, Nagel Publishers, p. 177。

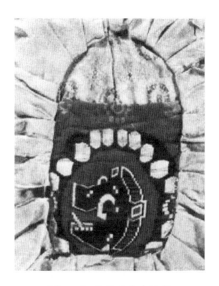

图 2　红地联珠猪头纹锦

这说明,魏唐时期丝绸图案已经受到波斯祆教的影响,事实上,史料记载高昌地区俗事天神,即流行祆教,因此,在这一带流行带有祆教主题的织锦图案也是十分自然的。

二、印度文化之神

新疆吐鲁番出土的《高昌条列出藏钱文数残奏(574)》①中多次提到"提婆锦"的名称,应是产于内地并具有"提婆"图案的织锦。

提婆(Deva)是雅里安人原始宗教的主神之一,即天神。到吠陀时代,提婆在印度和伊朗两个民族中仍是神名,但其地位却

---

①　中国文物研究所等:《吐鲁番出土文书》(二),文物出版社 1994年版。

有很大的不同。在伊朗，提婆被称为达伊瓦（Daeve），被视作恶魔之化身，在琐教中达伊瓦也是恶神之首昂格拉·玛恩纽（Angra-Mainyu）手下的恶魔之一。而在印度，提婆则被认为是战胜恶魔的善神①。当原始宗教被婆罗门教取代后，尽管提婆不再是一个具体的神名，但仍是善神的通称——湿婆和毗湿奴就分别有过摩诃提婆苏提婆的别称。从一般教义均是善神战胜恶魔来看，提婆锦中的提婆不会是伊朗的 Daeve，而应是一位来自印度的神祇。

在青海都兰唐墓中可以找到不少属于公元 6 世纪产物的织锦，其中就有一种一主二宾的人物造型，如黄地对波狮象人物锦（图 3）和红地对波楼堞狮面锦中的局部纹样，正是一主趺坐于中台、二宾持械旁立的造型②；此外，新疆吐鲁番哈喇和卓唐墓中曾出土有"小联珠双人侍坛锦"也应是同类题材③；日本正仓院亦藏有一件"紫地龟甲佛殿文锦"，其中虽为一主四宾造型（图 4），但仍属同类④。初看起来，这些图案很像是西北地区石窟中常见的一佛二弟子造型，其实不然，其间最大的区别在于织锦图案中一主头戴花冠，而侧宾则手执三叉戟，甚至还有蛇状物。

持三叉戟的神像在印度文化中经常可以见到，位于印度河上游的摩亨朱达罗（Mohe. njo-D9ro）遗址中的湿婆神像，后来经常出现的毗湿奴的第八化身大黑天神均作此状；而头戴花冠也是印

---

① 雷奈·格鲁塞：《近东与中东的文明》，上海人民美术出版社 1981年版。

② 许新国、赵丰：《都兰出土丝织品初探》，《中国历史博物馆馆刊》1991年总 15—16 期。

③ 新疆博物馆考古队：《吐鲁番哈喇和卓古墓群发掘简报》，《文物》1978 年第 6 期。

④ 松本包夫：《正仓院裂と飞鸟天平の染织》，紫红社 1984 年版，图 68。

图 3　都兰热水出土黄地对波狮象人物锦中的人物造型

图 4　日本正仓院藏紫地龟甲佛殿纹锦中的人物造型

度神像（除释迦牟尼外）的常用方法，如梵天的形象和大日如来的形象。在中国西南地区的佛教石窟造像中，这类形象也屡有发现，云南剑川石钟山、金华山、昆明地藏寺大理国经幢、张胜温画卷、巴中南龛十六如意轮观音像中均能看到手持三叉戟的大黑天

神造像①。此外，四川广元千佛崖等初唐石窟中亦有多座头戴
"七宝天冠？的毗卢遮那佛（即大日如来）②。通过比较可知，魏
唐织锦中的一主二宾人物与西南石窟中的大黑天神及大日如来
等造像非常相似，当有共同源头。湿婆、毗湿奴、梵天是婆罗门教
中的三大主神，大日如来则是密教中的主神，毗湿奴的第八化身
大黑天神后来则成为密教的护法神。而密教虽属佛教，但在文化
艺术上则更多地保留了印度的传统。故这些织物上的神祇造型
应是印度文化的结晶，具体地说，或许就是大日如来和大黑天神
的形象，但在称呼上却可笼统地称为提婆。

三、新月——伊斯兰的象征

新月是阿拉伯世界的常见题材。但实际上在阿拉伯以外的
中亚及西亚地区的艺术品中，新月的形象出现更早。阿契美尼德
王朝的印信、银币、冠饰上均有新月为饰，萨珊王朝的石刻中也出
现了作为服饰图案的新月纹样。到唐代，新月纹样进入中国的西
北地区。在巴楚脱库孜沙来遗址的唐代文化层中，就曾出土过兔
月纹锦，在满地的新月纹上，用八瓣团窠显示玉兔纹样③（图5）。
月中有兔是伊朗、印度地区古老的传说，而且兔子造型亦与萨珊
波所见青铜卧兔相似，组织结构则采用西亚城亚兹德（Yazd）的
传统方式双层平纹组织，因此，可以推测这是来自西亚或起码是
带有西亚风格的一件织物。

更有意义的是一件蓝地阿文新月锦。该锦由大谷探险队于

---

① 这类形象在云南大理州博物馆中有较多的图片陈列，可以参考。
② 邢军：《广元千佛崖初唐密教造像析》，《文物》1990 年第 6 期。
③ 贾应逸：《新疆丝织技艺的起源及其特点》，《考古》1985 年第 2 期。
该文称为"滴珠鹿纹锦"。

图 5　兔月纹锦

1912 年在吐鲁番斯塔那发掘得到,现藏于日本龙谷大学图书馆[①]。锦纹图案相当简单,为两两错排的新月图案,弯月弦内有一异民族文字,两排不同(图 6)。关于这种文字历来无识,有人认为是婆罗谜文字,笔者请教了古阿拉伯文字专家陈达生先生,陈先生认为这是阿拉伯文,一正一反(从反面看则是一反一正),一为 𐎊𐎊,读作 farid,意为独一的;另一为 𐎂,即 fath,意为胜利、征服,其字体属伊斯兰教历一世风格(622—721)的库菲体。从词义来看,这是专用于称公布安拉的用语,"独一的"是指伊斯兰教的唯一神安拉,"除了安拉,再没有神,穆罕默德是安拉的使者";而胜利和征服则表示阿拉伯扩张时期那种横扫一切的气概,两个词连起来的意思就是:胜利属于真主,安拉征服世界。8 世纪初,阿拉伯势力一直达到中亚粟特地区,并强迫当地居民信仰伊斯兰教,而粟特地区也是一个丝织生产重地,估计这件锦是在当时阿拉伯人的实际控制区中生产而后流传到吐鲁番的,它说明了伊斯兰文化的东渐曾以丝绸为先导而从西北一线进入中国。

　　这种阿拉伯文字尽管已进入中国,但真正知其意义的恐怕并不多。唐朝代宗时曾诏禁织异样文字锦[②],应该就是这一类连自

————————

① 《梁织の美》30 集,京都书院 1984 年版。
② 《唐大诏令集》卷 109《禁约下》。

图 6　吐鲁番阿斯塔那出土蓝地阿文新月锦

己也不认识的异民族文字，说明异族文化在中原的传播到中唐时有了新的发展。

四、Helios 的变化

赫利奥斯（Helios）是希腊神话中的太阳神，他不同于后来赤身裸体的阿波罗，传说他是提坦巨神许珀里翁及其妹兼妻子特伊亚的儿子，每日驾驶四马金车在空中奔驰，从东到西，晨出昏没，用阳光普照人间。这一形象在欧洲的青铜时代已有发现，但其崇拜盛于公元前 5 世纪的古典希腊时代①。大约在马其顿国王亚历山大东征时，赫利奥斯也随之来到东方。建于公元 100 年前后的菩提伽耶围栏上雕刻着印度的太阳神苏利耶（Surya）的形象，亦是坐于一队马匹所拉的二轮战车之上，是纯粹的希腊艺术的输入②。据《秘藏记末》载，中亚佛教中的日天（即日神）形象也是"赤肉色，左右手持莲花，并乘四马车轮"，考之于拜城克孜尔和敦煌莫高窟壁画中的日天形象可证此言不虚，只是图有简略而已。这大概是渗入了印度佛教因素后的赫利奥斯。而阿富汗巴米羊K155 东大佛天顶上的日神衣着带有中亚风格。据分析，这是受到了来自萨珊波斯、犍陀罗、印度等文化的影响③（图 7）。

当赫利奥斯出现在北朝到隋之际的织锦上的时候，其所含的文化因素来源就更复杂了。这在新疆和青海出土的织锦中能够看到一斑（图 8、图 9、图 10）。红地簇四云珠日神锦是西北地区所出各种日神锦中最典型的一件（图 11、图 12）④，簇四骨架，外层卷云和内层联珠组合成圈，圈间用铺兽和小花相连，圈外是卷云纹和中文"吉"字，圈内是太阳神赫利奥斯。它头戴宝冠，冠顶华盖，身穿高领衫，腰间束紧，双手持定印放在身前，双脚相交，头后托以联珠头光，坐于莲花宝座；宝座设于交马所驾之车上，车有六轮，中为平台，六马均是带翼神马，三三相背而驰，车上有两扛戟

---

①　谢·亚·托卡列夫：《世界各民族历史上的宗教》，中国社会科学出版社 1985 年版。

②　常任侠：《印度与东南亚美术发展史》，上海人民美术出版社 1980 年版。

③　F. R. Allchin, *The Archaeology of Afgha Nistan*, *From Earlist Times to the Timurid Period*, London：Academic Press, 1978.

④　赵丰、许新国：《簇四云珠日神锦》，载罗宗真、秦浩主编：《中华文物鉴赏》，江苏教育出版社 1990 年版。

图 7　巴米扬石窟中的太阳神形象

卫士，似为驾车者，还有两人仅露面部，似为执龙首幡者，整个图案对称、平稳，显得庄严、安详。

　　仔细分析，可知这一赫利奥斯身上含有来自希腊、印度、波斯、中国等文化圈的因素。希腊的神，希腊的题材，但其造型却明显具有印度佛教的意味，华盖、头光、莲花宝座等均是佛教中特有的因素。至于联珠圈等装饰性纹样及整个簇四骨架构图则是萨珊波斯的风格。此锦产地判定为中国内地，其上带有的中国文化因素就更多了，中国文字"吉"的存在是最明显的标志，铺兽和龙首幡也是特征，此外，该锦采用的平纹经二重组织结构也是中国

图 8　黄地簇四卷云对兽日神锦（吐鲁番和都兰均出土）

图 9　都兰热水出土绿地小窠联珠日神锦

图 10　都兰热水出土绿地小窠联珠日神锦图案

文化因素的一个方面①。由此看来，赫利奥斯从西方走到东方，从上古走到中世，其遭遇也相当奇特，本身发生了很大的变化，以致我们在判断其原型时也遇到了很大的困难。

---

①　赵丰：《唐代丝绸与丝绸之路》，三秦出版社 1992 年版。

图 11　都兰热水出土红地簇四云珠日神锦

图 12　都兰热水出土红地簇四云珠日神锦图案

五、结　语

　　魏唐时期是我国古代史上最为开放的时期,各种异域文化纷纷进入中原,对中国文化包括丝绸艺术产生了极大的影响。这种影响的方面实太广,无法一一叙述,只能就其中最为突出的宗教神祇的影响作一剖析。从以上剖析中可知,当时的中国一则不拒绝外来神祇进入家门,无论是与孔老夫子抵触者或是与炎黄祖宗不合者,尤其是欢迎具有较美表现效果的装饰性图案,将其洋为中用。二则有意地仿制一些外来图案向丝绸之路沿途推销，用今天的话说，就是了解国外的风情，分析流行的花色，做到产销对路，扩大对外出口。这些经验，至今仍可借用。当然，在仿制或是接受的同时，自然会对中国的丝绸图案产生极大的影响，甚至导致巨大的转折，这正是文化交流的力量所在。

致谢：笔者在考证猪头纹样时得到了法国学者 K. Riboud 夫人的指点，在考证新月纹样上阿拉伯文字时得到了福建省社科院陈达生先生的指点，在考证太阳神纹样时得到了北京大学宿白教授、晁华山先生的指点，特此致谢。

（原载《考古》1995 年第 2 期）

翼马纹锦与何稠仿制波斯锦

　　在希腊神话中,珀伽索斯(Pegasus)就是长着双翼的飞马。据说它是美杜莎与海神波塞冬所生,曾为柏勒洛丰驯服,但当柏勒洛丰试图骑它上天堂时,它却从马背上摔下了柏勒洛丰,独自飞到宇宙成为飞马座。珀伽索斯马蹄踩过的地方便有泉水涌出,诗人饮之可获灵感,因此,在文艺复兴时期,它又成为艺术和科学女神缪斯的标志(图1)。

图1　意大利国立伊特鲁利亚博物馆藏陶罐上的珀伽索斯图像
(前525)

　　在中国西北地区出土的北朝晚期至盛唐的织锦中,也经常可以看到有翼天马的形象,它的原形就是珀伽索斯。有着翼马纹样的织锦可以根据其技术特点分成东方系统斜纹纬锦(本文简称唐系纬锦)、西方系统斜纹纬锦(主要包括波斯和粟特两个地区,本文简称波斯纬锦)和东方系统经锦三个大类,其织物风格和纹样设计亦不相同。一些日本染织史学者都曾对此进行过相关的研究,其中最为重要的是太田英藏的系列文章①。本文拟收集和整理以前发表过及近期新见相关织锦材料,进行纹样复原和类型研究,并将其与隋代何稠仿制波斯锦的史料相联系,考证唐代织锦在学习波斯锦织造技术后得到提高并超越的过程。

一、唐系翼马纬锦实例

我们先来整理有着翼马纹样的唐系纬锦实例,共有 10 例,其主要纹样是联珠翼马人物纹锦,也有若干件只有翼马没有人物。

1. 联珠翼马人物纹锦之一

TAM77 号墓出土,现藏新疆维吾尔自治区博物馆(图 2)。长 13.5 厘米、宽 8.1 厘米,用作覆面。最初发表时被称为联珠天马骑士纹锦,基本没有织造信息②。后来坂本和子对此进行过较为详细的分析,其经丝暗红,夹经通常是 3 根 S 捻丝线,明经通常是 4 根 S 捻丝线,各约 15—17 根/厘米,纬线共有白、绀、绿、茶、浅茶五种,24—27—30 副/厘米。其残存纹样中可以看到一翼马和一年轻骑士回首形象,联珠团窠环的循环约 25 厘米③,可以复原联珠环上有 20 珠和四个回纹。

① 太田英藏:《大瑞锦狮子狩纹锦について》,《太田英藏染织史著作集》下卷,川岛织物文化出版局 1986 年版,第 107—131 页。

② 新疆维吾尔自治区博物馆:《丝绸之路:汉唐织物》,文物出版社 1973 年版,图 33。

③ 坂本和子:《吐鲁番出土染织资料解说》,中国新疆维吾尔自治区博物馆、日本奈良丝绸之路学研究中心:《吐鲁番地区与出土绢织物》第二节,第 29 件,2000 年版,第 117—142 页。

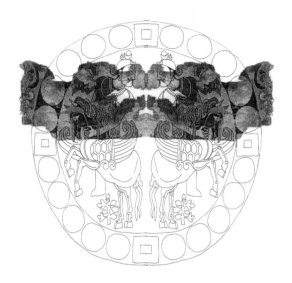

图 2　TAM77 出土联珠翼马人物纹锦纹样复原图

2. 联珠翼马人物纹锦之二

TAM337 号墓出土(图 3),长 24 厘米、宽 9 厘米,原来用途不明。最初发表时称为骑士纹锦,在附表中有着基本的织物信息:三重纬锦,夹经 14/厘米,明经 14/厘米,纬线有黄、白、蓝、湖绿四色,20 根/厘米。在直径为 26 厘米、由 20 个大珠和四个回纹构成的团窠环内,有一高鼻多须、回首顾盼的骑士纹样。由于墓中伴出唐显庆二年(657)墓志,可以知道这是不晚于 657 年的织锦①。

3. 联珠翼马人物纹锦之三

TAM322 号墓出土,现藏新疆维吾尔自治区博物馆(图 4)。长 24 厘米、宽 10.5 厘米。此件织锦原与联珠双鸟纹锦缝在一起作为复面,仅存部分联珠环以及翼马的前下部,马背后可以看到

---

①　武敏:《新疆出土汉—唐丝织品初探》,《文物》1962 年第 7—8 期。

图 3　TAM337 出土联珠翼马人物纹锦纹样复原图

图 4　TAM322 出土联珠翼马人物纹锦

骑士一足。坂本和子曾对此有过较为详细的分析,其经丝浅茶色,夹经通常是 3 根 S 或 Z 捻丝线,明经通常是 3—5 根 S 捻丝线,夹经和明经均为 13—14 根/厘米,纹样的经向循环约 32 厘米;纬线共有橙、绀、青绿、茶四种,15—19—22 副/厘米[①]。据同出墓志可知,TAM322 墓为龙朔三年墓(663)。

4. 联珠翼马人物纹锦之四

吐鲁番阿斯塔那墓地出土,甘肃省博物馆藏(图 5)。甘肃省博物馆也藏有一件类似的织物残片,曾是朝鲜族美术家韩乐然在中国西北地区的收集品,也出自吐鲁番。此锦原定联珠花鸟纹波斯锦,残存一马头和翅膀局部,马头伫立一鸟,马侧有一人像,穿

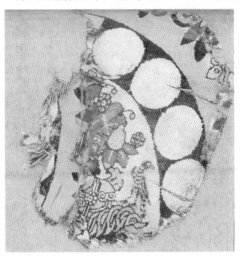

图 5　甘肃省博物馆藏联珠翼马人物纹锦

---

① 坂本和子:《吐鲁番出土染织资料解说》,载中国新疆维吾尔自治区博物馆、日本奈良丝绸之路学研究中心:《吐鲁番地区与出土绢织物》第二节,第 65 件,2000 年版,117—142 页。

着与以上几件很相似①。其经向残长为 20.7 厘米,几乎是整个纹样循环的一半,由此推得其正式循环约在 40 厘米以上。

5. 联珠翼马纹锦

吐鲁番木头沟出土,大谷探险队盗掘品,日本私人收藏(图6)。此锦为橘瑞超盗掘品,据说出自吐鲁番木头沟②。其最早的

图 6　木头沟出土联珠翼马纹锦

---

① 俄军主编、甘肃省博物馆编:《甘肃省博物馆文物精品图集》,三秦出版社 2006 年版,第 227 页。韩乐然为朝鲜族美术家,1946 年赴新疆考察,1947 年飞经酒泉途中飞机失事,后来韩乐然的遗物就移交给甘肃省博物馆。此锦边上有韩乐然亲笔题记,记明此锦来历。

② 香川默识:《西域考古图谱》卷一,日本国华社 1915 年版,第 173 页。

研究为日本学者奥田联诚一,认为这是属于东亚系统的纬锦技术[①],后来太田英藏也对其进行了较为深入的技术分析。其图案较小,联珠环共有 16 个联珠,左右上下穿插了四个回纹。织物下部出现横向的联珠带及一半的宾花,可能是织锦的起头部分或是中间的纬向裁边。该锦在发表时无尺寸信息,但可从同页发表的联珠花树对鹿纹锦推测联珠的直径约在 13—14 厘米。

6. 联珠花树翼马纹锦

敦煌藏经洞发现,法国吉美博物馆藏品,编号 EO1202(图 7)。此件为伯希和所得敦煌藏经洞藏品,共有呈三角形状的两片,大片长 25 厘米、宽 28 厘米;小片长 13 厘米、宽 17 厘米。织锦的褪色严重,目前仅见在棕色地上以深蓝、浅蓝、白等色纬线显花。由残留的两部分可复原其图案的大概面貌,联珠团窠较大,共有 24 珠,左右上下穿插回纹。团窠中间是一棵花树,枝叶茂盛,树下两侧各有一匹翼马,低首扬蹄,相背而立,可以看出在马侧还有其他装饰,但无法判断是否为人物。团窠直径约在 26 厘米,在窠外则装饰有十字宾花。

7. 联珠翼马人物纹锦之五

现藏中国丝绸博物馆,编号 3269(图 8)。此件或为服饰残片,形状不规则。联珠翼马人物纹锦只是作为此件服饰的边缘,残宽 7.5 厘米。图案中残存联珠环和对马的下半身,两马之间有一树干,马下有一小花。马带有明显的翅膀,马后有一人手挽马颈,马后还可以看到骑士的站脚。联珠环上可以看到位于左右上下的回纹,此图的结构大约可以复原,其联珠总数推测为 24 个,团窠循环约在 32—36 厘米。

---

① 奥田诚一:《东洋古代织物に于ける波斯模样に就て》,《国华》第 307 号 1915 年版。

图 7　敦煌藏经洞出联珠花树翼马纹锦纹样复原图（刘珂艳绘）

图 8　中国丝绸博物馆藏联珠翼马人物纹锦纹样复原图

8. 联珠翼马人物纹锦之六

现藏中国丝绸博物馆,编号2744。此件残长44厘米、宽22厘米,其中共有两个团窠。每窠上有24个联珠和四个回纹,窠径约为20厘米,窠外以橙色为地,窠内以白色为地。两侧为两匹翼马,造型与其他翼马接近,但马背后有一人物,造型不清,马肚下可以看到一脚,穿有皮靴,脚旁有一枝小花。

9. 四天王狩狮锦

现藏日本奈良法隆寺(图9),原物长250.0厘米、134.5厘米,现藏奈良法隆寺。红地,大型的联珠团窠,共20珠和四个回

图9 法隆寺藏四天王狩狮锦

纹,窠径达 43 厘米,横三窠,纵五行,中间一棵果树,树上还立有小鸟。树的两侧上下各有一骑相背返身骑射狮子,上骑马头相对,马臀部烙有"山"字印记,骑士返身拉弓劲射扑上来的狮子,下骑马头向外,马身黑色,臀部烙有"吉"字印记,骑士也是返身拉弓射击狮子。团窠之外有复杂华丽的宾花作饰,宾花之中还有联珠环的装饰①。此件织锦在寺里传为圣德太子的纹旗,但此锦未见载于《法隆寺伽蓝缘起并流记资财帐》,直到镰仓时代的《太子传私记》的网封藏中才见到"四天王㰡 文锦一丈许 赤地"的记载。

10. 大窠马大球锦

出自吐鲁番阿斯塔那墓地,现藏新疆维吾尔自治区博物馆。原件出自高昌重光元年墓(即唐武德三年,620),主体动物纹样已残,仅存部分联珠环与部分宾花。武敏"从残存部分推算,标本原件的环形球路直径约为 40 厘米。……主体花纹似为横向左右均齐式骑马狩狮纹样"。但事实上,公布的照片上无法看清联珠环中的主题纹样,武敏或根据其他参考资料将其定名大窠马大球锦或独窠马大球②。

以上所有的联珠翼马纹锦虽然团窠有大有小,翼马时双时单,人物也时有时无,有时骑在马上狩狮,有时只是站在马侧挽马,但它们都有一个共同的技术特点:它们都是经线加有 S 强捻的三枚斜纹纬锦,这也就是我们所谓的唐系斜纹纬锦。以上 10 件织锦中,有 8 件经过本人或日本学者的仔细观察确定,所有经线均加有 S 向捻,只有 TAM337 所出联珠翼马人物纹锦和大窠马大球锦未有机会观察,但从其他技术特点来分析,这 10 件织锦

---

① 东京国立博物馆:《国宝法隆寺展:法隆寺昭和资财帐调查完成纪念》,NHK1994 年版,第 157 页。

② 武敏:《吐鲁番出土蜀锦的研究》,《文物》1984 年第 6 期。

应该都是由同一系统的技术织成的（表1）。

表1　唐系翼马纬锦实例

序号	锦名	出土地	收藏地	经丝	纬线	图案	循环	分析者
1	联珠翼马人物纹锦之一	TAM77	新疆维吾尔自治区博物馆	暗红，S捻，各约15—17根/厘米	白、绀、绿、茶、浅茶五种，24—30副/厘米	20珠环，翼马后一年轻骑士回首挽马	循环约25厘米	坂本和子
2	联珠翼马人物纹锦之二	TAM337号 657年		夹经14/厘米，明经14/厘米	黄、白、蓝、湖绿四色，20副/厘米	20珠环，高鼻多须骑士和翼马	环径26厘米	武敏
3	联珠翼马人物纹锦之三	TAM322号，663年	新疆维吾尔自治区博物馆	浅茶色，3根S或Z捻，均为13—14根/厘米	橙、绀、青绿、茶四种，15—19—22副/厘米	20珠环，翼马、骑士一足	经向循环约32厘米，经向明显拉长	坂本和子
4	联珠翼马人物纹锦之四	吐鲁番阿斯塔那墓地	甘肃省博物馆藏	S捻		20珠环，马头和翅膀，一鸟一人像	窠径约为40厘米	赵丰
5	联珠翼马纹锦	吐鲁番木头沟出土	大谷探险队盗掘品	S捻	棕色地、深蓝、浅蓝、白色纬线显花	16珠环，窠内一马	窠径约13—14厘米	
6	联珠花树翼马纹锦	敦煌藏经洞发现	吉美博物馆藏品	S捻		24珠环，花树两翼马	团窠直径大约在26厘米	赵丰
7	联珠翼马人物纹锦之五		中国丝绸博物馆藏	S捻	橙色为地，蓝、绿、白、褐色为花	24珠环、对马、花树小花及人物	循环32—36厘米	赵丰
8	联珠翼马人物纹锦之六		中国丝绸博物馆藏	S捻	橙色为地，窠内以白色为地	24珠环，对马及人物	窠径约20厘米	赵丰
9	四天王狩狮锦		奈良法隆寺	S捻	红地	20珠环，花树下四骑射狮	窠径约43厘米	

续表

序号	锦名	出土地	收藏地	经丝	纬线	图案	循环	分析者
10	大窠马大球锦	吐鲁番阿斯塔那墓地，620年	新疆维吾尔自治区博物馆	S捻		仅存部分联珠环与部分宾花	窠径约40厘米	武敏

二、其他系统的翼马纹锦

1. 安底诺伊出土的联珠翼马纹锦

早在吐鲁番阿斯塔那出土多件联珠翼马纹锦之前的 1897 年，埃及的安底诺伊（Antinoe）遗址中就曾出土过一大批同一类型的联珠翼马纹锦，此锦分别收藏于法国的一些博物馆中。如里昂织物博物馆中的联珠翼马纹锦（Inv. 897. III. 5（26.812/11）），长 31 厘米、宽 16.5 厘米，循环经 13.1 和纬 13.1 厘米，三枚斜纹纬锦。经线 Z 捻，15 副/厘米。纬线一副中三色，织阶为 2 副，52 副/厘米（图 10、图 11）。[①]

同样的织物在卢浮宫中也有保存，很可能有多片不同的残片。如一件残片是经向 12.5 厘米、纬向 17 厘米，另一件是经纬向均为 17 厘米。白地，深蓝色和棕色纹样（Gu. 1138）[②]，后来在 Cernuvschi 展出的有更多的联珠团窠马（inv E. 29210）[③]。日本

---

① Marielle Martiniani-Reber, Soieries Sassanides, coptes et byzantines, Ve-XIe siecles, Musee historique des tissues, Lyon, 1986, pp. 45-46.

② P. O. Harper, The Royal Hunter, Asia House Gallery Publication, 1978, p. 132.

③ Les Oerses sassaudes: Fastes d'un empire oublie（224-642），Fragments de manchette, Musee Cernuschi, 2006, p. 166.

图 10　法国里昂织物博物馆藏联珠翼马纹锦

学者的研究论文也经常提及此锦在巴黎吉美博物馆中也有收藏①。

2. 粟特织锦中的翼马纹锦

翼马纹在粟特风格的织锦中也十分常见。目前所知共有两大类型。一种是成行排列的昂头行走的翼马纹，外面没有团窠联珠环。这种翼马在乌兹别克斯坦撒马尔罕遗址的壁画上就可以

① 太田英藏：《犀円纹锦について》,《太田英藏染织史著作集》下卷,川岛织物文化出版局 1986 年版,第 107—131 页。

图 11 法国里昂织物博物馆藏联珠翼马纹锦纹样复原图

看到，传世实物也有多件，如罗马梵蒂冈博物馆藏品中的红地翼马纹锦（编号 T117），该织物残存两行翼马，下行基本完整，一齐右行，上行只剩一半，一齐左行①。中国丝绸博物馆也藏有一件红地翼马纹锦（编号 2686），经向长 52 厘米、纬向宽 51 厘米。此件锦片以红色经线为地，白色纬线以斜纹纬重组织出图案。图案残存三行翼马，每匹马高约 19 厘米、宽约 15 厘米。中间一行三匹马右行，上行两匹和下行三匹均为左行。马的头顶戴有六瓣小花状的冠饰，颈上系有联珠纹带，颈后还有两条飘带呈水平状飘扬。马生双翼，翼间亦饰有联珠纹，四足及尾部亦用绸带系缚作为装饰。马的造型十分平稳，是典型的萨珊波斯风格（图 12）。

另一种类型是饮水马锦。日本平山郁夫丝绸之路博物馆中藏有一件饮水马纹锦，其实更像食草马锦，各马横向对称排列（图 13）。同类织物也见于比利时安特卫普的 Katoen Natie 收藏品（inv. no 938a），该件织物还经过了碳十四检测，年代为 605—685

---

① Crisline Pantenlla-6988-83293，6988-85138，also see Otto von Falke. Decorative Silks，William Helburn Inc.，New York，1936：fig. 181.

图 12　中国丝绸博物馆藏红地翼马纹锦

年[①]。还有一种饮水马锦见于香港的贺祈思藏品,是方格联珠纹中团窠联珠纹的对饮水马(图 14)。两马相比,后者造型较为简陋。

3. 斜纹经锦中的联珠对马纹锦

唐代初年,斜纹经锦中也出现了一批联珠对马纹锦。联珠团窠大多较小,红色作地,白色作花,用于勾边或作为联珠环底色以深蓝色为多,但亦经常用绿、深褐等色替换。此类织锦在吐鲁番阿斯塔那早期盗掘中已有发现。斯坦因在阿斯塔那的盗掘中就

---

① Antoine De Moor and Cacilia Fluck, Methods of Dating Ancient Textiles of the 1st Millennium AD from Egypt and Neighbouring Countries, Lannoo publishers, 2007, p. 122.

图 13　日本平山郁夫丝绸之路博物馆藏饮水马纹锦

图 14　贺祈思收藏联珠饮水马纹锦

发现有联珠对马纹锦（Ast. IX. 3.02），从其复原的绘图来看，联珠圈中起码有两种纹样，一种是昂头的马，一种是低头的马①。日本龙谷大学图书馆中也藏有类似的织物，应该也是从吐鲁番阿斯塔那出土②，该锦上有一个完整的联珠环，环有一对昂头的马，马下踏有花簇。还有小半个联珠环，可以看出是一对饮水马纹样，并可以看到马蹄之后的水波纹。更为完整的同类织锦于1959年在阿斯塔那302墓（永徽四年，653）中发现，原件长约19厘米、宽约18厘米。上下共有两行两列较为完整的联珠团窠，上行为对昂首马，下行则为对饮水马，四马均体生两翼，颈扎飘带，头饰日月冠，各联珠环之间用八瓣小花相连③。同类的织锦不仅在阿斯塔那墓地有大量发现（图15），在青海都兰地区的吐蕃墓中也有不少发现，其中一类与吐鲁番所出联球对马纹经锦基本一致，另一类的联珠团窠更小，各联珠环间完全分开，不相连接④。吐鲁番出土文书 TAM151《高昌重光元年（620）布帛杂物疏》中有"饮水马锦镇（枕）二"的记载，很有可能指的就是这类联珠对马纹锦。

　　5. 日天纹锦中的翼马形象

　　西北地区还出土过一批表现太阳神出行的日天纹锦，织物的组织均为平纹经锦，年代较前述各锦更早。其中最为精彩的是青海都兰吐蕃墓地出土的红地云珠吉昌太阳神锦。整个图案由卷云联珠圈构成簇四骨架，并在经向的骨架连接处用兽面辅首作纽，而在纬向的连接处则以八出小花作纽。该锦全幅应由三个圆

---

　　①　A. Stein, Innermost Asia, Vol. III, pl. LXXX.

　　②　《大谷探险队将来西域文化资料选》，龙谷大学 1989 年版，第 21 页，图 7。

　　③　夏鼐：《考古学与科技史》，科学出版社 1979 年版，图版叁。

　　④　赵丰：《纺织品考古新发现》，艺纱堂/服饰工作队 2002 年版，第 74—75、82—83 页。

图 15 　吐鲁番出土联珠对马纹锦

圈连接而成。其中作为母题纹样的太阳神圈居中，另两个圆圈表现的都是狩猎和战斗场面。主圈中的太阳神坐在一组六马拉动的车上。太阳手持定印，头戴菩萨冠，身穿尖领窄袖紧身上衣，交脚坐于宝座之上。在这里拉车的马也都是翼马，造型与其他的翼马都非常相似（图 16、图 17）。

图 16 　都兰出土簇四云珠太阳神锦

图 17　都兰出土簇四云珠太阳神锦局部

三、联珠翼马人物纹锦的特点

1. 唐式斜纹纬锦技术特点

斜纹纬锦最初出现在西方，目前所知较早的实物出自以色列的 Masada，年代在公元 2 世纪左右[1]。此外还有一个大类，大部分出自埃及的安底诺伊，分散收藏于欧洲各地的博物馆中，其中有一部分已经过碳十四的测年，证明其年代大部分为公元 4—5 世纪[2]。斜纹纬锦在中亚地区也发现很早，费尔干纳的蒙恰特佩墓地就曾出土斜纹纬锦[3]。

中国境内的斜纹纬锦最早出自吐鲁番，但据武敏的报道，同

---

① Hero Grange-Taylor 在分析以色列出土纺织品时告知，文章待发表。

② Antoine De Moor and Cacilia Fluck，Methods of Dating Ancient Textiles of the 1ˢᵗ Millennium AD from Egypt and Neighbouring Countries，Lannoo publishers，2007，pp. 115-126.

③ （乌兹）马特巴巴伊夫、赵丰：《大宛遗锦：乌兹别克斯坦费尔干纳蒙恰特佩出土的纺织品研究》，上海古籍出版社 2010 年版。

类纬锦中年代最早的应是大窠马大球锦，出自武德三年（620）墓中，这恰好就是我们所讨论的翼马纹锦。其他两件有明确纪年的联珠翼马人物纹锦则为 657 和 663 年，也是属于初唐时期。虽然同一时期出土的纬锦为数不少，但这一组翼马人物纹锦的特点具有明显的东方特色。从细节来看，其最为重要的特点是经线加捻的捻向为 S 向，与波斯和粟特系统的纬锦恰恰相反（图 18）。其用色亦与西方织锦有别，以蓝绿类色彩为主。

图 18　中国丝绸博物馆藏联珠翼马人物纹锦细部

东西方纬锦另一个重要区别是提花技术。分析所有的唐系斜纹纬锦可知，其图案已在经向和纬向同时有着严格的循环，也就是说，真正意义上的提花机已被用于纬锦的织造。此时，织物的图案循环也可以变得很大，在我们所统计的图案中，大部分的纹样循环均在 25 厘米上下，最大的可达 43 厘米。部分织锦带有较粗的织边，与粟特系统的纬锦相似。

2. 总体布局

总结唐系翼马纹锦的纹样布局可以看到，除木头沟一例之外，总体均是花树对马。

最为常见的是对称的花树对马，花树下共有两马，通常是马身跃起，两头朝外，马体相背，马侧立各站一人，伸手挽住马颈，回顾马后，形成两人相对的局面。这种人在马侧的造型在波斯银器上也有所见，现藏大都会博物馆的一件 5—6 世纪的伊朗银盘上就有此像(图 19)，两匹翼马相对，低头饮水，翼朝上，一人持直杆状物站于马前①。其实，在同时期的中国艺术品中也常见牵马行走的图像，甚至还多于骑射的场合。如太原隋虞弘墓出土石棺座上就有胡人牵行翼马的图像②(图 20)，著名的昭陵六骏图中的勇将丘行恭为"飒露紫"拔箭的形象，还有出自吐鲁番阿斯塔那墓地的唐佚名绢本设色屏风《侍马图》中，也有侍者牵马行走的形象。

图 19 大都会博物馆藏对人对马银盘

此组纬锦中也有骑马狩猎的形象，但仅见于法隆寺藏的四天王狩狮锦，一个团窠之中共有四骑。据太田英藏研究，此锦很有可能是由第七次遣唐使河内鲸在天智八年至十年（669—671）从

---

① Les Oerses sassaudes: Fastes d'un empire oublie（224-642），Fragments de manchette，Musee Cernuschi，2006，p. 99.

② 山西省考古研究所、太原市文物考古研究所、太原市晋源区文物旅游局：《太原隋虞弘墓》，文物出版社 2005 年版，第 141 页。

图 20　虞弘墓石棺座上的胡人牵马浮雕

中国带来的，当时唐朝与新罗联军在前一年一起灭了高句丽，这件四天王狩狮锦很有可能是唐朝政府的国礼[①]。所以这是较为特殊的情况。

无论是骑马还是不骑马，对马的中间通常都有一棵花树，这虽然说有可能是来自波斯的生命树概念，却在中国织锦上得到了充分的发挥。树形为一直杆，树上花果却有着变化的造型，有时颇似葡萄，有时也像粟特艺术中的一些树形。小鸟有时也出现在织物上，如甘肃省博物馆藏的马头上就站有一鸟，法隆寺藏的四天王狩狮锦的花树上，也有小鸟栖息其间。

这一组织锦中的联珠纹也很有特色，基本上都是很圆的大联珠，与中亚织锦中的联珠纹相比，粟特系织锦为了省去挑花的麻烦，通常采用多经多纬的织造阶度，而唐系纬锦此时已有新型的束综提花机织造，织造时可以采用更高精度的一经一纬的阶度（step），也就是说最后得到的纹样的光洁度很好。此外，联珠环上多由 20 或 24 珠联排而成，但在上下左右四方均穿插了方形回纹，这也与西方的主流联珠环不同。在埃底诺伊出土的翼马纹锦

————

　　① 太田英藏:《锦绫东西往来》,《太田英藏染织史著作集》下卷,川岛织物文化出版局 1986 年版,第 273—283 页。

的联珠环间用联珠新月纹作连接,粟特织锦中则用小花作连接。

唐系纬锦联珠环外的宝花也十分华美,远比波斯或粟特系统的纬锦来得复杂。一般会有几个层次,还可根据图案的大小而变。最复杂的是在中心部位再加上联珠环,与当时四川生产的双珠团窠对龙纹绫或绮上的宾花较为相似。

3. 翼马的造型

此组纬锦中翼马的造型也十分稳定。一般都是身生双翼,前两蹄跃起。翅膀下有卷云模样托起,翅膀前侧先作龟背形,中间饰有一条联珠带,再是卷曲的翅膀,偶然也存在没有联珠的情况。翼马在西方的出现虽然很早,但早期西方艺术中的翼马均较为自然,没有很多装饰。和波斯系统纬锦中的翼马造型相比,两者翼的造型基本相同,但波斯系统翼的前侧主要是装饰成羽毛状,而在唐系翼马中则无一例外地是龟背形。

唐系翼马的前胸通常有浅色过渡,此点似从粟特系统的大鹿纹锦中学来[①]。翼马的前腿跃起,后腿着地,蹄上有时系有飘动的绸带。较有意思的是太田英藏指出的,每条马腿的两个关节上各有一个白色的圆点,这也是唐系翼马上的一个特点,在西方系统纬锦中,不见于安底诺伊的波斯翼马上,却见于粟特系统的对饮水马锦。

两地马头上的装饰也有不同。安底诺伊和阿弗拉西亚卜的行马纹锦的马头上都戴有冠饰,前者为一新月及小花纹的冠,后者则是圆珠形冠,马颈上通常也饰以联珠纹绸带,绸带一直飘到身后。除了 TAM337 出土联珠翼马人物纹锦一件马头上有一束红缨之外,唐系纬锦上的马头上几乎没有什么装饰。所有的马尾

---

① Zhao Feng, Three Textiles from Turfan, Orientations, Hong Kong, Feb 2003, pp. 25-31.

通常均已打结，系有绸带，这也是丝绸之路上马的常见装饰。

4. 骑士的造型

在此组纬锦中，有四件翼马人物纹锦保存了骑士的形象，其中最为完整的无疑是法隆寺的四天王狩狮锦，新疆 TAM77 和 TAM337 的两件翼马人物纹锦中也能看到骑士的脸部，甘肃省博物馆的一件可以看到较残的骑士上身。这些人物通常作戎装，更像萨珊波斯的国王造型。法隆寺四天王身上穿的是盔甲，盔甲下有半臂，短袖呈喇叭口，这种喇叭口的半臂在楼兰被盗壁画墓中不仅有画像的发现，同时也有实物的发现[①]。同类的半臂在 TAM337 出土的翼马人物纹锦骑士和甘肃省博物馆所藏翼马人物纹锦中也可以看到。不过，更为重要的是 TAM77 翼马人物纹中年轻骑士的肩上披着云肩，云肩外有皮带扎成交叉形，其中 TAM337 所出的翼马人物还披有斗篷，这类服饰与波斯银器中的很多波斯王造型十分相似，如柏林伊斯兰艺术博物馆中所藏的鎏金银盘[②]（图 21）。云肩的款式在中国出现很迟，在中亚西亚其他艺术品的出现也很晚，但很有可能还是原产于西亚[③]。

除了 TAM77 所出联珠翼马人物纹锦为年轻骑士、脸上无须之外，其余三位骑士均为络腮胡，是典型的波斯人形象。其头上的冠饰也十分重要，可惜目前保存完好的只有法隆寺狩狮四天王的冠饰，冠作双翼，中间有日月装饰，是较为典型的萨珊波斯时期的波斯王冠饰。贝克曼曾研究过波斯王所用冠饰，同类冠饰应在

① 李薏、范婷婷、于振华：《楼兰 LE 北壁画墓半袖衫复原研究》，包铭新：《西域异服：丝绸之路出土古代服饰艺术复原研究》，东华大学出版社 2007 年版，第 1—8 页。

② Les Oerses sassaudes：Fastes d'un empire oublie（224-642），Fragments de manchette, Musee Cernuschi, 2006, p. 125.

③ 赵丰：《蒙元龙袍的类型及地位》，《文物》2006 年第 7 期。

图 21　伊斯兰艺术博物馆藏鎏金银盘

图 22　6—7 世纪波斯王的冠饰

公元 6—7 世纪前后流行①（图 22）。另外几件翼马人物纹锦上的

---

①　Arthur U. Pope, A Survey of Persian Art, Vol. V, The Art of the Book and Textiles, Oxford University Press, London and New York, 1964, p. 2235.

骑士头部残缺，冠饰无法复原，但依然可以看到明显的飘带装饰，这飘带却是狩狮四天王所没有的。这种飘带在各种波斯艺术的波斯王的形象中也十分常见。

保存骑士脚部形象的织锦共有四件，其中四天王狩狮锦和TAM322 翼马人物纹锦上可以看到骑士腿部造型均有斜线装饰。比较萨珊银盘上的波斯王造型可知，四天王狩狮锦上腿部斜线应是其裤子的表现，M322 翼马人物纹锦腿部斜线则是其更进一步的简化。而另两件翼马纹锦上仅留下平直的腿和脚，应为普通的皮靴而已。

5. 联珠翼马人物纹锦与同时期织锦的比较

将我们讨论的唐系翼马纬锦与同时期各类翼马纹织锦相比较后我们发现：安底诺伊出土的联珠翼马纹锦和属于粟特系统的几件翼马纹锦其经线均加有强 Z 捻，其翼马的造型有着共同的特点，马体基本呈行走状，马具完备，装饰丰富，如马首冠饰、马颈联珠绶带及两条大型飘带、马腿绸带和马尾扎带等，此外，马翼上亦有联珠带饰，但带前侧作羽毛状。图案的布局有在联珠环内和无联珠环平行两种，联珠环之间抑或不相连，抑或用联珠新月纹相连，环外宾花较为简单。

相比之下，唐式翼马纬锦的经线加的是强 S 捻，图案饱满均称。除木头沟发现的翼马纹锦之外，其余翼马造型总体呈跳跃状，沿经线方向轴对称，马的装饰虽不如西方系统的同类纬锦，但也较为丰富，马翼上有联珠带，带前用龟背形装饰。两马之间常有花树，马侧常有骑士站立。布局上总有联珠环，环上有四个方形回纹装饰，环外宾花总是华丽丰满。

还有一类出现在经锦上的翼马在造型和布局上均与唐系翼马纬锦较为接近，其织造技术则是十分明显的唐代平纹和斜纹经锦技术。

442

由此来看,唐系翼马纹锦是西方系统的翼马纬锦的仿制,但其效果却比西方系统的翼马纬锦更好。而经锦上的翼马纹锦体积小,构图简单,虽然在图案上也算是一种仿制,但与西方系统的翼马纬锦却无法比拟。

四、何稠仿制波斯锦的类型

何稠是我国工艺设计史特别是丝绸艺术史上的著名艺术家。关于何稠的记载,《北史》卷90《艺术列传》和《隋书》卷68中皆有传,两者大同小异。但人们大多喜欢使用《隋书·何稠传》:"何稠,字桂林,国子祭酒妥之兄子也。父通,善斫玉。稠性绝巧,有智思,用意精微。年十余岁,遇江陵陷(承圣三,554),随妥入长安。仕周,御饰下士。及高祖为丞相(隋文帝为周之左丞相,580),召补参军,兼掌细作署。开皇初,授都督,累迁御府监,历太府丞。稠博览古图,多识旧物。波斯尝献金绵锦袍,组织殊丽。上命稠为之。稠锦既成,逾所献者,上甚悦。时中国久绝琉璃之作,匠人无敢厝意,稠以绿瓷为之,与真不异。寻加员外散骑侍郎。"这里说到的妥就是何妥,是何稠的叔叔,《北史》82及《隋书》75中均有传。综合两传,我们可以大约了解何稠家族的情况。

何稠的祖上来自中亚粟特何国。《隋书·何妥传》中说何妥为西城人,查唐代无西城之地。据《通志》卷174《何妥传》,西城当作"西域",因此,荣新江认为,何家无疑就是粟特昭武九姓中的何国人。何国即是屈霜你迦(Kushanika),位于康国与安国之间,是连接东西粟特的枢纽,又译为"贵霜匿",在唐朝时为贵霜州。故地在乌兹别克斯坦撒马尔罕与布哈拉之间,一度属唐管理。

何稠的祖父，也就是何妥的父亲的名字叫何细胡①，名中间的胡字，多少也传达了他与粟特胡人的关系。何细胡"通商入蜀，遂家郫县。事梁武陵王纪，主知金帛，因致巨富，号为西州大贾"。何稠的父亲何通从事的是昆仑玉或和阗玉的加工，何稠的叔叔何妥，17 岁时以伎巧事南梁湘东王萧绎。这里所谓的伎巧，应该是与艺术相关的技术。何稠"年十余岁，遇江陵陷，随妥入长安"。正是西魏攻陷南梁江陵之时，那年是承圣三年（554）。何稠后来就在北周当官，御饰下士。580 年，周静帝死后，杨坚自封为左丞相，此年何稠就被召补参军，兼掌细作署，直接为杨坚服务，此年何稠来长安已有 25 年，年龄应在 40 岁左右，正是经验丰富、精力旺盛的时候。细作署管理一些精美的艺术品制作，一定包括丝绸织造。到杨坚正式称帝后，便授都督，又升为御府监，历太府丞。何稠仿制波斯锦的事情，应该就发生在这一时期。

史料上说何稠仿制的是波斯的"金绵锦袍"。"金绵锦"在语句上不通，鉴于当时线（繁体为綫）、绵两字形近，或以"金线锦袍"更为合理一些。但"金线"在当时并无用于织锦的史实，因此记载中可能有着夸大的成分。不过，波斯锦在当时确是存在的，吐鲁番出土文书中多次出现"波斯锦""婆斯锦""钵斯锦"等名称。它在当时输入中国也十分正常，何稠主管细作署，受命进行仿制波斯锦也合情合理，但何稠所仿制的波斯锦类型可能会是什么呢？我们认为：本文所讨论的唐系联珠翼马纬锦很有可能就是何稠仿制的"波斯锦"。理由有三：

其一，既然何稠是仿制波斯锦，应该就是典型的波斯锦，我们应该有可能找到波斯锦中它的原型。联珠翼马纬锦在波斯和粟特地区有过发现，无论是织物的技术类型，还是织物的图案和色

---

① 《隋书·何妥传》说"父细胡"，但《北史·何妥传》中说"父细脚胡"。

彩,都是波斯锦中较有特点的一种,安底诺伊出土的联珠环内的翼马纹锦是最为明确的一件。而且,翼马纹样在中国其他艺术品如石刻、金银器、铜镜、壁画上的出现也说明了这种纹样在当时对中国产生过巨大的影响。

其二,唐系翼马纬锦确实相似于又优于波斯和粟特系统的翼马纹锦。虽然两者的组织结构基本一致,但唐系纬锦的光洁度明显要好,图案轮廓的过渡也更为圆润精到。从图案的大小来看,唐系纬锦更大,大者直径有 40 多厘米,普通的也在 20 厘米以上。从色彩来看,唐系纬锦的色彩更为丰富。再从图案造型来看,特别是联珠环外的宾花,唐式也要复杂和丰富得多。

其三,从这类织锦出现的年代来看,武敏发表的材料认为同类织物最早的是武德三年(620),其他几件织锦也是在 657 年和663 年前后,均属初唐时期,到后来也不再多发现了。这类织锦只是流行在唐代早期,正是何稠仿制波斯锦成功之后的一段时间。

五、结　论

综上所述,北朝晚期到初唐时期出现的翼马纹样原形是希腊神话中的珀伽索斯。当时的翼马纹锦共有三个大类,属于波斯和粟特系统的翼马纹纬锦是较早出现的一个类型,从地中海边到中亚粟特再到中国的西北地区都曾发现过实物,说明它在丝绸之路上广泛传播。这一纹样较早地影响了中国的传统织造生产,北朝晚期到初唐的经锦上出现了翼马的形象,或用作太阳神的驾车者,或独立成为图案主题,总体还显得简单和稚拙。第三类是在初唐间大量出现的唐系翼马纬锦,均以大型的、带有回纹的联珠环作团窠,窠内主要是相对跳跃的翼马,马间常有花树小鸟,马侧或马上还有骑士相伴，骑士的装饰还是萨珊波斯王的模样。经与隋末何稠仿制波斯锦的史料比较后我们认为：这类唐系翼马人物纹纬锦，应该就是当年何稠进行仿制成功的波斯锦类型。何稠仿制的波斯锦数量不可能很大，但织工到后来可能开始大量仿制，最后导致民间也大量流行翼马纹锦。但其质量总体来说都较波斯粟特系统的翼马纹锦来得更精、更复杂、更华丽。

（本文原名《唐系翼马纬锦与何稠仿制波斯锦》，原载《文物》2010 年第 3 期）

三语殊源证名物
——扬之水《曾有西风半点香：
敦煌艺术名物丛考》读后记

　　扬之水新作《曾有西风半点香：敦煌艺术名物丛考》（生活·读书·新知三联书店 2012 年版）（图 1）是她的敦煌名物研究项目的集成之作，五六年前我已听作者说起，中间也有不少交流，因此翻开目录，有多篇文章颇为眼熟，有些甚至曾耳闻作者亲自演讲。如《佛入中土之栖居（二）：帐、伞、幢、幡细部构件的考订》中的部分内容曾在 2007 年东华大学"丝绸之路：艺术与生活"的论坛中听过，事后又曾一起讨论过；《大秦之草与连理枝：对波纹源流考》曾在 2009 年中国丝绸博物馆"锦上胡风"小型学术讨论会上听过；《从礼物案到都丞盘》又在最近 2011 年 10 月新加坡海上丝绸之路的国际会议上听过。不过，对照文章仔细读来，却又生出不少新的体会和感想。

　　正如主书名《曾有西风半点香》婉转提到的那样，扬之水这本敦煌艺术名物考证的集子大多涉及东西方文化交流。由于敦煌位于丝绸之路的要塞，其中多有东西往来之遗痕，无论是莫高窟壁画反映的艺术品，还是藏经洞文书提及的器具构件，抑或敦煌附近出土的文物，大多曾历经西风的沐浴。这是第一本关于敦煌艺术品的名物考证，是东西交流背景之下的名物考证，比之其早年《诗经名物考证》和《古诗文名物新证》等一系列的名物背景更广、涉猎更宽，因此考证也就更难。正如樊锦诗院长在序中所言：

图 1　扬之水《曾有西风半点香：敦煌艺术名物丛考》封面

"在短短的二三年中，扬之水娴熟地利用佛教典籍、传世典籍、敦煌文献以及诗词歌赋、笔记小说等资料，并结合佛教艺术图像、传世古器物和出土文物，展开了敦煌名物研究工作。"要知道，名物考证的功底在于对名的熟悉和对物的熟知，只有两者都烂熟于心，才能在其间找到对应关系。这其中的探寻追索之艰辛以及收获感悟之喜悦，非为常人所能及，亦难为常人所能道。

　　我所体会和感慨最深的莫过于扬之水对敦煌两套话语系统的概括："其一为文人雅士，它以华丽的辞藻活跃于诗词歌赋，其一为民间工匠，它以俗语的形式应用于设计和制作，二者有时是一致亦即重合的，有时则不同。"如再加上她提及的另一种"释典中的称谓"（第 47 页），则共有三个来源：一是文人；二是工匠；三是僧人。三语殊源证名物，三个来源的名称各成系统，各有特点，在名物考证中要注意其不同的规律。扬之水在她的考证中对这些规律自然是谨慎有加，将对象逐一分析，仔细甄别，再加以考证。

文人雅士其实也包括史家所使用的词汇总体是比较可靠的，他们看到并描述物的外部面貌和特点，显得完整和全面，但有时也会捎带形容，甚至偶尔过于华丽。扬之水的第一篇对敦煌早期至隋唐石窟窟顶图案的考证主要使用文人的词汇与敦煌壁画中窟顶与四围的图像相对应，如藻井、幄帐、博山、流苏、翠羽等，虽然这些词汇不见于敦煌文献，但敦煌艺术本身也在中国范围之内，用中国文学史的语言来访证艺术在边陲的细节，或许是寻得西风半点香中的另外一半。中间一篇在考证《丹枕与綩綖》文后余论的"隐囊"也主要来自文人雅士，不过这隐囊从丹枕转换而来，确是有着西风半点的余香。这些考证于粗于细都十分到位，信手拈来，轻声道出，却令人信服。但文人词汇也会给考证带来问题，因为他们的文中有虚有实，虚是指偶然提及，实是指经常用之，虚是指形容词，实为真名词，值得特别注意。如在第二篇讨论帐、伞、幢、幡细部构件时扬之水提到那些珠玉相间贯的垂饰和罗锦类长带子，"与垂额相同，都是既为着美观，又兼有押的用途，便是使质地很轻的帐幔能够柔顺下垂而不至于飘扬"（第50页），非常正确。但当考证到细部名称时，扬之水则用了麦穗和蒜条（或葱条）两名，列举的是庾信的《梦入堂内》："幔绳金麦穗，帘钩银蒜条"，和王珪的《宫词》："纱幔薄垂金麦穗，帘钩纤挂玉葱条"。这里的金麦穗和银蒜条（或玉葱条），显然是对帐幔中帘押的具体构件的形象描述，或许只是诗人们在写诗时用，我们可以承认它们是这一构件的常用代指，如出现在诗中大家也都明白，但我们还是很难将其当作是当时这一器物的日常名称。正如我们平时不能把华幔直接称作麦穗，那罗锦类长带子也很难直接称其为蒜条或葱条了。

真正能准确表述细部构件名称的是工匠。工匠是器物的制作者，要用材料制作、要用零件构成整个器物，因此，他们关注的往往是细节，对于局部的名称或是材料，有着较为一致和明确的称谓，没有客套，不必形容，直接明了，决不误解。就像今天的工程师，拿的是工学学位，表述准确、清晰，却不一定很有文采。他们在敦煌文书中称这类罗锦类长带子为柱子，用杂色绢帛制成的就称为杂色柱子。他们的称呼当然也不是凭空而来，据扬之水考证，新疆等地的佛庙甚至是床用的柱子应该都是彩饰柱子，正与罗锦类长带子的形状相似。

与柱子一起出现的是者舌。扬之水用了较大的篇幅考证了者舌，同时在注释里也用较大的篇幅提及了她与我们（我和王乐）之间断续的一些讨论：扬之水首先在《"者舌"及其相关之考证：敦煌文书什物历器丛考之一》（《丝绸之路：艺术与生活》，艺纱堂/服饰工作队 2007 年版）中曾发表过初步的意见，认为者舌便是帐、伞、幢中下垂的如鳞纹般依次排列的条状饰物。三年之后，扬之水又援引佛经中的说法，进一步在《〈一切经音义〉佛教艺术名物图证》中阐发对这一名称的认识（《中国文化》2010 年春季号）。这一观点曾为我们所接受，并在《敦煌丝绸艺术全集·英藏卷》中援引，但我们后来又在《敦煌伞盖的材料和形制研究》（《敦煌学辑刊》2009 年第 2 期）一文中对其重新进行讨论，提出伞盖之下缀有背衬的三角形饰应为文书中提出的"者舌"，而鳞形垂带应为敦煌文书中所举出的"柱子"或"杂色柱子"（第 79 页）。感谢扬之水在反复思考之后本书中接受了我们提出的看法，并更进一步展开梳理。她在文中也指出，者舌在某些场合被称为赭舌或牙舌。在我 2009 年底考察正仓院和法隆寺文物时，日本纺织品专家泽田女士和正仓院学者尾形先生告我，在日本8世纪的记载里，这类垂饰被称为虵（蛇）舌。奈良时代神护景云元年（767）《阿弥陀悔过资财帐》载："金铜切虵舌四〇枚，各长一尺六寸，广一尺一寸"；又奈良时代宝龟十一年（780）《西大寺资财流记帐》载："天井盖二枚，表赤紫细布、并虵舌、里辛红细布、一/长各一丈四尺广四尺五寸"。可见者舌、赭舌、牙舌及蛇舌的核心可能是其形似舌，这也许说明者舌名称的使用面也很广。虽然我承认扬之水所说文人的话语系统"使用的时间会长，流行的地域会广"（第78页）很有道理，不过很多文人的词汇是沿用或抄习，用于发思古之幽情，并不一定是真实社会中使用和流行的名称，而工匠的名称具体而仔细，只是由于工匠的低下身份，使其不见于典籍，不用于辞赋，并不能说明其使用不广或没有成为当时的通称。者舌、赭舌、牙舌到蛇舌各称呼从敦煌到奈良的一致性至少是一个例外。

相比之下，佛经中的词汇最为混乱，扬之水说它的主要问题是"名称的迻译，它关系于语言，也关系于对器物的理解和认识"，十分正确。僧人译经的目的以传播佛学为主，其实也就是以意译为主。这一方面是因为佛经毕竟原是外语，外人所用的器物也与中土不同，这些外语中的名和外人用的物其实也大大需要一番名物考证，而本书基本没有涉及。当它们的名称被译过来之后还多少会产生些出入，以致很多场合下还不如直接采用外来语的音译为好。另一方面是佛经中的这些器物只是说法时的一种道具，译者关注的只是器物的象征意义，而不是其准确器形。理解了这个话语系统的特殊性，就会对这类名称有特殊的心理期待，用其证物时，也得注意其特点了。

扬之水所论及的佛典器名甚多，特别突出的一个例子是宝交纹，其同类词甚多，有宝交露幔、珠交露幔、宝网幔、宝铃帐、珠帐、铃网、宝璎珞网，其中唐实叉难陀译《大方广佛华严经》卷二十三关于宝帐名称及宝帐的各种装饰，尤其形容备至，如宝铃帐、宝华帐、真金帐、瑠璃帐、铃网、摩尼网、宝璎珞网等等（第 33 页）。这里重重叠叠、反反复复提到的关键词有宝、铃、珠、金、璎珞、琉璃等，都是说明七宝装饰材料的，有幔、帐、网等，则是说明帷幔等织物形式的，它们其实指的是大致相同的内容，说明了译者堆砌辞藻，追求华丽，又各自为战，并不统一。但扬之水并没有将其进行逐一分辨之后进行考证，而是进行了极好的梳理和归纳，"全部垂落者，帷；连绵相延又分段挽结者，幔"。露幔则是由于挽结之后露出了幔内，便称为露幔。"佛教艺术中所表现的帷幔形制大多如此"，扬之水在此去繁就简，一锤定音。对于佛典名称，可能会有很大一部分需要这种快刀斩乱麻的方法来处理。

拜读此书之际，恰好看到《到底是扬之水》（彭蹦，《东方早报·上海书评》2012 年 1 月 15 日第 14 版）一文，可以知道考证之难，特别是敦煌名物考证之难，实非常人所能及，即使是读她的考证文章也并不是一件容易的事。事实上，考证有点像侦探破案，需要极为周密和有逻辑的思维和方法，有时要用推导，有时要用排除，最理想的作文方式也许是用公式或图表，如要以文章的方式，特别是以散文的方式进行考证，也只有扬之水才能做得到。如同彭言，大多数喜欢扬之水的读者是冲着她"雅洁温润的文笔、精美少见的图片"而来的，并不十分在乎或仔细理解其中的考证，其实也真的不必在乎。但如真是要在乎，要令人更好更方便地理解文中的考证原委，或可以建议两个改进：一是补充线图，目前文中虽然图多，但要理解作者文字的所指，常要费很多时间，有时还得自己在云行水流般的散文和云散雾漫般的例图之间再作进一步的"名物（图）考证"，如能像孙机先生那样用线勾图并加文注，就能一目了然；二是书中的引文及注释很多也很复杂，在此书中最好放在页下，使得读者可以随时比对便利领会，使得阅读美文和理解考证收到较为统一的效果。

（本文原名《三语殊源证名物——读扬之水新作〈曾有西风半点香：敦煌艺术名物丛考〉》，原载《中国文物报》2012 年 3 月 9 日第 004 版）

"浙江学者丝路敦煌学术书系"已出书目

序号	作者	书名	定价/元
1	朱 雷	敦煌吐鲁番文书研究	36
2	柴剑虹	丝绸之路与敦煌学	38
3	刘进宝	敦煌文书与中古社会经济	38
4	吴丽娱	礼俗之间:敦煌书仪散论	45
5	施萍婷	敦煌石窟与文献研究	45
6	王惠民	敦煌佛教图像研究	42
7	齐陈骏	敦煌学与古代西部文化	38
8	黄 征	敦煌语言文献研究	36
9	张涌泉	敦煌文献整理导论	39
10	许建平	敦煌经学文献论稿	38
11	方 豪	中西交通史	45
12	冯培红	敦煌学与五凉史论稿	38
13	黄永武	敦煌文献与文学丛考	45
14	姜亮夫	敦煌学论稿	42
15	徐文堪	丝路历史语言与吐火罗学论稿	48
16	施新荣	吐鲁番学与西域史论稿	36
17	郭在贻	敦煌文献整理论集	39
18	夏 鼐	丝绸之路考古学研究	40
19	卢向前	敦煌吐鲁番与唐史研究	48
20	贺昌群	丝绸之路历史文化论稿	48
21	张金泉	唐西北方音丛考	48
22	郑学檬	敦煌吐鲁番经济文书和海上丝路研究	78
23	尚永琪	敦煌文书与经像传译	78
24	常书鸿	敦煌石窟艺术	58
25	向 达	中西交通与西北史地研究	78
26	赵 丰	敦煌吐鲁番丝绸研究	88